सावधान

सावधान

जीवन में कब, कैसे और किस प्रकार सतर्कता बरतें

प्रेमचन्द करमपुरी

Nine BOOKS

नाइन बुक्स

साहित्य के नवरस

नाइन बुक्स
साहित्य के नवरस

नाइन बुक्स, वाणी प्रकाशन का पॉपुलर उपक्रम

4695, 21-ए, दरियागंज, नयी दिल्ली 110 002

फ़ोन : +91 11 23273167 फ़ैक्स : +91 11 23275710

sales@vaniprakashan.in

Savdhan
(Jeevan Main Kab, Kaise Aur Kis Prakar Satarkata Bartein)
by Premchand Karampuri

ISBN : 978-93-5518-339-2
Non-Fiction

प्रथम संस्करण 2023

मूल्य : ₹ 399

आर. टेक ऑफ़सेट प्रिंटर्स, दिल्ली-110 032 में मुद्रित

श्रद्धांजलि एवं समर्पण

स्व. श्रीमती मान केशरी देवी पत्नी
स्व. श्री लौटन चौधरी, निवासी ग्राम करमपुर,
पोस्ट–करमपुर, ज़िला–गाजीपुर (उ.प्र.)

दो शब्द

यह पुस्तक 'सावधान' जाति हर धर्म से उठकर केवल मानव जीवन पर लिखी गयी है। यह पुस्तक सामाजिक जीवन (सावधान) से सम्बन्धित है। धर्म–सम्प्रदाय को दूर कर केवल मानव के द्वारा अपना जीवन जीने के लिए सावधानी बरतने को लेकर इस पुस्तक की रचना की गयी है।

हर जाति–धर्म में, हर सम्प्रदाय में, हर समाज में, मानव जीवन रहता है। मानव को ही 'सावधान' करने के लिए 'सावधान' नामक शीर्षक से सम्बोधित यह पुस्तक है, ताकि जीवन में होने वाली घटना, दुर्घटना या परेशानी से बचाव या कम किया जा सके। किसी प्रकार की घटना या दुर्घटना जीवन में होना निश्चित है। सुख–दुख होना निश्चित है। कभी–कभी क़ानून का रोड़ा या अवरोध या डर कहें, सावधानी बरतने पर मजबूर कर देता है। यदि सावधानी बरते इनसान तो बड़ी हानि से छोटी हानि में परिवर्तित कर सकता है या घटना से बचा जा सकता है। इतना ही नहीं क़ानून के अनावश्यक लफड़े से बचा जा सकता है।

कहावतें तो आपने जीवन में बहुत सुनी होंगी। लिखा गया कि सावधानी हटी, दुर्घटना घटी। इसलिए सावधानी बरतना आवश्यक है। इसी को ध्यान में रख कर मानव जीवन किस–किस उम्र से किस–किस अवस्था से, किस–किस परिस्थिति से गुज़रता है। उसका ध्यान रखते हुए यह 'सावधान' नामक पुस्तक तैयार की गयी है।

पुस्तक में कुल 5 खण्ड एवं 13 अध्याय दिये गये हैं। पहले खण्ड में जब बालक या शिशु है, तब माता–पिता या संरक्षक का कार्य होता है। अध्याय–1 में बालक या शिशु हो तब माता–पिता की ड्यूटी, अध्याय–2 में शिशु के दौरान माता–पिता या संरक्षक का अधिकार एवं कर्तव्य दिये गये हैं, तो अध्याय–3 में माता–पिता एवं संरक्षक से बालक को मिलने वाले संस्कार का वर्णन किया गया है।

खण्ड–2 में अध्याय 4, 5 और 6 शामिल हैं। अध्याय–4 बालक शिशु न होकर नाबालिक की श्रेणी में आता है। अध्याय–5 दोस्तों–मित्रों से सम्पर्क होता है और अच्छे या बुरे की संगत होती है तथा अगले अध्याय में बालक छात्र जीवन में प्रवेश करता है। अध्याय–6 प्रतियोगिता करके नौकरी या व्यवसाय या कृषि जीवन में प्रवेश करता है। छात्र को क्या सावधानी बरतनी चाहिए, का वर्णन किया गया है और बालक नसीहतें लेता नहीं, बसीयतें बची नहीं, दोनों सम्पत्ति पिता की दी हुई से वंचित होते हैं।

जब आप अस्वस्थ होते हैं, तो किसी डॉक्टर के पास जाते हैं। तो डॉक्टर को बीमारी बताते हैं। फिर डॉक्टर कारण पूछता है एवं रोग के अनुसार दवा देता हैं। दवा कड़वी है या मीठी, यह नहीं ध्यान रखता, हाँ, इतना कहता है कि दवा समय से खायें तथा बताये हुए के अनुसार परहेज करें। आपको ही दवा खानी है एवं परहेज आपको ही करना है, ताकि रोग ठीक हो जाये।

जब मन बेचैन होता है तब किसी सन्त के पास जाते हैं। सन्त आपकी मन की स्थिति जानकर दो शब्द बताता है। जब बरसात का मौसम होता है, तब यह कहने की ज़रूरत नहीं है कि छाता लेकर चलें या बरसात से बचाव करें। बचाव आपको ही करना है। अन्यथा आप पानी में, बरसात में भीगेंगे। अब आप चाहें डॉक्टर की बात माने तो जल्द ठीक हो जायेंगे या नहीं मानेंगे, यह आप पर निर्भर है।

'सावधानी' नाम पुस्तक की रचना मानव जीवन से सम्बन्धित है। इसमें धर्म–जाति या सम्प्रदाय का कोई तात्पर्य नहीं है। इसीलिए तो मानव जीवन की बातें लिखी गयी हैं, जब पालन करना–न–करना आप पर निर्भर है। चाहे खोकर 'सावधान' हों, चाहे खोने से बचाने के लिए 'सावधान' हों।

पुस्तक 'सावधान' पढ़ने के बाद यदि किसी को आत्मीय पीड़ा पहुँची हो तो उसके लिए खेद है। त्रुटियाँ तो हर बुक या इनसान में है। हमें अपने कार्य करने से सम्बन्ध रखना चाहिए।

सभी पाठकों को ढेर–सी शुभकामनाएँ 'सावधान' रहें, सतर्क रहें, जीवन में आगे बढ़ें, यही मेरी मंशा है, अगर इस पुस्तक के माध्यम से एक व्यक्ति भी अपने आपको 'सावधान' होकर घटना या दुर्घटना से कुछ अंश बचा लिया तो मैं समझूँगा पुस्तक लिखने का मेरा प्रयास सार्थक हो गया।

–प्रेमचन्द करमपुरी

अनुक्रम

खण्ड-एक : गार्ज़ियन की शिशु या बालक के प्रति ड्यूटी

खण्ड-दो : शिशु से प्रतियोगी छात्र बनने के बाद के लिए

खण्ड-तीन : गृहस्थ जीवन में प्रवेश

खण्ड-चार : पेंशन या सेवानिवृत्ति काल

खण्ड-पाँच : परम्पराएँ एवं रीति रिवाज़

खण्ड-एक

गार्ज़ियन की शिशु या बालक के प्रति ड्यूटी

अध्याय-एक

बालक जब तक शिशु हो, तब तक माता-पिता की ड्यूटी

मानव जीवन का प्रारम्भिक काल बालपन से होता है। उसकी परिस्थिति चाहे पक्ष में हो या विपक्ष में हो, मगर बालपन तो आयेगा ही, ऐसे जीवन में दोस्तों को ढूँढ़ने की ज़रूरत नहीं पड़ती। वे अपने आप अपनी उम्र के अनुसार मिल ही जाते हैं। चाहे खेलने के लिए चाहे, दौड़ने के लिए, चाहे साथ चलने के लिए, क्योंकि इस उम्र में मानव जीवन होता है। परन्तु ज़िम्मेदारी नहीं होती है। भवन की नींव ज़रूर होती है, मगर उस पर कैसा मकान बनेगा, यह सोच नहीं होती इस अवधि में। मित्रों की संख्या न कम होती है, न साथ चलने वालों की। हाँ, अगर आपके रिश्ते नहीं होते तो भी आपका अकेलापन का पता नहीं चलता, क्योंकि यह जीवन खेलने एवं खाने के लिए मानव समझता है। मगर इसमें यह नहीं समझ होती है कि यही जीवन मानव के आगे के जीवन की नींव होता है। खेलने–खाने के साथ पढ़ना भी जीवन में आवश्यक होता है। मगर इस उम्र में अहसास कराने वाला मिला या नहीं, यह अलग बात है।

सामाजिक विज्ञान समाज में जीवन जीने की कलाएँ सिखायी जाती हैं। सामाजिक जीवन में मानव को अपने जीवन को पूर्णरूपेण एवं पूर्ण करने हेतु कहाँ क्या करना चाहिए, यही समाज में सावधानी बरतनी है। जीवन मानव समाज में हो या पशु समाज में, सबसे आवश्यक है सुरक्षा। बालक के लिए अति आवश्यक है, ताकि जंगली जानवर, पालतू पशु–पक्षी के ख़तरे से बालक को बचाया जा सके। साथ–ही–साथ यह भी देखना पड़ता है कि कोई ऐसी चीज़ को न छू ले, कोई ऐसी वस्तु को न खा ले, जिससे जीवन संकट में पड़ जाये। जब तक बालक समझ न जाये कि किससे ख़तरा है,

बालक सुरक्षित होकर एक मानव की शक्ल न ले ले, शिशु को कुत्ता, बिल्ली, पक्षी से बचाव करना है।

माता–पिता या अभिभावक का यह प्राथमिक कार्य है कि जब तक बालक दस या पन्द्रह साल का न हो जाये, सुरक्षा प्रदान करें। सुरक्षा के साथ–साथ परवरिश करना अभिभावक का काम है। कौन बालक किस क्षेत्र में जाने का इच्छुक है तथा उसके कपड़े की ख़्वाहिशें क्या हैं। खिलौने की पसन्द क्या है? माहौल क्या है? एक अच्छा मानव मनाना है। कौन–सा पदार्थ खाद्य है। कौन–सा जीव ख़तरनाक है? सभी बातें अभिभावक से ही तो बालक सीखता है। अभिभावक या गार्ज़ियन ही शिक्षा, संस्कार, चिकित्सालय की व्यवस्था करता है।

अध्याय-दो

शिशु के लिए माता-पिता के अधिकार और कर्तव्य

सजगता

आज हर माता–पिता की अपने बेटे के प्रति सजगता बढ़ी है। होना भी चाहिए क्योंकि यह हर भवन की नींव होती है। नींव पर ही भवन टिका होता है। आज लड़की हो या लड़का, उनकी अच्छी शिक्षा के लिए हर माँ–बाप में होड़–सी लगी हुई है। चाहे कोचिंग हो या स्कूल।

हाँ, मैं मानता हूँ कि आप साधारण परिवार के हैं। जो आज सरकारी प्राइमरी स्कूल से उठी अविश्वसनीयता के साथ आपका सिर्फ़ प्राइवेट स्कूल पर विश्वास बढ़ा है। अभिभावकों को प्राइवेट स्कूल की ओर मुँह मोड़ने के लिए बाध्य किया गया है।

आपके व्यवसाय या आर्थिक स्थिति के अनुसार आगे की जीवन शैली चलती है। व्यवसाय होना भी चाहिए मगर व्यवसाय कौन करता है, वहीं करता है, जिसके पास ढेर–सा धन होता है। ढेर सारी ज़मीन व सुविधाएँ हैं एवं ढेर से लोग होते हैं। हर टीचर, हर व्यापारी, हर धनवान स्कूल खोलना चाहता है। ख़ैर, हम स्कूल खोलने पर आपत्ति नहीं करते हैं।

अभिभावक/गार्ज़ियन की जागरूकता पर विशेष ध्यान देने की ज़रूरत समझता हूँ। कोई किसी से पूछता है कि आपका लड़का क्या कर रहा है। तो तुरन्त बोल देते हैं कि नौकरी नहीं मिली, आरक्षण नहीं था, प्राइवेट जॉब कर रहा है। अगर आप सवर्ण हैं। यह समाज की मानसिकता है कि यदि योग्य होंगे, यदि पढ़ते होंगे तो अवश्य नौकरी सरकारी मिलेगी। अगर विलियम (दलित) जाति का है, अनुसूचित जाति का है, तो पढ़ने में

ग़रीब व कमज़ोर होगा, दूसरी बात यह है कि आप सौ में सौ की सरकारी सीटें आप लेंगे तो समाज का और तबका क्या करेगा? निजी संस्थाओं में आरक्षण नहीं है। तो एक जगह अनुसूचित जाति को नहीं देंगे, क्योंकि यहाँ आपकी मर्ज़ी चलेगी। यहाँ सरकार की मर्ज़ी नहीं चलेगी। रहा प्रतिभागी चुनाव की तो भारतीय संविधान के अनुसार प्राविधान के अनुरूप ही तो काम करेंगे। मानसिकता बदलनी चाहिए तथा सावधानी से फ़ायदा होगा। कहाँ क्या सोचना है? जहाँ तक नौकरी या शिक्षा की बात है, वहाँ किस जाति में प्रतियोगिता नहीं है।

जैसे आपके चार पुत्र हैं। उनमें से एक कमज़ोर है। तो क्या पिता होने के कारण चिन्तित होते हैं कि इस कमज़ोर लड़के का गुज़ारा कैसे होगा? इसी तरह डॉ. भीमराव आम्बेडकर ने संविधान बनाते हुए ध्यान रखकर व्यवस्था दी है कि कम्पटीशन है। निर्धारित अंक पाने की योग्यता बनायें, अपने विचार बदलें, दूसरे को न कोसें।

एक बात ध्यान रखने की है कि अगर आबादी को लें तो आबादी पन्द्रह प्रतिशत सवर्णों की है। जिसे सामान्य श्रेणी कहाँ जाता है। मगर सुविधाएँ पच्चास प्रतिशत के बराबर हैं। यह इसलिए है कि ताकि प्रतियोगिता में किसी का अवसर ख़त्म न हो और मनोबल बना रहे तथा आर्थिक रूप से, सामाजिक रूप से कमज़ोर चाहे सवर्ण हो या बैकवर्ड हो या अनुसूचित। हर माता–पिता की यह ड्यूटी बनती है कि वह अपने बच्चों, जब कुछ माह का हो, तब उसकी सुरक्षा सबसे अहम ड्यूटी होती है, उसके नित्य क्रिया–कर्म में सावधानी अहम् होती है। जब शिशु को भूख लगती है। तब वह माँग नहीं सकता, मात्र चिल्लाता है और अभिभावक या माँ यह जान जाती है कि बच्चा भूखा है और दूध पिला देती है, न बोलना, न चलना, जीवन की कोई क्रिया वह नहीं जानता, तब जीवन की सुरक्षा आवश्यक है। वक़्त के काल में वह उम्र के साथ समझने लगता है। पहचानने लगता है।

उम्र के छह माह के बाद बच्चा कुछ–न–कुछ हाथ–पैर व मुँह चलाने लगता है। कोई चीज़ देखते ही हाथ से उठाने लगता है। उठाये वस्तु को तुरन्त मुँह में डालता है। उसे इस बात का कोई पता नहीं होता कि कौन–सी वस्तु मुँह में डालनी चाहिए, कौन–सी वस्तु नहीं। इस बात की नज़र हर अभिभावक को रखनी चाहिए।

जब बालक दस माह या उससे ऊपर का होता है। तो घुटने के बल या पैरों के बल चलने लगता है। तब उसकी सुरक्षा आवश्यक है, पानी, बिजली

गड्ढा का बालक को पता नहीं होता। जिससे जान का ख़तरा बन जाता है, ख़तरे में घिरे बालक को ख़तरे से निकल पाना मुश्किल हो जाता है। धीरे–धीरे बालक बढ़ता जाता है और अपने पराये की पहचान करने लगता है। यह भी ध्यान रखने की बात है कि बन्दर, कुत्ता, बिल्ली के बीच में न चला जाये, जिससे नुकसान या क्षति उसे हो। यही नहीं हानिकारक चीज़ें खाने से बचाना भी अभिभावक का काम है। उसकी सुरक्षा व परवरिश दोनों की आवश्यकता है। यही माता–पिता की ड्यूटी है।

बालक चलते–चलते दौड़ते गिरता है, रोता है। दौड़ते बालक को गिरने के बाद उसे सहानुभूति दें, मारे नहीं/प्रताड़ित न करें क्योंकि बालक को गिरने से चोट तो आ ही गयी है, ऊपर से उसे पीटकर चोट और पहुँचा रहे हैं, जिससे उसके मन–मस्तिष्क पर गलत छाप पड़ेगी।

बालक के बढ़ते क्रम में जान–पहचान होने लगती है कि हर रिश्ते को बख़ूबी पहचान कर पग आगे बढ़ाता है। अपना पराया भी जानने लगता है। बालक के मन–मस्तिष्क का खाली पन्ना भरने लगता है। हर अभिभावक को इस बात का ध्यान रखना है।

अभिभावक फेस बुक या ट्यूटर पर नज़र रखते हैं, मगर बच्चों पर ध्यान नहीं देते। उनके पास इतना समय नहीं निकलता कि अपने बच्चे से दो बात कर लें। अब लड़का क्या करता है, उन्हें तब पता चलता है। जब अवसर या समय हाथ से निकल जाता है। इसलिए हर अभिभावक का काम है अपने बच्चे को शिक्षा के प्रति जागरूक करना, ताकि वह ज्ञान के साथ–साथ मानसिकरूप से परिपक्वता हो सके। यह तो अच्छी बात होगी कि बच्चे को अपनी क्षमता के अनुसार अच्छे–से–अच्छे स्कूल में दाख़िला करायें। भावनात्मक सम्बन्ध भी हर माता–पिता का बना रहे, ताकि जब बालक दस–पन्द्रह–बीस साल का हो, जहाँ अपने कार्य में दक्ष हो, वहीं रिश्तों में मज़बूती हो। यह कह कर रोना नहीं कि क्या करें पढ़ाई के लिए पैसे नहीं हैं। मेरे पास साधन नहीं है। क्या बालक को मज़दूर बनाना चाहते हैं। समय–काल में बालक की जानकारी करें। बालक की इच्छा को जानें। इस बात का हर अभिभावक ध्यान रखे। खेलने की उम्र और अध्ययन की उम्र में अन्तर होता है। शिक्षा के वर्ष का ध्यान रखे। क्योंकि जो उम्र स्कूल में लिखवाई जायेगी, वही उम्र होगी। हाँ, यह सत्य है कि इस सावधानी का फ़ायदा शायद आपको देखने को न भी मिले और न भी देख सके,

मगर आपकी सावधानी का फ़ायदा आपके बालक को मिलेगा। तब शायद वह उस समय बजाय नाराज़ होने के धन्यवाद देगा।

यह बात बता दूँ कि सरकारी नौकरी या प्राइवेट नौकरी में जब भी उम्र की गणना होती है, माह की प्रथम तारीख़ से की जाती है। दूसरा फ़ायदा यह होगा कि जब कभी गणना होती है, वह पूरे माह की होती है। एक दिन का फ़ायदा पूरे माह या पूरे साल मिलता है। इसका ध्यान रखना अभिभावक की ड्यूटी है। लड़के के दाख़िला के समय 2 तारीख़ या उसके बाद की तारीख़ अंकित करें ,ताकि जब वक़्त आये तब पूरे माह या पूरे साल का फ़ायदा मिलें। विशेषकर स्कूल में दाख़िला के समय। यह ध्यान जनवरी या जुलाई में देना चाहिए।

उदाहरण की बात सामने रखता हूँ कि एक रास्ते में एक भैंस बँधी थी। एक बुलेट मोटरसाइकिल वाला गुज़र रहा था कि भैंस उसको मारने दौड़ी। तभी भैंस मालिक ने मोटरसाइकिल वाले को मोटरसाइकिल बन्द करने के लिए चिल्लाया। मोटरसाइकिल बन्द होते ही भैंस जहाँ थी, वहीं खड़ी हो गयी और भैंस वापस लौट गयी। तब मालिक ने बताया कि भैंस को बुलेट मोटरसाइकिल से टक्कर लगी थी जिसके कारण भैंस के मस्तिष्क में चोट लगने के कारण आवाज़ सुनने के बाद उसके मस्तिष्क में वही दृश्य आ जाता है। इसी कारण बुलेट मोटरसाइकिल की आवाज़ सुनते ही दौड़ पड़ती है। यदि सावधानी न बरतें तो मोटरसाइकिल वाले को भैंस घायल कर देती। यह घटना काफ़ी पुरानी हो चुकी है।

आप पिता होने के नाते, गार्ज़ियन होने के नाते यह बात समझ गये होंगे। यही ध्यान रखना, बच्चों को संस्कार देना आपकी ड्यूटी है। चाणक्य जैसे विद्वान ने लिखा कि बालक को एक खिलौना न दिया जाये तो कुछ देर रोता है। यदि संस्कार न दिया जाये तो पूरी ज़िन्दगी रोता है। पति–पत्नी के लिए आने वाले बच्चे के लिए सजगता आवश्यक है।

बच्चे इस अहं में न रहें कि मैं सुन्दर हूँ। मेरे माता–पिता धनी हैं। मेरी शादी तो हो ही जायेगी। मैं कहता हूँ, यह भ्रम बच्चे में कहाँ से आ गया। तमाम तरह की भ्रान्तियाँ आ गयीं जिसका परिणाम है, न आपको अपने बच्चे के प्रति ख़याल रहा, न उसके परवरिश के प्रति ख़याल रहा। केवल ख़याल रहा तो अपनी ख़ुशियों के प्रति, अपनी ज़िन्दगी, जिसके कारण आपने पत्नी से दूरी बना ली।

परिणाम भुगतता रहे बेटा–बेटा। कहीं इधर–कहीं उधर गया, न ठीक से उसको बचपन मिला, न उसका लड़कपन मिला। ठीक उसी तरह से आपका सफ़र गुज़रा, न आपका वैवाहिक जीवन मिला और धीरे–धीरे बच्चा बड़ा हो गया। आपके कारण आपका क़ीमती समय, क़ीमती जीवन आपके बच्चे का जीवन, तीनों उस तनाव व परेशानी को झेला जो न तो परेशानी थी, न अभाव था। मात्र भ्रम था वक़्त का, तो अपनी रफ़्तार में चलता रहता है। कई दशक होने के बाद तनाव व उलझन में जीवन बीतने के बाद अलग–थलग रहने के बाद भी कशमकश ज़िन्दगी बन गयी। मिला क्या ऐसे अहं से, धमण्ड से?

अधिकार

हर बच्चों के माता–पिता को यह अधिकार होता है कि वह अपने बच्चे को उसकी उम्र के अनुसार लालन–पालन करे। शिक्षा दिलायें, स्वास्थ की रक्षा करें, जीवन सुरक्षित करें, संरक्षित करें।

जब बच्चा अपनी उम्र के अनुसार बढ़ने लगे चलने लगे, तो उसके साथ तीन श्रेणी का रिश्ता रखना चाहिए। माता–पिता उम्र के पड़ाव के साथ जहाँ बच्चों का सामाजिक स्तर, बौद्धिक स्तर, शारीरिक क्षमता शून्य होती है, वहीं उसके माता–पिता अपनी उम्र के 35–40 वर्ष पूरा कर लेते हैं तथा माता–पिता चाहे ग़रीब हों या मज़दूर हों, चाहे जिस स्थिति में हों। यह नहीं चाहते कि पिता के कारोबार को वह समझे। यदि किसी कारण पिता डकैत हो गया तो क्या बेटा भी डकैत बने। जैसे पाठा क्षेत्र में शिव कुमार पटेल उर्फ ददुवा डकैत बन गया मगर उसका लड़का राम सिह सामाजिक/नैतिक व्यक्ति के साथ विधायक भी बन गया। वैसे विधायक को सरकारी डकैत कह लें तो आश्चर्यजनक नहीं होगा। वह सरकारी धन लूटना ही है। अपने क्षेत्र में सरकारी कर्मचारी पर दवाब बनाना है। अपने मन का काम कराता है। डकैत की परिभाषा है। वे जो करते हैं, डंके की चोट पर करते हैं। यही तो डकैत की परिभाषा हुई। सामने ही तो सब काम करना है। इसी को तो डकैत कहते हैं। विधायक को जनप्रतिनिधि कहा जाता है। जनता के वोट से वह जीत कर विधानसभा में जाता है। मगर उसी जनता को लूटता है। उस पद को यदि सरकारी डकैत कह लें तो अनुचित नहीं हो सकता, क्योंकि वह सरकारी धन का दुरुपयोग करता है।

अपने क्षेत्र में स्थिति सरकारी पदाधिकारी को मानसिक प्रताड़ना कर अपने मन का काम कराता है। काम करने वाले डर बस या स्वार्थ बस जुड़ ही जाते हैं। भले ही बाद में अपने कृत्यों से जेल चले जाये। उदाहरण स्वरूप ओरैया में एक विधायक के कारण एक पुलिस पदाधिकारी आजीवन सज़ा भुगता रहा। दूसरी बात उन्नाव जनपद की बताता हूँ। विधायक के कारण एक क्या कई पुलिस अधिकारी सलाखों के पीछे हैं। कानपुर में एक पुलिस अधिकारी की मुखबीरी के कारण कई पुलिस कर्मचारियों की हत्या हुई और कई जेल चले गये। इसे स्वार्थ भी कह सकते हैं या डर भी कह सकते हैं। इस तरह कई उदाहरण हैं, सबको नहीं गिनाया जा सकता है।

जिस तरह मोची का लड़का, कभी मोची नहीं बनता। किसान का लड़का कभी किसान नहीं बनना चाहता है। हाँ, व्यापारी का लड़का व्यापारी बनना चाहता है। क्योंकि उसे सम्मान व धन दोनों मिलता है। फिर भी व्यापारी का लड़का या तो आई.ए.एस. या आई.पी.एस. या अच्छी नौकरी करना चाहेगा। सैनिक का लड़का सैनिक बनना चाहेगा। नौकरी पेशा पिता है, तो लड़का नौकरी करना चाहेगा।

मेरे कहने का शाब्दिक अर्थ यह है कि जैसे संस्कार, जैसी शिक्षा या जैसी परवरिश होगी, बेटा वैसा ही बनना चाहेगा, इसलिए हर अपराधी अपने बच्चों को अपनी छाया से दूर रखता है।

अब हम पिता के अधिकार की बात करते हैं। कुम्हार घड़ा या कोई बर्तन बनाता है, ताकि बर्तन लोगों के काम आ सके। यह विचार की बात है। विचार जीवन में चलती–फिरती सोच है।

कुम्हार कूट–पीटकर मिट्टी तैयार करता है। उससे अपनी सोच के अनुसार बर्तन चाहता है, वह बनाता है। जिससे उसकी रोटी–रोजी चल सके। पहले चाय का कुल्हण बनाता है। उससे उसकी आमदनी होती है, फिर मिट्टी का दीया बनाया, फिर घड़ा बनाया, तमाम तरह के बर्तन बनाता है। जैसी सोच, वैसा बर्तन। तमाम तरह के बर्तन बनाये जो हैं। कुम्हार की तरह ही माता–पिता बच्चे का जीवन सँवार सकते हैं। गार्ज़ियन समय से बच्चे को जो शिक्षा या संस्कार या परवरिश देते हैं। उसी के अनुसार वह अपना मार्ग प्रशस्त करता है।

अब लड़के की उम्र एक वर्ष है। जन्म से पाँच साल तक बच्चे की देखभाल व परवरिश, प्यार–मोहब्बत की ज़रूरत है। पाँच से 10 साल के बीच डाँट–फटकार व सीखना–सिखाना, विद्यालय दिखाना, संगति पर ध्यान

देना तथा गाइड का काम करना। कभी आवश्यकता पड़े तो एक–दो थप्पड़ भी मार देना आदि है। ध्यान रहे बच्चों को यह आभास न होने पाये कि पिता बालक को प्रताड़ित करते हैं, बल्कि बालक को लगे कि पिता भलाई के लिए कह रहे हैं।

उदाहरणस्वरूप पिता ने अपने लड़के को धूप में खेलने से मना किया। लड़के ने जबाब दिया कि मुझे धूप लग रही है। वही लड़का जब पिता बना तथा कहने वाला दादा बन गया, तब वहीं बात दुहरायी गयी। अब बच्चा जब बाप बन गया, तो वही स्थिति उसके सामने भी आयी।

इनसान को, व्यक्ति को, मानव को, परिवार के श्रेष्ठ को, विभागाध्यक्ष को या किसी भी पदाधिकारी को तात्कालिक परिस्थितियों को देखकर एक नीतिगत निर्णय लेना पड़ता है। मगर कोई भी निर्णय गुस्सा या आक्रोश में या पक्षपात में निर्णय न लें क्योंकि आक्रोश में या गुस्से में लिया गया निर्णय ग़लत हो जाता है। जिससे ग़लत निर्णय पश्चात्ताप का कारण बन सकता है। यह निर्णय किसी के जीवन, किसी के भविष्य या खुद के लिए हानिकारक हो सकता है। जिस तरह खौलते दूध या खौलते पानी की वास्तविक स्तर का पता नहीं चलता है। उसी तरह उपरोक्त परिस्थिति में लिया गया निर्णय पदाधिकरी के अविवेक जैसा होगा। जब कि मानव या व्यक्ति परिवार का सदस्य या विभागाध्यक्ष या वरिष्ठ व्यक्ति का सफ़र करते इतना लम्बा समय गुज़ार लेता है कि उसका निर्णय परिपक्व व्यक्ति माना जायेगा। इसलिए ध्यान रखें, गुस्से में या आक्रोश में या पक्षपात में पड़कर निर्णय लेना जान का, जीवन का, रोजी–रोटी के लिए ख़तरा बन सकता है। व्यक्तिगत लाभ या हानि का मामला आने पर निर्णय लेना पड़ता है, ताकि स्वयं को, औरों को बचाना है, यह अवसर जीवन में कभी–कभी विषम परिस्थिति में आता है।

अध्याय-तीन

माता-पिता एवं संरक्षक का बालक के प्रति संस्कार प्रदान करना

कर्तव्य

बच्चे के प्रति हर माता–पिता का कर्तव्य होता है कि वह अपनी क्षमता या उपलब्धता से वढ़कर बच्चे की परवरिश करे। ध्यान रहे बच्चा जब बड़ा होगा, तब उसको वह पीड़ा काल भी याद आयेगा या अपना कोई बतायेगा कि तुम्हारा कहाँ जन्म हुआ। बच्चे के जन्म के समय माता–पिता का कर्तव्य बनता है कि खुशी के रूप में एक–एक लडडू खिला दें या तुम्हारे पिता न चाहते हुए वह सब काम किये जो नहीं करना चाहिए था। पहला जन्म दिवस मनाया गया या नहीं मनाया गया, कम–से–कम पाँच साल घटित घटना के प्रति लोगों द्वारा आगाह किया जाता हैं। इन यादों में पिता का कर्तव्य क्या था, क्या किया, क्या करना चाहिए। यदि पिता की क्षमता से अधिक मेहनत दर्शाया गया। पिता की परिस्थिति से बढ़कर त्याग दर्शाया गया, तो पुत्र का पिता के प्रति हमदर्दी या अपनापन का भाव आयेगा और यदि पिता के प्रति द्वेष भावना या दुराव भावना बेटे को दिखाया जायेगा तो पिता पुत्र की दूरियाँ बढ़ेंगी। पिता के प्रति बेटे का, बेटा के प्रति पिता का नैतिक कर्तव्य, नैतिक ज़िम्मेदारी बनती है, व्यक्तिगत एवं अपनापन की ज़िम्मेदारी संरक्षक की ज़िम्मेदारी पिता निभाये।

अपने बच्चों को अच्छी परवरिश दें, अच्छी उपलब्धता दें। अच्छी शिक्षा दें, अच्छी चिकित्सा दें तथा अच्छा वातावरण प्रदान करें, क्योंकि पुत्र अभी अबोध हैं। उसका मस्तिष्क अभी खाली है, जो भरना है, भरना चाहिए भरें।

सफ़र है। नहीं करना चाहिए था चलता है, सब चलता है। कोई यह न कहे कि तुम्हारे पिता न चाहते हुए वह सब काम किये जो करना पड़ता है। फिर इन यादों में पिता का कर्तव्य क्या था, क्या किया? क्या करना चाहिए? पिता की परिस्थिति से बढ़कर त्याग दर्शाया गया तो पुत्र का पिता के प्रति हमदर्दी या अपनापन का भाव आयेगा।

सफ़र है, चलता है, सबका चलता है। हर व्यक्ति अपने साधन से मंज़िल तक पहुँचता है। मगर उसके मंज़िल पर पहुँचने का तरीक़ा अलग–अलग होता है। ट्रेन में बैठे सभी लोग गन्तव्य पर पहुँचेंगे। उदाहरण जैसे एक ट्रेन में तीन श्रेणी या चार श्रेणी के डिब्बे होते हैं। प्रथम श्रेणी, स्लीपर, जनरल, एसी, प्रथम, द्वितीय, तृतीय श्रेणियाँ होती हैं। जनरल डिब्बे में बैठे लोग खड़े–खड़े या बैठ कर जायेंगे। अन्य श्रेणियों में यात्रा कर रहे व्यक्ति आराम से सोकर जायेंगे। हो सकता है, उस समय गर्मी का मौसम हो तो कुछ स्लीपर और जनरल डिब्बे में बैठे लोगों को गर्मी झेलनी पड़ेगी, लेकिन एसी में सफ़र कर रहे लोगों को गर्मी नहीं महसूस होगी।

उसी तरह हर पिता अपने बच्चे को अपनी उपलब्धता एवं सामर्थ्य के आधार पर कर्तव्य निभाता है। निभाना भी चाहिए, ताकि जब लड़के को होश आये तब पिता के प्रति सम्मान हो और पिता को अपने ऊपर ग्लानि नहीं होगी। अहसास हो कि पिता का नाम सुनते ही नफ़रत एवं घृणा का भाव न आ जाये।

माता–पिता का जो कर्तव्य बनता है या संरक्षक का जो कर्तव्य बनता है उसमें सावधानी बरतें, ताकि हर प्रकार की दुर्घटना से बचा जा सके। ऐसा विश्वास है कि जब भी सुधार करते हैं, खोने के बाद सावधानी होती है। खोने की कोई सीमा नहीं होती है। मानव जीवन में क्या खोया या क्या पाया? मानव जीवन है। खो गयी, क्षति हो गयी, फिर 'सावधान' तो होना ही है। यहाँ यह बताना है कि खोने से पहले 'सावधान' होना है, ताकि खोने से बचा जा सके। खोने से जब आप बचायेंगे तब समझेंगे। यही विचार है, यही इच्छा भी है कि आप सावधानी बरतें ताकि खोने से बच सकें।

संस्कार या अनुशासन

अक्सर हम बच्चों को न संस्कार सिखाते हैं, न संस्कार सीखने का अवसर देते हैं। माता–पिता पुत्र पैदा होते ही अपने से अलग कर देते हैं।

सर्व प्रथम माँ यह सोचती है कि बच्चे को अपना दूध पिलाने से उसकी सेहत ख़राब हो जायेगी। अपनी सेहत बचाने के लिए वह बच्चे के जीवन से खिलवाड़ करती है। बच्चे को सुकून अपनी माँ की गोद में मिलता है। साथ ही माँ एवं शिशु में अपनेपन का भाव पैदा होता है। ऐसा भी नहीं है कि सभी माताएँ ऐसा करती हैं। परन्तु कुछ माताएँ करती हैं। जो माताएँ करती हैं। उनके लिए यह बात कही गयी है। जब भावनात्मक या अपनेपन का रिश्ता नहीं रहता, तब धीरे–धीरे एक दूसरे के बीच कर्तव्य एवं व्यावहारिकता का सम्बन्ध भी नहीं होता है। जो वक़्त काल में स्वतः ख़त्म होता है। फिर बड़ा होने पर वही अपने माता–पिता को अलग वृद्धा आश्रम में छोड़ देता है।

दूसरी बात भागती–दौड़ती ज़िन्दगी में पत्नी एवं पति दोनों को कमाने के लिए घर से बाहर जाना पड़ता है। जिस बच्चे के लिए कमाने की फ़िराक में हैं। उसी बच्चे की देखभाल करने के लिए एक दाई रख लेते हैं। जो बच्चे की देखभाल करती है। बच्चे के कपड़े ख़राब न हो जायें, ख़ुद की सेहत ख़राब न हो जाये, व्यवसाय में देर न हो जाये, सब काम दाई के भरोसे छोड़ जाती है। जब तक बच्चा पाँच साल का न हो जाये, लालन–पालन माँ को करना चाहिए मगर ऐसा नहीं है। जैसे बच्चा थोड़ा चलने लगता है तो बच्चे को बोर्डिंग स्कूल में दाख़िला दिला देते हैं। हफ़्तों, महीनों, सालों बाद बच्चों से मिलते हैं। जो ख़र्च आता है, उसे देकर यह सोचते हैं कि परवरिश अच्छी कर दी मगर भावनात्मक रिश्ते से दूर रख दिया। उस वक़्त तेज़ी से भागता रहा। अब बालक अपनी जवानी की ओर बढ़ने लगा। पूरी ज़िन्दगी बच्चे को माँ की गोद की जगह स्कूल मिलता है। साथ ही माँ एवं शिशु में अपनापन का भाव पैदा होता है। ऐसा भी नहीं है कि सभी माताएँ ऐसा करती हैं। परन्तु कुछ माताएँ करती हैं। अपनी जवानी के साथ आप भी बूढ़ापे की ओर पग बढ़ाने लगे। पूरी ज़िन्दगी बच्चा अपने माता–पिता से दूर रहा। वह न संस्कार सीख पाया, न उसे अपनेपन का भाव आया, अगर आया तो अनुशासन और अपनी ज़िन्दगी आयी।

बच्चे को कब खाना खाना है, कब कपड़ा पहनना है, कब सोना है। उसे नहीं बताया गया। रिश्तों के मायने नहीं जान पाया और माता–पिता का सुख क्या होता है, रिश्ता क्या होता है, नहीं जान पाया। बस इतना भाव बना कि हर काम पैसे से होता है।

मैं मानता हूँ कि कई काम पैसे से होते हैं। मगर सब काम पैसे से नहीं होते। यह क्यों भूलते हैं कि केवल 95 प्रतिशत काम पैसे होते हैं। तो 5 प्रतिशत रिश्ते बनाने के होते हैं। सामूहिक कार्य पति–पत्नी का रिश्ता निभाने व पिता–पुत्र का रिश्ता निभाने आदि तमाम कार्य पाँच प्रतिशत में आते हैं। कभी 95 प्रतिशत बड़ा होने के बावजूद पाँच प्रतिशत उस पर भारी हो जाते हैं किसको अपनापन भाव या प्यार आदि नाम से जाना जाता है। जिसके अभाव में व्यक्ति अपने जीवन की भी बलि दे देता है या जन्म देने वाले माता–पिता को वृद्धा आश्रम में छोड़ा जाता है। अगर अर्थ कुछ कम हो तो काम चलेगा मगर अपनापन प्यार–रिश्ता नहीं रहेगा तो किसके साथ अपनी ज़रूरतों में अपने रिश्तों में फँसा रहेंगे जो नया रिश्ता पति, सास ससुर का रहा। अपने आपमें उसी रिश्ते में उलझ गये और माता–पिता बनकर अकेले चलने पर मजबूर हो गये।

यदि कभी पैसे एवं रिश्तों की बात की तो बेटे ने कह दिया, क्या करें? वक़्त नहीं मिलता। पैसा नहीं बचता और फिर पुरानी बातें भी नहीं हैं कि उसे याद दिला सकें। माँ बनकर, पिता बनकर और आप पश्चात्ताप करते हैं। बाद में न अवसर रहता है, न समय रहता है। केवल पश्चात्ताप के आँसू ही बचते हैं।

इसीलिए 'सावधान' रहना है, समय के साथ हर चीज़ की आवश्यकता होती है। चाहे संस्कार का, चाहे अपनेपन के भाव का, चाहे रिश्तों का, लाड़–प्यार का, तभी ज़िन्दगी चलेगी, सिलसिला चलेगा, अन्यथा माता–पिता बनकर, बीमार रहकर बुजुर्ग रहकर केवल शिकायत करते रह जायेंगे और जीवन समाप्त हो जायेगा। केवल कहने को रह जायेगा बेटा संस्कारहीन रहा, भावहीन हो गया। यही सावधानी बरतनी है आपको। सबसे बेहतर जानते हैं। किसी और का आपके विषय में बताने की आवश्यकता नहीं है। जो बेटे को दिखायेंगे, वही देखने को मिलेगा। जो अपने पुत्र को देंगे वही मिलेगा, केवल अपवाद छोड़कर।

कहा गया है कि बिन पति के माँ अपने बेटे को पाल लेती है, मगर एक पिता बिना पत्नी के बेटा नहीं पाल सकता है। क्यों ऐसा होता है, जब माँ का पद या रिश्ता बाप का मान–सम्मान एक सन्तान के लिए बराबर है। तो फिर माँ को बेटे के लिए एक देवी का रूप क्यों रखा गया है। क्योंकि जो त्याग एक माँ कर लेती है। शायद एक पिता अपने बेटे के लिए नहीं कर पाता है।

माँ का बेटे के प्रति लगाव, त्याग परिश्रम, उसको फरिश्ता बनाने पर मजबूर कर देता है और समाज में एक उच्च दर्जा दिलाता है। अगर माँ अपनी सुन्दरता ख़राब होने की परवाह न करके अपने लाड़ले को दूध पिला ले, अपने प्यार से भरपूर जीवन दे तो बच्चे का जीवन सँवर जाता है। हर माँ ऐसा नहीं करती, मगर कुछ माँ ऐसा करती हैं। जिसकी सुन्दरता वक़्त के साथ चली जायेगी, उम्र वक़्त के साथ ढल जायेगी मगर आपके प्रति जो लाड़ले के मन में भाव बन जायेगा, वह कभी नहीं जायेगा। दूध न पिलाने वाली माँ के लिए एक वक़्त ऐसा आयेगा जब आप अपने लाड़ले को, अपने बेटे को अपना कहना चाहेंगी तो वही लाड़ला कहेगा कि कौन–सा अपना दूध पिलायी हो? कौन–सा अपनी गोद में खेलाई हो? कौन–सा माँ का हक़ अदा किया? कौन–सा माँ का रिश्ता अपनाया? किस हक़ से माँ कहलाने का अधिकार रखती हो? तब आपको अपने किये पर पश्चात्ताप होगा, मगर तब न सुन्दरता रहेगी, न अवसर रहेगा, न समय रहेगा, न बेटे का रिश्ता, बस पश्चात्ताप के आँसू। सेहत अपनी ख़राब करो मगर बच्चे का जीवन तो न ख़राब करो। आज का यही बच्चा कल देश का भविष्य होगा या कल के भविष्य को एक औरत, एक माँ केवल इसलिए ख़राब कर रही है कि उसकी सेहत ख़राब न हो जाये जो उपमा समाज एक एक माँ को दी है। उसे बरकरार रखें, लोग पुराने ख़याल के हैं। हो सकता है उसकी लिखी बातें पसन्द नहीं आती हैं। मगर उनकी बातों को छोड़ें जो आपको अपने बच्चे के लिए अच्छा लगे, वही करें चिन्तक विचारक लेखक का काम है सोचना। उनका काम लिखना, अब आपको कितना पालन करना है। आप जानें मगर यह सच है कि सावधानी बरतेंगे, एहतियात बरतेंगे, संस्कार देंगे तो बच्चे के लिए उपयोगी होगा।

संस्था में अनुशासन समय–समय पर बालको को मिलता रहेगा लेकिन परिवार से मिला संस्कार, त्याग की परिभाषा एवं प्रेरणा आपके अपने जीवन को अच्छा बनाने में प्रेरणादायक होगा। यह आपका संस्कार या त्याग आपको समय के साथ वापस होगा। तब आपको अपने त्याग परिश्रम के महत्त्व का पता चलेगा। अभी भागती–दौड़ती ज़िन्दगी में एक प्रश्न बनकर रह गया है। इसको आप नज़रअन्दाज करते हैं। जब वक़्त बीत जाता है तब बस यही कहते हैं कि क्या करें समय रहते सावधानी नहीं बरती, ध्यान नहीं दिया और आज जब जिसने माँगा उस समय आपके पास नहीं था।

होना कोई ज़रूरी भी नहीं है। कोई बात नहीं है। आप न होने का स्पष्ट उत्तर दें। हो सकता है, उसको तत्काल बुरा लगा हो, लगना भी स्वाभाविक है। क्योंकि उसकी उम्मीदें, आशा, विश्वास सब ख़त्म हो गया मगर उसे दूसरा रास्ता तलाश करना होगा। इससे सम्बन्ध में खटास आ सकता है। मगर कुछ देर के लिए परन्तु जब वास्तविकता का अभास होगा तब सम्बन्ध नहीं टूटेगा, मगर उसकी मदद करने के बजाय उसे ताना मारें, कटाक्ष करें तो शायद रिश्ता टूटेगा। साथ ही उसकी समस्या और बढ़ेगी।

इसलिए ध्यान रखें, 'सावधान' रहें, जानकारी होने पर समय से पहले देना, माँगने पर, समय पर देना या समय के बाद देना तीनों में बहुत फ़र्क़ है। पहला सबसे अच्छा, दूसरा अच्छा, तीसरा सामान्य काम वही हुआ मगर परिणाम अलग–अलग है।

रिश्ता बनाये रखने के लिए यह ज़रूरी है कि कभी आपस में बहस न हो, कभी एक दूसरे की आस्था पर विरोधाभास वाली बात न हो, क्योंकि इनसान अलग–अलग हैं। तो निश्चित ही विचार अलग–अलग होंगे जब एक जाति के नहीं हैं। तो यह निश्चित है कि उनकी अपनी आस्था भी अलग–अलग हो सकती है। सकता कि एक दूसरे के प्रति कही गयी बात धर्म विरोधी तथा भाव विरोधी सकती है। जिसके कारण रिश्ता टूट सकता है। फिर न रिश्ता रहा न अवसर रहा न आपस में रहने वाले लोग रहे भावनात्मक रिश्ता भावा पर अधारित है। और भाव का अभाव ही भावनात्मक रिश्तों का अन्त कर देता है।

गृहस्थ जीवन में शिशु का आगमन

आपके जीवन में एक शिशु का जन्म होता है। उसके विषय में पूर्व के प्रथम भाग के एक, दो और तीन अध्याय में वर्णन दिया जा चुका है कि एक शिशु के प्रति माता–पिता का क्या दायित्व है? क्या कर्तव्य है? आपको कहने की ज़रूरत नहीं पड़ेगी। हाँ, यह कहना चाहूँगा कि शिशु माता–पिता का सहारा या खिलौना या ख़ुशियों का साधन या समय पास वस्तु या एक उम्मीद है। आपका शिशु आपके माता–पिता को साथी मिल गया और आपको एक बालक देखभाल करने वाला। खुद का पारिवारिक सदस्य मिल गया मगर ध्यान रखें केवल माता–पिता को उतने समय तक न अपने साथ रखें, जब तक आपका शिशु बालक या बड़ा नहीं हो जाये। अब आपके जीवन की

गाड़ी चल निकली है। आपकी उम्र जहाँ चालीस के पास हो गयी, वहीं आपके माता–पिता की उम्र साठ से ऊपर पैंसठ के पास पहुँच गयी है। मगर यह क्या आप जहाँ अपनी पत्नी के माता–पिता को महत्त्व देते हैं। वहीं अपने माता–पिता को नज़रअन्दाज करते हैं। यह ठीक नहीं है। आप सम्मान दें। चाहे अपने माता–पिता को, चाहे अपनी पत्नी के माता–पिता को केवल यह कह देने से काम नहीं चलेगा कि क्या कमी है।

खाना मिल जा रहा है। ध्यान रखें आपका अपनापन भी खाने के साथ चाहिए। आपके द्वारा सम्मान भी चाहिए। ध्यान रखें क्या आप जानते हैं या सोचते हैं कि यदि आप अपने माता–पिता को नज़रअन्दाज़ करेंगे तो आपको क़ानून ऐसा करने देगा तो आपको क़ानून की धारा भी बता देता हूँ।

द.प्र.सं. 1973 की धारा 125 यह कहती है कि किसी पुत्र या पति यदि अपनी पत्नी को नज़रअन्दाज करता है या कोई पुत्र जो अपने माता–पिता को नज़रअन्दाज़ करता है या जो रिश्ता आपके आश्रय में है। सरकारी नियम के अनुसार जो परिवार के रिश्ते में आता है। उसके भरण–पोषण की ज़िम्मेदारी क़ानून आपकी है। आपसे क़ानून यह काम कराने की शक्ति रखता है।

इससे स्पष्ट हो गया कि चाहे प्रेम से, सम्मान से, सहयोग से, हमदर्दी से, आपकी सेवा करें, चाहे ज़बरदस्ती कराने वाला चाहेगा तो करा ही लेगा मगर हर माता–पिता ऐसा नहीं होता है, बल्कि हर माता–पिता अपने बेटा–बहू को सुखी देखना चाहता है, ताकि उसके बच्चों को परेशानियों का सामना न करना पड़े।

जहाँ तक कि हर जीव–जन्तु अपने बालक, अपने बच्चे को तब तक सुरक्षा एवं संरक्षा देते हैं जब तक कि बालक अपने आप जीवन निर्वाह करने में सक्षम न हो जाये।

अब आपके पास रिश्तों में पत्नी के साथ सास–सुसर, साली सलहज–साला तथा आपकी नौकरी, अपना व्यवसाय, आपके पास जीवन चलने के लिए सब कुछ है। माता–पिता तो आपके पास हैं। भाई–बहन तो आपके पास हैं। रिश्ते आपके पास पर्याप्त हैं। आप उसी रिश्ते को निभाते रहिए यही सावधानी बरतना है। अन्यथा जब आपके पास रिश्ता ही नहीं रहेगा, तब कोई अपना ही नहीं रहेगा तो खुशियाँ किसके साथ बाँटेंगे। दुख तो आपको स्वयं सहना है।

यह समाज है, यहाँ लोग भाँति–भाँति के हैं। कुछ लोग जहाँ माता–पिता के रिश्तों की अहमियत रखते हैं। तो कुछ लोग ऐसे हैं कि अपने माता–पिता के साथ दुर्व्यवहार करते हैं। अपने माता–पिता को कटु बोलते हैं। आपके माता–पिता के विरोधी इतने सफ़र में कम थे। क्या आपने अव्यावहारिक कार्य करके उनके विरोधियों की सूची में अपना नाम और बढ़वा लिया क्या माता–पिता आपसे यही उम्मीद करते थे? क्या यही अपेक्षा करते थे? ख़ैर यह आपको पता नहीं चलेगा, अभी आपका पुत्र बालक है। आप जवान हैं। आपके जीवन की गाड़ी अच्छी तरह चल रही है। 'सावधान' रहें जब बालक जवान होगा और जो जवान है, वह भी बूढ़ा होगा। जब आपका लड़का यही आपके किये को दोहराने लगेगा तो शायद आपको अपने किये याद आयेंगे। तब तक न सोचने का समय रहेगा न सुधरने का। आप अपने माता–पिता के साथ ऐसा व्यवहार न करें, जो आपको मिले। जब आप बालक थे तब वही पिता आपके खाने का इन्तजार करता था, पिता बिना खाये सो जाये मगर आप बिना खाये न सोयें, ऐसी व्यवस्था आपके पिता आपके लिए रखते थे। आज आपके पिता आपके सहारे हैं। आपकी एक रोटी का इन्तजार करें, ऐसा न हो। आपके कार्य का परिणाम बहुत देर बाद मिले, जिससे आपको सुधरने का समय भी न मिले। बस मजबूर होकर केवल सहने और आँसू बहाने का समय रहे, पछताने का भी समय न मिले। जो जैसा बोता है, वह वैसा काटता है। यही प्रकृति का नियम है। सदियों से होता आया है। सदियों तक चलेगा मगर जब होश करना था तब बेहोश रहे, जब बेहोशी से होश में आये तब अवसर ही नहीं रह गया तब तनाव, उपेक्षा, मजबूरी, बेबसी रह गयी। ऐसा न हो, यही सावधानी बरतनी है। आगे आप जानें आपको क्या करना है। आपसे बेहतर कोई नहीं जान सकता है।

स्नेह, प्यार और ममता

हर बालक को जन्म से लेकर 18 वर्ष की उम्र तक ढेर सारी ममता, स्नेह, प्यार की आवश्यकता होती है। इसके बाद भले स्नेह रहे प्यार रहे, ममता रहे या न रहे, उसको ममता, स्नेह, प्यार देने वाले हमउम्र दोस्त आदि हो जाते हैं।

रिश्ते के रूप में ढेर सा मित्र मिल जाते हैं, मगर जन्म से पाँच वर्ष तक के बीच बच्चों को माता–पिता की ममता, माँ के आँचल, माँ के दूध, माँ का सम्पर्क ज़रूरी है। माँ के सम्पर्क में आते ही बच्चे को ख़ुशी का अनुभव होता है। पिता के स्नेह एवं प्यार से बालक को सुरक्षा मिलती है।

पक्षी और जानवर भी अपने बच्चों को तब तक ममता एवं सुरक्षा देते है, जब तक उनके बच्चे स्वयं चल नहीं सकते या उड़ नहीं सकते। स्वयं से अपना भोजन न कर सके और ख़तरों का अन्देशा होने पर अपनी जान न बचा सके।

बच्चे वैसे तो अट्ठारह साल के बाद शिक्षा के रूप में इंटर पास करते हैं। लड़का या लड़की बालिग हो जाते हैं तथा अपना निर्णय लेने का अधिकार क़ानूनी मिल जाता है। मानव अपना संविधान, अपना क़ानून, अपना समाज बनाता है और यही संविधान, यही क़ानून, यही समाज मानव पर नियन्त्रण करता है। क़ानून के अनुसार अपना निर्णय अपना भविष्य सुरक्षित करता है। अपना दुख–सुख समझने लगता है, तब तक प्यार, स्नेह, ममता, सुविधा, सुरक्षा देकर शिशु को मानव का रूप देते हैं।

यदि शिशु के जन्म काल में कदाचित संयोगवश माता–पिता की छाया हट जाती है, तो बालक को अनाथ आश्रम का सहारा लेना पड़ता है। किसी ख़ास रिश्तेदार का सहारा मिलता है। परन्तु जो स्नेह माता–पिता से मिलना चाहिए, वह अनाथ आश्रम में या रिश्तेदार से नहीं मिलता। जब भी उसे भूख लगती है, प्यास लगती है, तो खाना, पानी, दूध मिल जाता है, परन्तु उतना प्यार–स्नेह से नहीं मिलता, जितना माँ–बाप देते हैं।

इसलिए माता–पिता से यही कहूँगा कि किसी भी हालत में एक शिशु के लिए जो मिला है या मिलना चाहिए, उसे न गँवाएँ। उसे ममता, स्नेह, लाड़–प्यार ज़रूर दें। यदि अचानक कोई घटना हो जाये, माता–पिता किसी कारण से अपने शिशु से अलग–थलग पड़ जायें, यह अलग बात है। अपने बालक में इस सुख–सुविधा से कुण्ठित, निराशा, घृणा या नफ़रत की भावना पनपने न दें।

प्रश्न यह उठता है कि क्या लाड़–प्यार पाने वाले बच्चे वास्तव में अच्छे निकलते हैं। तो प्रश्न का उत्तर यही कि अच्छे बच्चों की संख्या का प्रतिशत में ज़्यादा है। सापेक्ष कुपोषण का शिकार, अभावग्रस्त या माता–पिता के बिना जीवन यापन करने की सापेक्षा ऐसे बालक में जो माता–पिता का प्यार मिलता है।

उसमें मानसिकहीनता नहीं रहेगी यानी हर बच्चे को लाड़–प्यार चाहिए तो चाहिए। ज़्यादा न सही तो कम–से–कम पाँच वर्ष तक फिर उसके बाद डाँट–डपटयुक्त ममता की ज़रूरत होती है। प्रताड़ित न करें, अपनापन दें।

बच्चों के बालपन का समय 15 वर्ष तक होता है। पिता वक़्त से घर आता–जाता है। ऐसा इसलिए नहीं कि कहते हैं कि उनको इन बालक–बालिकाओं से ईर्ष्या है।, बल्कि अपने बालक को समझना है। यहाँ कोई बताने वाला नहीं है। अपने रिश्तों से बालक को वंचित न करे। अचानक कोई घटना हो जाये माता–पिता किसी कारण से अपने शिशु से अलग–थलग पड़ जाये यह अलग बात है यानी अपने बालक को इस सुख सुविधा से उसके जीवन में अन्धकार न करें विषम परिस्थिति को छोड़ कर अपने बालक को कुण्ठित निराशा घृणा या नफ़रत की भावना को पनपने न दे और समाज में अपने बालक को एक काटे की तरह न उगाये।

बलपन कहाँ जाये या नादानी कहाँ जाये या अबोध कहाँ जाये मगर जीवन के लिए यह आवश्यक है तथा बहुत क़ीमती है। यह जीवन को बनने बिगड़ने या बनाने में उपयोगी एवं महत्त्वपूर्ण हो जाता है।

बच्चा आपका एक अंश है। जब तक वह बालिग नहीं हो जाता, बच्चे को एक सहारे की ज़रूरत है। सहारा या छाया ठीक से मिला, तो उसका उपयोग होगा, अंश सही मानव बन सकेगा। नहीं तो बच्चा कच्चे घड़े के समान है। कही ख़राब न हो जाये जैसे मिस्त्री मकान बनाने के लिए बालू का प्रयोग छान कर करता है। यदि ठीक ढंग से बालू को छाना नहीं तो उपयोग लायक नहीं होगा। उसी तरह कुम्हार मिट्टी का घडा बनाने से पहले अच्छी तरह से मिट्टी बनाता है, ताकि घड़ा अच्छा बन सके। अभिभावक, गार्ज़ियन की अहमियत बालक के लिए मिस्त्री या कुम्हार से कम नहीं है। बालक कच्ची मिट्टी है, जिसे अच्छा बर्तन बनाना एवं पकाना है, ताकि उसकी अपनी अहमियत हो सके। समाज में स्थापित हो सके। बच्चे की डाँट–फटकार उसी तरह है, जिस तरह दर्ज़ी कपड़े या बढ़ई लकड़ी को काटता है, ताकि माँग के अनुसार उसका रूप दे सके। मिस्त्री मकान निर्माण करते समय निर्धारित मात्रा बालू, सीमेंट और ईंट का उपयोग करता है, ताकि मकान अच्छा बन सके।

अब आप अभिभावक या संरक्षक के रूप में समझ गये होंगे और बालक को अच्छी तरह समझा दिये होंगे। अब आप सावधानी नहीं बरतते हैं, तो फिर वक़्त बीत जाने पर पछताने के सिवा कुछ नहीं बचेगा। समय से ध्यान नहीं दिया, बस दुनिया की भाग–दौड़ में रह गये। इससे काम नहीं चलेगा आपको आने वाली पीढ़ी पर ध्यान रखना होगा। सावधानी रखनी होगी, ताकि समय से अबोध बालक को एक अच्छे व्यक्ति के रूप में समाज में स्थापित कर सकें तथा अपने आपको आने वाले समय में बुरे काल से बचा सकें।

खण्ड-दो

शिशु से प्रतियोगी छात्र बनने के बाद के लिए

अध्याय-चार

बालक से नाबालिग होने तक संरक्षक का कार्य

आपका लड़का या लड़की मन से, तन से मज़बूत हो, ध्यान रखें

आपका लड़का या लड़की अपने समय में आ गये हैं। न वे बालक रह गये, न वे अधेड़ हो पाये हैं। इसे जवान कह लें, ताक़तवर कह लें, योग्य कह लें, नवयुवक या नवयुवती कह लें, वे जिधर जाना चाहेंगे, आप रोक नहीं पायेंगे। आपको अभिभावक होने के नाते या संरक्षक होने के नाते इस बात का ध्यान रखना होगा कि अच्छी दिशा या दशा दें ताकि वह अपनी ताक़त का, अपने मन का सही उपयोग कर सके। यह ऐसी उम्र है। अगर कोई अच्छी दिशा पा गया, अच्छी संगत पा गया तो बहुत आगे निकल जायेगा अगर इस उम्र में उस पर ध्यान नहीं दिया गया तो वह भटक जायेगा। भटकने का परिणाम तो आप जानते ही हैं। अभी उसका मन मुलायम है। जिधर चाहें उधर मोड़ सकते हैं। यदि और समय बीत गया और मोड़ नहीं पाये तो केवल परिस्थिति ही उसे किसी रास्ते की ओर मोड़ पायेगी। खेल में या प्रतियोगिता में अपनी पूरी क्षमता से लगे तो वह अच्छा बन सकता है। यह नवयुवकों के लिए बहुत नाजुक समय होता है। उसमें नवयुवक या नवयुवती को सँभालने वाला या देखभाल करने वाले को बहुत ही सावधानी बरतनी होती।

जैसे पानी की तेज़ धार हाथी तक को बहा ले जाती है। बछड़ा छूते ही उछल–कूद करने लगता है। आपको यही ध्यान रख कर यही सावधानी रख कर आगे बढ़ना है। इसी उम्र में युवक डॉक्टर, इंजीनियर, कलक्टर, कप्तान आदि बनते हैं।

बच्चे को कौन-सा रिश्ता कैसा लगता है

बच्चे को जन्म से करीब तीन साल तक उस कुछ नहीं मालूम होता है। बताये रिश्तों को पहचान कर, अपना लाभ देखकर आगे बढ़ता है। जैसे कोई कितना प्यार करता है? कोई कितना ख़याल करता है? कोई कितना खिलौना लाता है? आगे वही माता–पिता अपने पुत्र के लिए त्याग की मूर्ति या महान लगने लगते हैं। वक़्त गुज़रने लगता है।

जब लड़का 18 वर्ष का या लड़की 16 वर्ष की होती है। तो माता–पिता या अपने रिश्ते बेकार लगने लगते हैं। क्योंकि उनकी मानसिक स्थिति में उनका लाभ देखकर बातें करते हैं। धीरे–धीरे यह स्थिति करीब 30 वर्ष की होती है। फिर लड़का योग्य व पिता या पति के रूप में अपने को स्थापित करने का प्रयास करता है। समय अपनी रफ़्तार से चलने लगता है। जब करीब 50 वर्ष की उम्र में आप पहुँचते तब एक शिशु एवं बालक एक पिता को अपने कर्तव्यों का ज्ञान होता है, तो उसके काम की तुलना जब होने लगती है। तब पिता का त्याग व परिश्रम याद आने लगता है। तब शायद वह पिता को समझने लगता है।

जब तक उसकी उम्र 60 वर्ष होती है, तब तक उसके पिता या तो इस दुनिया से अलविदा हो जाते हैं या जाने के करीब रहते हैं। तब बालक को अपने पिता का त्याग का पता चलता है। तब तक बहुत देर हो जाती है। अपने पिता को समझने में 60 साल लगे हैं। मगर ऐसा कहा नहीं जाता कि कोई नहीं करता परिवार के लिए त्याग, परिश्रम। यह विश्वास पर टिका रहता है। चाहे पति के प्रति हो, चाहे पिता के प्रति हो, चाहे लड़के के प्रति हो, चाहे लड़की के प्रति हो, यदि ये तीनों शब्दों का रिश्ते के रूप में अभाव होता है। तो समझें परिवार नहीं, बल्कि एक समूह के रूप में रहते हैं। इस कमी के कारण पिता दुखी होगा या पत्नी दुखी होगी या पुत्र दुखी होगा, क्योंकि उसे सदस्य नहीं रिश्तों के रूप में रहना है। यही सावधानी बरतनी है कि समय रहते रिश्तों का ख़याल करें, नहीं तो समय तो निकल ही जायेगा। अब सोचने से क्या फ़ायदा जब रिश्ता ही नहीं रहा।

हम उसे दिखाते हैं, जो जन्म से जानता, पहचानता है...

जब बच्चा थोड़ा बड़ा होता है, शिक्षा पा लेता है तथा उम्र 20 से ऊपर हो जाती है, अपने आसपास या रिश्तों में, परिवार में बड़ा बन जाता है तब वह बड़ों को सम्मान करने के बजाय उससे किनारा कर जाता है या कभी

अपनी सेहत दिखाता है, कभी अपनी उम्र में आये बदलाव दिखता है, जब कि उसकी उम्र में आये बदलाव से अपने बड़े–बुजुर्ग दुखी होते हैं। शरीर में आये बदलाव से कोई फ़र्क़ पड़ता है, बल्कि फ़र्क़ पड़ता है बालक के व्यवहार में आये बदलाव से। माना कि उसकी शक्ल, उसकी सूरत, उसकी लम्बाई उसके माता–पिता की देन है। मगर उसका बदलाव या व्यवहार उसकी देन है। माता–पिता से नसीहतें लेनी चाहिए, उन पर गुस्सा नहीं, उनसे नफ़रत नहीं। उनका आशीर्वाद लेना चाहिए, जिस तरह किसी कहानी का लेखक जो लिख देता है। कहानी के अनुसार पात्र काम करता है। अगर कोई अपने पाठ से भटकता है तो निदेशक उसे हिदायत देता है कि अपने पात्र के हिसाब से काम करो। जो गृहस्थ हैं, अपना काम करें, जो बुजुर्ग है, वह अपनी उम्र के अनुसार काम करे। जिस तरह किसी मुक़दमे का पक्ष और विपक्ष का वकील अपने मुवक्किल के हिसाब से कोर्ट में पैरवी करते हैं या बोलते हैं। कोई ज़रूरी नहीं जो कल किया है, वह सदा करते रहेंगे। जो खलनायक है, वह खलनायक बना रहे। कहानी या फ़िल्म बनाने वाला डायरेक्टर अपने मन से पात्र का चुनाव करके पाठ अदा कराता है। उसी तरह जो बड़े बुजुर्ग हैं, ग़रीब हैं या धनी हैं। मगर वे आपके परिवार के होंगे तो आपके सम्मान का पात्र हैं। इसलिए प्रत्येक प्रतियोगी छात्र से यही अपेक्षा की जाती है कि बड़ों का सम्मान न कर सकें तो अपमान करने का प्रयास न करें।

अगर आप किसी के लिए ग़लती की माफी माँगते हैं। तो इसका अर्थ यह कतई नहीं होता कि आप ग़लत हैं या आपने ग़लती की, बल्कि यह साबित होता कि आप दूसरे की अपेक्षा अच्छी तरह रिश्ता निभाना जानते हैं। रिश्तों को समेटना जानते हैं। अपनों के सम्मान का भाव रखना जानते हैं। अगर आपने किसी के लिए माफ़ी माँग ली तो कभी भी अपने को कमज़ोर न समझें। कभी भी अपने आपको मजबूर न समझें। इससे स्पष्ट है कि आपके पास अहं भाव नहीं है। आपके विपरीत वाला व्यक्ति क्या सोचता है, वह जाने क्योंकि आप उसकी सोच को न तो बदल सकते हैं और न जान सकते हैं। हाँ, आप अपनी राहों पर चलेंगे तो आपको सफलता एक बार, दो बार या तीन बार में अवश्य मिलेगी। जब तक सफलता नहीं मिलती है। तब तक प्रयास करें, यदि सफलता में देरी होती है तो अपनी कमियों की समय–समय पर समीक्षा करें जो कमी नज़र आये उसकी पूर्ति करें, सुधार करें।

हिम्मत रखने वाले और मेहनत करने वाले कभी पराजित नहीं होते। सत्य–सत्य होता है। उसे सफ़ाई देने की ज़रूरत नहीं है। वह अपने आप में साफ सुथरा है।

आप अपने मक़सद में कामयाब, अपने उद्देश्य पर पहुँचें। अपनी मंज़िल को पा लें। सावधानी का अर्थ यही है। अन्यथा घटना घट गयी, समय गुज़र गया, पता नहीं लगा 'सावधान' रहने लायक होंगे या नहीं यह भविष्य पर निर्भर करता है। झूठी बातें या चापलूसी कुछ देर आपको शायद ख़ुशी दें मगर ज़्यादा देर तक नहीं। सही बातें कुछ देर शायद अच्छी न लगें मगर कुछ देर के बाद बहुत अच्छी लगेंगी। सदा–सदा के लिए अच्छी लगेगी।

ध्यान रखें कि कभी पानी गुनगुना होने से न कोई वस्तु पकती है, न ही गुनगुने पानी में भाप बनती है। कुछ पकाने के लिए या कुछ बनाने के लिए अग्नि को तेज़ करना पड़ेगा या किसी पत्थर को तोड़ने के लिए आपको उसके टूटने तक प्रहार करते रहना पड़ेगा।

युवा अवस्था

जीवन की दूसरी अवस्था युवा अवस्था होती है। दीवार की नींव कहें या जीवन इसी नींव पर बना है। आधार काल वाली इस उम्र में थोड़ा बदलाव आ जाता है। लड़का–लड़की 20 साल से ऊपर के हो गये हैं। इस उम्र को भविष्य का निर्माता कहें तो शायद उचित होगा। जीवन में दोस्तों की संख्या कुछ कम हो जाती है। क्योंकि खेलने का समय रहा नहीं। परिस्थति विपरीत रही या पक्ष में रही, मगर हर युवक के अन्दर अपने भविष्य के प्रति सचेत रहने के साथ ही प्रतिपक्षी लिंगी के प्रति झुकाव ज़्यादा रहता है। इस जीवन–में–ज़्यादा से ज़्यादा हम झूठ का सहारा लेते हैं। अपने को छुपा कर चलते हैं। पूरा समय युवक–युवती इसी सोच में रहते हैं कि उसके आसपास कितने विपरीत लिंगी हैं। कितने उसके पास आने से संकोच करते हैं। यह काल मात्र कुछ साल का रहता है। इसमें अपने माता–पिता से छिप कर रहने या बात करने या ग़लत क़दम उठना में आसान समझते हैं या यह कहें कि यही जीवन का सबसे नाज़ुक काल होता है। अगर भटकना चाहें तो भटक कर पूरा जीवन बेकार कर लें। अगर सँभलना चाहें तो पूरा जीवन सँभाल लें। इसी उम्र में शिक्षा का अलग महत्त्व होता है। दोस्तों का अलग महत्त्व होता है। विपरीत लिंगी का अलग महत्त्व होता है।

नशा पाने का अलग महत्त्व होता है, क्योंकि वह धीरे–धीरे 30 प्रतिशत समझदार हो जाता हैं। फिर भी भविष्य उसके ऊपर निर्भर रहता है। युवक अपने भविष्य को बनायें या बिगाड़ें इस उम्र में सबसे ज़्यादा बुरी लगती है तो अपनों की अच्छी बातें, नसीहतें या अपनों द्वारा टोका–टाकी करना या पूछताछ करना। इसीलिए इसे युवा जीवन कहा जाये तो कोई ग़लत नहीं होगा। वे अपने को भाग्यशाली समझें कि आपके जीवन में टोका–टाकी करने वाले हैं, अन्यथा किसको, कहाँ, किसके लिए समय देने की फुर्सत है।

शिक्षा

हर माता–पिता अपनी आर्थिक स्थिति के अनुसार अपने बच्चे को शिक्षा दिलाता है। लड़का किस क्षेत्र में जाना चाहता है, माता–पिता उसी के अनुसार बालक को तैयार करते हैं। वह एक कुशल ज्ञाता, सफल मार्गदर्शक और सफल व्यक्ति बनाने का प्रयास करते हैं।

कभी–कभी बिगड़ती आर्थिक स्थिति के कारण बालक एवं संरक्षक के बीच विश्वास के रिश्ते समाप्त होने के कारण ऐसा भाव बनता है कि जिसको पाल–पोस कर शिक्षा दे रहे हैं। उसके बड़े होने पर, ज़िम्मेदार होने पर, अपने माता–पिता से रिश्ता तोड़ लेते हैं।

भाई–से–भाई का रिश्ता ख़त्म हो गया, तब परवरिश कर रहे बेटे से पिता यही कहता है। तुम्हें पढ़ना है, तो कक्षा आठ तक पढ़। इसके बाद अपनी जीविका चलाने के लिए कहीं जाकर बोरा ढोओं, कूड़ा बीनों, अपना काम–धन्धा कर जीवन जीओं। यह एक अच्छे माता–पिता का कर्तव्य नहीं है। वह बालक के प्रति अच्छा सोचे, उसकी सोच होनी चाहिए। बालक क्या करेगा, क्या सोचेगा, यह समय वक़्त की बात है।

अरे, आप पिता हैं। किसी के कर्म के मालिक नहीं, भाग्यविधाता थोड़े हैं, कौन क्या बनेगा, यह आप कैसे जानते हैं। आप पिता हैं। बच्चे की प्रेरणा बनें, ताक़त बनें, उसके जीवन का आधार बनें, ताकि आने वाले समय में जब बच्चा अपने पैर पर खड़ा हो तो आपको अपना मसीहा मान ले। अपना सहारा, प्रेरणास्रोत मान कर आपका सम्मान कर सके। ऐसा न हो कि आप बालक को सहयोग न दें, शिक्षा की व्यवस्था न करें। वह लड़ते, गिरते, पड़ते अपनी मंज़िल पर पहुँच जाये, अपने मक़सद में कामयाब हो जाये, फिर आपको घृणा की दृष्टि से देखें, नफ़रत करे।

लड़का सामाजिक है तो वह नफ़रत करेगा, मगर सामाजिक दृष्टि से न कर सके। दूरियाँ बनाना चाहता है, मगर बना न सके। सामाजिक रिश्ता होने के कारण सब कार्य सामाजिक करना पड़े, वह करे, मगर मजबूरी में पिता–पुत्र का रिश्ता है, लेकिन अपनापन नहीं है। यही सावधानी बरतनी है।

सावधान रहना, सचेत रहना, जो आपकी ड्यूटी है, जो ज़िम्मेदारी है, जिस पद पर आप हैं, उसके अनुरूप अपनी ड्यूटी करें, अपनी ज़िम्मेदारी समझें। अपने बच्चे के लिए कष्ट उठायें, ताकि बच्चे अपने पिता के प्रति भाव अच्छा रखें। ऐसा न हो कि रिश्तों की सूची में नाम बहुत हों मगर मजबूरी का रिश्ता हो। जो पैदा हुआ है, वह जवान भी होगा और उसी तरह बालक का मन–मस्तिष्क होता है। आप अभिभावक हैं, पिता हैं, संरक्षक हैं। अपने पिता या संरक्षक होने का ध्यान रखें। यदि बालक के मन में अपने पिता या संरक्षक के प्रति किसी प्रकार का कोई ऐसा भाव या ऐसा शब्द या व्यवहार न प्रवेश कर जाये, जो जीवन की प्रगति के लिए बाधक बन जाये या फ़ायदा न हो। आप जानें या न जाने। बच्चे के मन में ऐसे विचार न भर दें, भरें जिसे वह भूल नहीं पाये।

इसलिए 'सावधान' रहें और अपनी ड्यूटी में यह भी समाहित कर लें। पति–पत्नी के बीच का विवाद पुत्र के पास नहीं पहुँचना चाहिए। दूसरा भाव बालक अबोध है, अनजान है, उसकी क्षमता समझने की नहीं है, तो उसको इस बात का अहसास नहीं होना चाहिए, न उसके अन्दर हीन भावना प्रवेश कर सके कि मेरे पिता या अभिभावक किसी प्रकार का कार्य करने में सक्षम नहीं हैं। जैसे परिवरिश में, शिक्षा में, चिकित्सा में, यह हर व्यक्ति की ड्यूटी है कि अपने आने वाले वंश को अपनी मजबूरी, परिस्थिति प्रभावित न कर सके। जब तक कि वह समझने योग्य न हो और अपने को कमज़ोर न होकर जीवन के एक मजबूर पगडण्डी पर चले।

नसीहतें

पिता पुत्र को नसीहत देता है, विचार देता है, ज्ञान देता है। शायद पुत्र को अच्छा न लगे, कड़वा लगे, मगर यह ज्ञान, ये नसीहतें ऐसे नहीं प्राप्त हुई हैं। पिता पुत्र के बीच उम्र का अन्तर कम–से–कम 25 वर्ष का है। पुत्र बढ़ता जाता है। वही पिता को उम्र के समय का रिश्तों का अर्थ समझ में आता है। जब लड़का नसीहतें सुनने लायक बनता, तब तक पिता की उम्र

45 वर्ष हो जाती है। जब पुत्र अपना समय खेलकूद में, शौक़ पूरी करने में व्यतीत करता है, तब पिता अपने परिवार की परवरिश करने में समाज से अनुभव प्राप्त कर रहा होता है। वक़्त जो गुज़रा है। खट्टे–मीठे अनुभव प्राप्त करा रहा होता है। वही अनुभव बच्चे को देता है, ताकि वह समय रहते 'सावधान' हो जाये।

मगर पिता की बातें बेटे को बकवास लगती है। ज़्यादा बोलने वाला पिता साबित होता है। अनुशासन में रखने वाला लगता है। बेटे को अपनी उम्र के लड़कों वाली बातें अपने पड़ोसी की बातें, अच्छी लगती है। जो व्यक्ति अपने पड़ोस को बढ़ते देखकर ईर्ष्या, जलन करता है, उसकी बातें लड़के को अच्छी लगती हैं और इस कारण पिता की बातें न मान कर उन्हें कटु बातें, अनाप–शनाप बातें सुनाने वाला लगता है और पिता बच्चे को ना समझ कहकर नज़रअन्दाज कर देता है, मगर ममता के कारण, ज़िम्मेदारी के कारण, बच्चे की गलतियों को भुला देता है। पिता सोचता है, बेटा नाराज़ होगा तो कुछ समय नहीं बोलेगा मगर पिता नाराज होगा, तो बेटे का भविष्य ख़राब होगा और जब पैसे की आवश्यकता होती है, तो पिता को याद करता है। पिता की सम्पत्ति तो अच्छी लगती है, मगर पिता की नसीहतें बुरी लगती हैं। पिता का स्वार्थ नहीं, बल्कि पिता की अपने बेटे के प्रति हमदर्दी है, पिता का अपने बेटे के प्रति एक कर्तव्य होता है।

अतः यही कहूँगा कि समय से पहले 'सावधान' होने से बड़ी–से–बड़ी हानि से बचा जा सकता है। यदि सावधानी नहीं बरती तो जो हानि हुई, उसके बाद सुधरने का अवसर मिले या न मिले, यह वक़्त ही बतायेगा, मगर उदाहरण के रूप में प्रस्तुत है।

परीक्षा फार्म भरने से परीक्षा देने तक 'सावधान' रहना है। जैसे पहले पढ़ रहे थे, वैसे ही पढ़ते रहना है। माना कि 20 प्रतिशत आपकी तैयारी है। परीक्षा फार्म भरने से परीक्षा की तिथि मालूम होने के बीच तीन या चार या पाँच माह का समय है। प्रत्येक माह में तीस दिन होते हैं। तीन माह में नब्बे दिन, चार माह में एक सौ बीस दिन, पाँच माह में एक सौ पच्चास दिन हुए, अब आपको एक सौ पचास दिन, एक सौ बीस दिन एवं नब्बे दिन हुए कैलेंडर, माह, तारीख़, वार का ध्यान करें। आप एक दिन में पाँच से छह घण्टे पढ़ेंगे तो शायद आधा या दो तिहाई या एक प्रश्न आपके हिस्से में आता है।

तो नब्बे दिन में तीस प्रश्न, पैंतालीस प्रश्न या नब्बे प्रश्न आया, बीस सहित तीस बराबर पचास बीस सहित पैंतालीस बराबर पैंसठ या बीस सहित नब्बे बराबर एक सौ दस प्रश्न हुए। यदि चार माह हैं। तो उसका उत्तर और होगा। आपको किसी परीक्षा में सफलता के लिए पर्याप्त है। ध्यान रखना है कि कोई परीक्षा वैकेंसी के प्रसारित होने के कम–से–कम नब्बे दिन बाद ही है। परीक्षा की तारीख़ फार्म भरने के समय या बाद में बताई जाती है। यदि परीक्षा फार्म भरते समय आपके पास ज्ञान शून्य है। तो भी अगर आप अपनी तैयारी प्रारम्भ कर देते हैं। तो भी आपकी तैयारी परीक्षा में सफलता लाने में कोई कमी नहीं रहेगी। बस परीक्षा के पहले ध्यान देने की आवश्यकता है। यदि किसी कारण से पहली बार में सफलता नहीं मिलती है, तो दूसरी बार में कोई भी परीक्षा में असफल रह ही नहीं सकता, मगर 'सावधान' रहेंगे तो हर हालत में आपको सफलता मिलेगी। समय से पहले सावधानी होनी चाहिए। यही लेखक के रूप में सुझाव है। सावधानी से यही फ़ायदा है।

ध्यान रखना! कभी–कभी सुधरने का अवसर भी नहीं रहता। सिर्फ़ पश्चात्ताप ही रहता है। जैसे किसी परीक्षा में अन्तिम अवसर है। किसी दुर्घटना में मृत्यु हो जाती है। यही चाहूँगा कि उम्र में जो वरिष्ठ हैं, कुछ को छोड़कर अनुभव सबके पास रहता है। यदि सामान्य विवेक है तो यह अनुभव आपके प्राप्त ज्ञान में वृद्धि कर जायेगा, जो आपकी सफलता में चार चाँद लगा सकता है। यह भी सत्य है कि पिता की सम्पत्ति लेने में तो कुछ भी देरी नहीं करते हैं, मगर पिता का अनुभव लेने से परहेज़ करते हैं। यह नहीं कहता सभी ऐसा करते हैं। मगर कुछ ऐसा करते हैं। जब समय हाथ से निकल जाता है, तब फिर पश्चात्ताप करते हैं। तब न अवसर रहता है, न पिता रहते हैं, बस रहता है तो बीते कल की यादें। हम यह नहीं कहते कि आपने क्या किया मगर इतना ज़रूर कहूँगा कि पिता की नसीहतें या पिता का ज्ञान बुजुर्ग या अनुभवी समझ कर सुन लें। फ़ायदा नहीं करता है तो नुकसान भी नहीं करेगा बल्कि पिता का सम्मान बढ़ेगा। पिता किसी पुत्र का दुश्मन नहीं होता है। यदि आप पिता को नज़रअन्दाज़ करेंगे तो पिता को बुरा लगेगा, मगर जब दुखी होंगे या अवसर चूक जायेगा तो पिता को पश्चात्ताप करना पड़ेगा।

आप अब समझदार हो गये हैं। अच्छे या बुरे का ज्ञान हो गया है। भाग्य, नसीब अपना समझने लगे और आप नसीबदार हैं कि आपके पिता–माता मौजूद हैं। आपके पास साधन मौजूद है। आप स्वस्थ भी हैं।

आपको आपके पिता धन देने योग्य हैं। हाँ, कुछ लोग है, रिश्ता सब है, मगर धन की क्षमता नहीं है। कुछ लोग ऐसे हैं, न पिता हैं, न माता हैं, न उनके पास धन है, मगर उनके साथ विभिन्न प्रकार के लोग हैं। किसी की आँखें नहीं हैं, तो किसी के पैर नहीं हैं, तो किसी के हाथ नहीं है, जब एक दूसरे की तुलना करें तो पाएँगे किसी–न–किसी रूप में आप अच्छे है। मैं मानता हूँ कि हज़ारों लोगों से पीछे है। मगर देखेंगे कि लाखों लोग से आगे है। अपने आपको ख़ुश रखने की आदत डाले मगर इनसानी फितरत है, जो है। उसे पर्याप्त न मान कर जो उसके पास नहीं है। उसी को पाने की फ़िराक में अपना तन, मन, लगाता है। न मिलने पर परेशान होता है। अपने आपको दुखी करता है।

आपको सफ़र करना है। कैसे सफ़र करते हैं, वह आप जानें चिन्तक होने के नाते सामाजिक हमदर्द होने के नाते लेखक होने के कारण मेरा काम है। आपको समय से पहले आगाह करना 'सावधान' करना, जो कहता हूँ, करता हूँ, समय से पहले 'सावधान' होंगे, तो आपका जीवन अच्छा चलेगा आपको सावधानी का फ़ायदा मिलेगा। कहते हैं जब जागो, तभी सबेरा तो क्या बारह बजे तक सोते रहेंगे। जागने पर सबेरा होगा, समय बीत चुका है। अवसर बीत चुका है, फिर सावधानी का क्या अर्थ निकलेगा। समय से जागें या समय से जागना सीखें, समय रहते सावधानी बरतें।

अहसास दिलाना है

अक्सर हम अपने आपको पैसे का, रिश्ते का समय का, महत्त्व तो जानते हैं। मगर अपनी आने वाली पीढ़ी को यह अहसास नहीं दिलाते हैं कि पैसा क्या है? रिश्ता क्या है? समय क्या है? उसको क्यों नहीं कि 5 रुपये 10 रुपये माँगते वक़्त, देते वक़्त, अगर एक घण्टा में माँगता है तो समझा कर दो घण्टा में देते हैं। यह सच है कि रिश्ता तो वक़्त के साथ बनता बिगड़ता है, मगर समय का, पैसे का महत्त्व नहीं जानने पर परिणाम स्वयं भुगतना पड़ता है। जीवन में चाहे बालक हो, चाहे जवान हो चाहे, बुजुर्ग हो। हाँ पैसे कहाँ से आते हैं? पैसा क्या है? सबको ज्ञान कराना पड़ता है। अहसास कराना पड़ता है कि पैसे उपयोग के लिए पर्याप्त है, मगर दुरुपयोग के लिए एक पैसा नहीं है। समय आपके जीवन के लिए पर्याप्त है। मगर गपशप के लिए अनावश्यक समय बिताने के लिए एक मिनट नहीं है।

खाली मन में भ्रम नहीं होना चाहिए कि पैसा इतना है कि काम न किये जाये तो भी जीवन कट जायेगा। वक़्त इतना है कि आप जैसे चाहे जियें मगर एक वक़्त ऐसा आता है कि जिसने समय का उपयोग किया, उसको वक़्त मिला, जिसने दुरुपयोग किया, उसे वक़्त नहीं मिला जिसे पैसे की क़ीमत नहीं मालूम हुई और धनवाल व्यक्ति को मज़दूर या भिखारी बनते देखा गया ऐसा भी नहीं है कि कोई परिस्थिति एक दिन में, एक सप्ताह में तैयार होती है। आप अपने जीवन में झाँक कर देखें तो पायेंगे कि क्या मौक़ा नहीं मिला या अवसर नहीं मिला? रिश्ता नहीं मिला? समय से सब मिला परन्तु उसका सदुपयोग नहीं किया।

उदाहरण : अ के रूप में बी.एस.सी. में दाख़िला लिया 90% अंक आया मगर पिता ने कहा अभी और ऊँचा उठने की ज़रूरत है। मैं पिता के व्यवहार से नाखुश हुआ, दुख हुआ कि कभी मेरी प्रगति की तारीफ़ नहीं की बस और बढ़ाओ और बढ़ाओ की बात करते रहे। मैं पहली बार संघ लोक सेवा आयोग की परीक्षा में बैठा और मेरा चुनाव हो गया और मैं किसी ज़िले का कलक्टर हो गया, मगर चुनाव होने से पहले अपने पिता के व्यवहार से मेरा मन दुखी था और इसी दुख के कारण कहा–सुनी हो गयी। आख़िर में कड़वाहट के कारण मैं अपने पिता से नाराज़ हो गया था। मेरे पिता बिना बताये घर छोड़कर चले गये। मैं अफ़सर होने के बावजूद पिता के न रहने के कारण दुखी था।

कुछ समय बीता एक पत्र आया, जिसमें उसके लिए लिखा था कि बेटे की प्रगति देख केवल पिता ही ख़ुश होता है और समाज का कोई रिश्ता नहीं ख़ुश होता है। सुना है कि बेटा कलक्टर हो गया। जब मैं कक्षा पाँच में तारीफ़ कर देता, तो शायद यह दिन देखने को नहीं मिलता और तुम अपनी प्रगति में रुक जाते। आसमान की ऊँचाई पर पहुँचने के लिए प्रोत्साहन और कमी बताना आवश्यक है। जहाँ रहो, ख़ुश रहो, इसीलिए आपके आये परिणाम की तारीफ़ नहीं किया, क्योंकि मैं जानता था, अगर बेटे को ऊँचा उठते माता–पिता को देखना है। जहाँ पर उसे आगे बढ़ने की बात करना है। तो पिता अपने पुत्र को प्रोत्साहन दे, तारीफ़ न करें। मैं यह भी जानता हूँ कि मेरा लाड़ला मेरी बात को समझ गया होगा।

बेटा सबसे ज़्यादा चोट अपनो से लगती है और इसका इलाज़ किसी डॉक्टर के पास नहीं होता जो तुमने नासमझी में कहाँ है, वह तुमसे दूरी बनाने के लिए काफ़ी है। अब शायद मेरी मुलाक़ात न हो, हाँ जो तुम्हारी

माँ तुम्हारे लिए मुझसे लड़ती रही कि लड़के चाहे जितना अंक पाये तारीफ़ नहीं कर सकते, उसका ख़याल करना। माँ और पिता में बस यही अन्तर है। पिता चाहता है। बेटा उसका अपने पथ पर आगे बढ़ता जाये और आसमान की ऊँचाई पर पहुँचे। माँ क्या जाने बस वह यही जानती है। बेटा ख़ुश रहे कैसे ख़ुश रहे, वह नहीं जानती है। इसीलिए बेटा, माता, पुत्र के लिए सबसे वफ़ादार मानी जाती है। पिता बहुत कुछ करने के बाद भी बेटा से अपने को दूर ही पाता है। तुम ख़ुश रहना, यही आशीर्वाद है। पिता के भेजे पत्र को पढ़कर उसी पत्र के विषय में सोचकर, पढ़कर मैं अपने पिता की तलाश कर रहा हूँ। काश, मैं अपने पिता की भावना समझ पाता। ख़ैर, जब तक साँसें रहेंगी मैं अपने पिता की कमी महसूस करूँगा और पिता की तलाश करता रहूँगा। बेटे को ऊँचा उठते माता–पिता को देखना है। जहाँ पर उसे आगे बढ़ने की बात करते हैं, मैं यह भी जानता हूँ।

आज हर बच्चे को माता–पिता की डाँट, ज्ञान, हमदर्दी नहीं दिखाई देता। जब दिखाई देगा, तब तक या तो देखने का समय नहीं बचता या सोचने का अवसर ही नहीं रहता। अगर रहते हैं तो बीते कल के कारण पश्चात्ताप के आँसू। केवल पिता ही अपने पुत्र को आगे बढ़ते हुए देखकर ख़ुशी होता है और यह पद जो बच्चे की सेहत देखकर अच्छा स्वभाव देखकर सन्तोष एवं ख़ुश होता है। वह माँ होती है अन्यथा समाज में कोई ऐसा सम्बन्ध या रिश्ता नहीं है कि जो किसी को बढ़ते या प्रगति होते देखना चाहता है। हाँ, पट्टीदार या पड़ोसी के अन्दर एक कृषक होती है। काश, अमुक व्यक्ति मेरे से पीछे रह जाता। मेरे बेटे से कैसे आगे निकल गया, ज्वेलसी, तकलीफ़ या ईर्ष्या ज़रूर रहती है।

एक बार एक पिता ने अपने पुत्र से पूछा कि अपनी लम्बाई बताओ? तब लड़के ने कहाँ कि 170 सेंटीमीटर है। तब पिता ने कहाँ कि यदि लम्बाई 167 सेंटीमीटर रहती तो क्या अन्तर होता तब पुत्र ने कहाँ कि क्या फ़र्क़ पड़ता है। बहुत होता 3 सेंटीमीटर छोटा ही रहता तब पिता ने कहाँ कि तीन सेमी का अर्थ है आप फोर्स नौकरी के लिए योग्य हो अन्यथा जिसमें लम्बाई का प्रतिबन्ध होता है। उस नौकरी से रोक दिये जाओगे किसी शब्द का, किसी योग्यता का, किसी शारीरिक माप–दण्ड का कितना प्रभाव पड़ता है। यह वक़्त की बाते हैं। इसलिए जो आपके जीवन में कौन कितना उपयोगी है। वक़्त ही बताता है।

यह सत्य है कि जो आज के माता–पिता या अभिभावक या संरक्षक हैं। कभी वे भी बालक होते थे और आज के बाद वे कभी माता–पिता होंगे फिर बुजुर्ग होंगे जब ज़बान है, माता–पिता है, उनका अनुभव है, तब उन्हें इस बात का ज्ञान होगा कि बालक को समय रहते क्या क्या आवश्यकता होती है। अपनी क्षमता, उपलब्धता, आवश्यकता के अनुसार बालक के प्रति काम करना चाहिए। जैसे आग जब भयंकर रूप धारण कर लेती है। तो उसको बुझाने में काफ़ी मशक्कत करनी पड़ती है और जब बीमारी अपने अन्तिम पायदान पर पहुँच जाती है तो उसे कोई मेडिसिन कोई विशेष मदद नहीं कर पाती है।

वैसे 2020 के प्रारम्भ शुरू हुआ में कोरोना वायरस का संक्रमण काल पूरे वर्ष रहा, जिसकी दवा नहीं बन सकी, बचाव या अपनों से दूरी–बनाये रखें एवं मास्क पहनना ज़रूरी हो गया। जहाँ बीमारी के कारण संक्रमित होने वालों की संख्या करोड़ों के पास पहुँच गयी। वहीं मरने वालों की संख्या डेढ लाख हो गयी। संख्या का कहीं ग़लत, कहीं सही रही यानी खोने के बाद सबको याद आता है। सावधानी तो खोने से पहले करनी है, खोने के बाद तो 'सावधान' हो ही जायेंगे।

जब संरक्षक, माता–पिता अपनी ज़िम्मेदारी, अपनी हमदर्दी, सहयोग, उत्तरदायित्व को नहीं निभायेंगे तो फिर परेशानी आयेगी ही, मगर जब परेशानी आयेगी तब तक समय बीत जायेगा, अवसर भी बीत जायेगा तीन परिवारों का उदाहरण यहाँ प्रस्तुत कर रहा हूँ।

एक किसान, एक प्रशासनिक अधिकारी और एक न्यायिक सेवा के अधिकारी थे संयोग था सभी अपने परिवार में बड़े एवं ज़िम्मेदार थे। यह सत्य है कि बड़े होने के कारण परिवार की ज़िम्मेदारी आनी स्वाभाविक है। सभी भाई–बहनों में बड़ा होने के कारण बहनों की शादी एवं भाइया की पढ़ाई एवं शादी किया जो काम पिता को करना था। वह भाइयों पर आ गयी। सभी ने अपनी पारिवारिक ज़िम्मेदारी निभाया, मगर ज़िम्मेदारी कहें या सहयोग कहें, जहाँ ज़िम्मेदारी थी, वहाँ उन्होंने कुछ नहीं किया।

शादी के बाद हर पति या पिता की ज़िम्मेदारी बनती है कि अपनी पत्नी एवं बच्चों की परवरिश करे और देख भाल करे। परिणाम यह रहा भाइयों की पढ़ाई और बहनों की शादी में यह भूल गये कि उनकी एक सबसे एवं महत्त्वपूर्ण ज़िम्मेदारी अपनी पत्नी, बच्चों के साथ भी है। वहाँ वह सहयोग का काम करते थे। जहाँ सहयोग था, वहाँ ज़िम्मेदारी समझ बैठे

और जहाँ ज़िम्मेदारी थी, वहाँ सहयोग समझ बैठे। समय कभी रुकता नहीं और अपनी रफ़्तार से चला। तीनों पदाधिकारियों के भाई अपने–अपने पैर पर खड़े हो गये। साथ ही अपने खुद के बेटा–बेटी सयाने हो गये और भाई शादी–शुदा हो गये। जब पूर्ण रूप से सक्षम हो गये तो अपने बड़े भाई से अलग हो गये। हिस्से में वहीं पत्नी बच्चे आये जो तीनों के गै़र–ज़िम्मेदारी के कारण अपने पैरों पर खड़ा नहीं हो सके। अब अवसर व समय सब बीत गया अब बच्चों की कड़वी बातें पत्नी का ताना, उनके हिस्से में आया अचानक किसान, प्रशासनिक अधिकारी न्यायिक अधिकारी अब अपने इस बात के लिए पश्चात्ताप करने लगे कि अपनी ज़िम्मेदारी को नहीं समझा और अब बहते आँसू पोंछने वाला कोई नहीं है। अब न समय था न अवसर, केवल बचा तो सिर्फ़ पछताने के लिए आँसू। अब सोचने लगे, कहाँ ग़लती हुई। समय रहते सावधानी बरतते या 'सावधान' रहते तो शायद यह दिन न देखना पड़ता।

यह भी नहीं कहाँ जा सकता कि तीनों अधिकारियों ने अपने कार्यों को नज़रअन्दाज़ किया मगर जिसके प्रति सावधानी बरतनी चाहिए, नहीं बरती पति–पत्नी एवं बच्चों के प्रति जो ज़िम्मेदारी होनी चाहिए, वह नहीं हुई। जिस तरह शरीर के अन्दर कोई बीमारी प्रारम्भ होती है। इलाज़ समय पर करना चाहिए। अगर माता–पिता हैं। तो कोई ज़रूरी नहीं वे जन्मदाता हैं। यदि ऐसा होता तो अनाथ आश्रम में हज़ारों बालक–बालिकाएँ हैं। उनके जन्मदाता हैं, ज्ञात हो या अज्ञात हों, मगर माता–पिता नहीं, कोई हो सका जिसके कारण अपने आप बढ़ते चले जाते हैं और कहाँ तक किस योग्य बनते हैं, समय के गर्द में होता है। यह वक़्त या आने वाला समय तय करता है।

अध्याय-पाँच

बालक-नाबालिग का कार्य एवं दोस्तों का चुनाव या संगत का असर होना

शारीरिक परिवर्तन

हर बालक, बालिका की उम्र दस से पन्द्रह साल के बीच आते–आते शारीरिक परिवर्तन होने लगता है। इसे हारमोंस की विशेषता कहाँ जाये या शारीरिक परिवर्तन कहाँ जाये या प्रकृति का बदलाव कहाँ जाये बालक, बालिका में तीन पीढ़ी तक का सम्बन्ध होता है।

एक सम्बन्ध माता–पिता, दूसरा लड़के या लड़की के दादा–दादी, तीसरा नाना–नानी का सम्बन्ध होता है। बालक या बालिका अपने दादा दादी में न पड़ जाये, ग़लत लोग से सम्पर्क न हो जाये, पढ़ाई में ध्यान न लगता हो, इस बात को ध्यान रखे। सतर्क दृष्टि रखें अपने इस अबोध बालक को बालिका को ग़लत संगत से, नशे से, ग़लत सामाजिक कार्य से बचायें। जब बच्चा बालिक हो चुका हो माता–पिता बुजुर्ग हो चुके हो तो सावधानी बरतें, ताकि आने वाले कल इन बालको के अच्छे हो सके। उनका भविष्य अच्छा हो सके।

दस–पन्द्रह साल के ऊपर के लड़कों को अपने आने वाले रिश्तों का, भविष्य का, व्यवसाय का, पैसे का ज्ञान हो चुका होता है। यदि इसका ज्ञान न हो तो ज्ञान करा दे। जो पढ़ाई कर रहे हैं, उस पढ़ाई का आगे क्या उपयोग होगा? उनके भविष्य में पढ़ाई क्या काम करती है? इस बात का ज्ञान करा दें।

इस उम्र में बालक न तो परिपक्व होते हैं, न अपरिपक्व होते हैं, न ज्ञान होता हैं। नासमझ होते हैं, मगर इतनी जानकारी हो जाती है कि उसके अभिभावक, संरक्षक किस पेशे में हैं तथा उनकी आय का साधन क्या है। वे चाहते तो अपनी पीढ़ी को अच्छी शिक्षा दे सकते हैं या उनकी परिस्थिति ऐसी है। अभिभावक अपने पुत्र को अच्छी परवरिश कर सकते हैं। बच्चों को अपना नाम, पता, पिता का नाम, स्कूल का नाम, आसपास की परिस्थिति वातावरण का अनुभव हो जाता है। किस कार्य में बालक की रुचि होती है। इसकी भी जानकारी अभिभावक को हो जाती है।

कुछ अभिभावक ग़रीब है, तो कुछ अभिभावक इतने पैसे कमाते हैं कि पैसे के सामने अपने बच्चों के उत्तरदायित्व को ही भूल जाते हैं। अभिभावक का दायित्व बनता है कि उसकी रुचि के अनुसार उसके कार्य में मदद करें। उसकी रुचि में प्रोत्साहन दे क्योंकि लड़का या लड़की चाहे जितने अच्छे हो उनको रुचि के अनुसार कार्य नहीं मिलता है। तो उसमें मन नहीं लगता है तथा अभिभावक द्वारा सौंपे कार्य को भार समझने लगते हैं। बालक की पूरी ज़िम्मेदारी अभिभावक पर है। अब बच्चों को मारने पीटने या डाँटने का वक़्त ख़त्म हो गया। अब समझने व समझाने का रह गया है। यदि रुचिपूर्ण कार्य में सहयोग नहीं देंगे तो अपनापन का भाव भी आपके प्रति ख़त्म हो जायेगा। अब ज़्यादा–से–ज़्यादा समय अपने दोस्तों के साथ घूमने–फिरने में गुज़ारने लगेंगे। मन पसन्द काम में अपना समय देगे तथा अपने गार्ज़ियन की बातों को नज़रअन्दाज़ करने लगेंगे। इसी समय आपके अशुभ चिन्तक इस मौक़े का फ़ायदा लेकर आपसे ईर्ष्या रखने के कारण आपके बेटे का भविष्य बिगाड़ देंगे। तत्कालिक अशुभ की बात अच्छी लगेगी और आपकी बात बुरी लगेगी, जब तक ज्ञान होगा तब तक सुधरने व बनने का अवसर व समय सब ख़त्म हो जायेगा और केवल पास पश्चात्ताप के आँसू रह जायेंगे। इस बात का ध्यान या सावधानी रखनी है।

कभी–कभी अभिभावक अपने बच्चे को दिये गये पॉकेट मनी पर भी विचार नहीं करते, जो माँगा दे दिया। लड़के फ़ीस या बुक के नाम पर रुपये माँगते हैं। बालक को पैसे दे मगर देखें कि आवश्यकता से से कितना अधिक पैसे माँग रहा है? वह पैसे क्या कर रहा है? किसी की मदद कर रहा है तो ठीक है। यदि बुरी संगत में पड़कर अनावश्यक पैसा ख़र्च कर रहा है।

तो बाद में आपके लिए परेशानी का कारण बन सकता है। पैसे की आवश्यकता एवं पैसे की क़ीमत दोनों बातें स्पष्ट होनी चाहिए। उसके मन में यह भाव है कि पिता के पास बहुत पैसे हैं। यह बालक को उसके मार्ग से भटका सकता है। कितना ख़र्च है? उसमें कटौती न करे, मगर ज़्यादा पैसे भी न दें। अन्यथा भटके पुत्र की पीड़ा आपको भुगतनी पड़ेगी। जान–बूझकर बेटे के पैर में कुल्हाड़ी न मारें।

यह सत्य है कि वर्तमान ही भविष्य बनाता है। भविष्य बनाने के चक्कर में वर्तमान भी ख़राब न हो, ऐसी सावधानी भी होनी चाहिए। बालक की उम्र में यह देखना पड़ता है कि बालक के साथी कौन–कैसे हैं तथा उसका रहन–सहन कैसा है? साथियों के साथ व्यवहार कैसा है? संगति कैसी है? अच्छी है या बुरी है? यह अभिभावक को देखना पड़ेगा, क्योंकि यह कह देने से काम नहीं चलेगा कि क्या करें नौकरी या व्यापार के सिलसिले में बाहर रहने से बच्चों पर ध्यान नहीं दे पाया, जिसका परिणाम हुआ कि बच्चा हाथ से निकल गया। अभिभावक के पास क्या बचा जिसके लिए दिन–रात काम करता है। अगर वही हाथ से निकल गया तो जीवन का अन्तिम पल तो ठीक नहीं है। बच्चों की उम्र जब 18 वर्ष से आगे बढ़ती है तथा 25 तक तन और मन मज़बूत होता है, इस उम्र में भटकाव के अवसर अधिक होते हैं। यही उम्र बच्चों को सँभालने एवं सँवारने की होती है।

उदाहरण के रूप में एक आदमी अपनी बुजुर्गी के लिए धन इकट्ठा किया। करीब 65 वर्ष की उम्र में एक चोर आया और बुजुर्ग का गला पकड़कर कहा धन निकालो नहीं तो जान से मार दूँगा। बुजुर्ग बोला धन देता है। तो जान बचती है। मगर बुजुर्गी तो ख़राब हो जायेगी और धन नहीं देता हूँ तो जान से हाथ धोना पड़ेगा। मरना दोनों तरह से है। चोर से कहा कि धन नहीं दूँगा मरना तो तय है। तो मार दो आख़िर चोर को जान से क्या लेना–देना उसे तो चोरी करनी थी हत्या थोड़े करनी थी।

आख़िर जीवन के लिए धन की ज़रूरत है। बिना धन के बुजुर्गी का क्या मतलब, उसी तरह अगर औलाद है। तो सही, स्वस्थ एवं लायक हो अन्यथा नालायक औलाद से बुजुर्गी और ख़राब हो जायेगी।

जिस बच्चे के लिए धन जुटा रहे हैं, उस बच्चे का भविष्य ही नहीं बना तो क्या फ़ायदा जीवन नर्क बन जाना स्वाभाविक है, इसलिए 'सावधान' रहना,

ध्यान रखना, ताकि बालक बिगड़ न जाये, भविष्य उसका ख़राब न हो जाये।

इसीलिए 60 साल बाद केवल तीन ही प्रश्न पूछा जाता है? आपका स्वास्थ कैसा है? आपके बच्चे क्या कर रहे हैं? आपका जीवन कैसे कट रहा है?

अक्सर लोग अपने नाबालिक बच्चे को चार पहिया, दो पहिया वाहन बिना लाइसेंस के चलाने के लिए दे देते हैं। बालक गाड़ी चलाते हुए एक्सीडेंट कर देता है। परेशानी तो अभिभावक या पिता को होगी साथ ही नाबालिक लड़का घायल हो गया परेशानी अभिभावक की और बढ़ गयी। हर हालत में परेशानी बालक के कारण अभिभावक को ही होती यह नहीं कहाँ जाता कि आप बालक को वाहन चलाने को दे परन्तु गाड़ी के साथ अच्छी हिदायत भी दें, ताकि दुर्घटना से बचा सके।

भ्रम का, अहं का भाव नहीं होना चाहिए

आख़िर आपकी उम्र पचपन हो गयी। जवानी गुज़र गयी चेहरे पर झुरियाँ पड़ गयी आप इसी तरह तनावयुक्त ज़िन्दगी जीते रहें आपका लड़का जवान एवं शादीशुदा हो गया और अपना जीवन जीने लगा तब आपको खोने का होश आया कि जीवन जी नहीं पाये, अपना सुनहरा अवसर खो दिया। न स्वयं जी पाये, न पत्नी जी पायी न लड़का जी पाया, आपके सम्बन्ध के बीच में आने बाला बच्चा समय के साथ वह बढ़ेगा तो उसे ज्ञान होने के बाद अपने माता–पिता के प्रति श्रद्धा व सम्मान के शब्द निकलना चाहिए। त्याग चाहिए विश्वास में हाथ उठना चाहिए मगर कब जब वह व्यक्ति अपनी पत्नी एवं पुत्र के लिए कुछ त्याग करेगा। त्याग करना है। अपने अहं का, अपने बड़ा होने का, पति, पत्नी और संरक्षक का भाव नहीं है।

आपका कर्तव्य है। लड़के का लड़कपन दें बच्चे को सुविधा दें। बालक को शिक्षा व चिकित्सा दें। यह सावधानी बरतनी पड़ेगी, अपने आपको 'सावधान' होना पड़ेगा। जब आपके पास न उम्र रही, न तन में सुन्दरता रही, न कोई आपको चाहने वाला रहा। मैं मानता हूँ कि सफ़र में पच्चीस से ऊपर जब होते हैं, कहीं–न–कहीं मानवीय व्यक्तिगत ज़िन्दगी का झुकाव होने लगता है, मगर देखें झुकाव में कमर टेढ़ी न हो जाये और आपका ख़ास जीवन बदल चला जाये। बुद्धिमान व्यक्ति स्वयं बचता है।

अपनों को बचाता है। इसी का ध्यान रखें संघर्ष का अर्थ लड़ाई–झगड़ा नहीं, बल्कि विषम परिस्थिति में स्वयं का सामना करना है।

नशा कितनों को ख़राब करती है स्वयं के साथ

शराब, गाँजा, भाँग, चरस, स्मैक, अफ़ीम का उपयोग करने वाले अस्तित्वहीन या महत्त्वहीन होते हैं। अपना जीवन तो ख़राब कर ही लेते हैं। अपने बच्चों का जीवन भी ख़राब करते हैं। यही नहीं अपनी पत्नी का जीवन भी ग़रीबी के दलदल में फँसा देते हैं।

जब कभी भी किसी व्यक्ति को, किसी युवक को नशा लग जाये या वह शराब पीता है या गाँजा, हिरोइन पीता है, तो उसकी बुद्धि काम नहीं करती है। कहता कुछ और करता कुछ और है। अपने मक़सद या उद्देश्य की याद नहीं रहेगी। भरोसे का व्यक्ति नहीं रहेगा, न विश्वासपात्र रहेगा, इसलिए यही कहना चाहूँगा कि ऐसे व्यक्ति पर, ऐसे छात्र पर किसी सहयोग की उम्मीद न करें तो अच्छा है। वह अपने मन में, नशे के गुमान में, समाज में रहता है। ऐसा आदमी न तो प्रगति कर सकता है। न ही उद्देश्य प्राप्त कर सकता है।

जब ऐसा व्यक्ति किसी पद को प्राप्त कर लेता है, तो ऐसे व्यक्ति से जनहित या व्यक्तिगतहित काम की उम्मीद नहीं कर सकते। हाँ, अगर करना है। तो करें हम कौन होते हैं। मना करने वाले, मगर वह समय का पाबन्द नहीं होगा न ज़बान का पाबन्द होगा, न वह तन का सहयोगी होगा। यह अलग बात है कि वह जब तक नशा नहीं किया होगा तो लगेगा सबसे अच्छा आदमी है। यदि वह नशा कर लेगा तो आदमी के विष्टा के बराबर हो जायेगा, जिस तरह आदमी का निष्ठा जब तक सूखकर मिट्टी में बदल नहीं जाता, तब तक न तो उसके पास से कोई गुज़रता है, न किसी उपयोग के लिए होता, उसी तरह शराबी व्यक्ति है। यदि नशाकर लिया तो ख़ुद चलकर नहीं जा सकता। उसे किसी की बाहों या कन्धों का सहारा चाहिए। वह किसी को सहारा क्या देगा, नशेड़ी व्यक्ति का न तो अपनी इज़्ज़त की चिन्ता, न दूसरे की इज़्ज़त की चिन्ता। इसलिए शराबी या नशेड़ी व्यक्ति केवल कुण्ठा बनकर रह जायेगा। भले नगर पालिका के डंफर में लद कर चला जाये उसको पता ही नहीं है कि किस साधन से जो रहा है। उसके पास खोने के लिए कुछ है ही नहीं तो दूसरे के खोने की क्या परवाह करें?

जब होश आयेगा, तो कहेगा कि ग़लती हो गयी। फिर वही काम करेगा जो करता आया है। शराबी व्यक्ति पर विश्वास कर लिए तो धोखा खाना ही पड़ेगा। उसकी उम्मीद जाती रहेगी। समय के बाद पश्चात्ताप करेगा उसे पीड़ा मिलेगी तथा शराबी व्यक्ति के कारण भरोसा टूटा, रिश्ता टूटा, सम्बन्ध ख़राब हुए, इसलिए ध्यान रहे, जब आपको स्त्री या पुरुष के रूप में जानकारी हो जाये कि यह अमुक व्यक्ति नशा करता है, तो आप उस आदमी से सँभल जायें।

शराब को आज के ज़माने का शौक़ माना जाता है। ज़्यादा–से–ज़्यादा महँगी शराब का सेवन करना, अपना क़द बढ़ाने वाला समझ जाता है। यहीं जानते हुए भी शराब से अपने शरीर के साथ, अपने परिवार के साथ, अपने समाज के साथ, अपने रिश्ते के साथ, अपने स्वास्थ के साथ, खिलवाड़ करते हैं। धन की बर्बादी अलग होती है।

कुश को ख़त्म करने के लिए विद्वान चाणक्य उसकी जड़ में माट्ठा डाल रहा था। किसी ने पूछा कि यह क्या कर रहे हो तो उसने कहाँ कुश आज हमें चुभा है। उसी तरह यह किसी और को चुभ सकता है, इसलिए इसको जड़ से नष्ट कर रहा हूँ। शराबी व्यक्ति से हर कोई दूर रहता है और धीरे–धीरे एक समय ऐसा आता है, जब उसका उपनाम हो जाता है। उसका परिवार शराबी परिवार कहाँ जाता है। उसके रिश्तेदार शराबी रिश्तेदार कहे जाते हैं। शराबी किसी का पिता, किसी का पति, किसी का पुत्र होता है।

एक दिन ऐसा आता है कि उसे शराबी नाम से अपने काम से नफ़रत हो जाती है। तब न समय बचता है, न धन बचता है, न तन बचता है, न परिवार बचता है, न रिश्ते बचती हैं। बचता है तो खाली बोतलें जो शराबी के आसपास रहती हैं। नशेड़ी व्यक्ति पश्चात्ताप के आँसू बहते–बहते सूख जाते हैं। तो शराबी को जब होश आता है। तो बस यही कहता है कि यह ग़लती कैसे हो गयी जब अस्वस्थ होकर डॉक्टर के पास जाता है। तो डॉक्टर कहता है कि बहुत देर हो गयी फेफड़ा ख़राब हो गया, लीवर ख़राब हो गया, किडनी ख़राब हो गयी। समाज कहता है अच्छा–ख़ासा था, परन्तु सब बिगाड़ लिया। परिवार कहता है कि न धन बचा, न तन बचा। तन कहता है कि बहुत दिन तक इस तन में आत्मा रह ली चलो अलविदा कर दे जो आदमी सत्तर–अस्सी वर्ष तक जीवन सुखमय जीवन जीना चाहता है। उसका जीवन तीस, पैंतीस, चालीस तक जाते–जाते पूरी होने लगती है।

ग़लत संगत

अक्सर जब लड़कों की उम्र पन्द्रह साल की होती है। तो उनमें सबसे बड़ा भटकाव आता है। वह तीन प्रकार का होता है। पहला भटकाव उसमें बुरी संगत, ग़लत साथी का होना, दूसरा नशीले पदार्थ सेवन की ओर झुकाव होना, तीसरा विपरीत लिंगी की ओर झुकाव होता है। वैसे यह सामाजिक बुराई में नहीं आता, बल्कि यह स्वभाविक है। मगर जब अपने भविष्य की ध्यान न देकर केवल लड़की के चक्कर में या लड़के के चक्कर में पूरा समय गँवाना एवं अपने परिवार की बातों पर ध्यान न देना ग़लत है। तब यही सामाजिक बुराई का रूप ले लेता है। यदि युवक भटक गया तो अपराधी बन जायेगा या नशेड़ी हो जायेगा या दुश्चरित्र की श्रेणी में गिना जायेगा। हर हालत में किसी सामाजिक राजकीय पद योग्य नहीं रहेगा उसके जीवन में आने वाला काल बेकारी, बेबसी, मज़दूरी करने वाला या अपराधी जीवन बनेगा, जीवन बेबसी का हो जायेगा। वही हाल युवती का होगा। यदि अपने रास्ते से भटक गयी तो अपनी जीवन लीला समाप्त कर देगी या समाज में उपेक्षित या चरित्रहीन या वेश्या का रूप ले लेगी। हर हालत में अपना जीवन नारकीय बना लेगी और साथ में अपने परिवारीजनों का भी जीवन नारकीय कर देगी।

इस परिस्थिति में पिता का, अभिभावक का दायित्व बनाता है कि अपने पुत्र को इस भटकाव से बचायें। यदि नशेड़ी हो गया तो समय से पहले शरीर का अंग ख़राब हो जायेगा। आपराधिक प्रवृत्ति वाला हो गया तो निश्चित है, उसका जीवन बेकार हो जायेगा बीस या बाईस वर्ष ही भटकाव का रहता है। इसके बाद अपने आप अपने जीवन का मक़सद या उद्देश्य सही हो जाता है। अब पिता या गार्ज़ियन की बातें अच्छी लगेगी या नहीं, मगर जीवन का अनुभव न होने के कारण युवक को केवल अपने हम उम्र की बातें, अपने बुरे साथी की बातें अपने विपरीत लिंगी की बातें अच्छी लगती हैं। जब आपके मन की बातें होंगी तो अच्छी लगेंगी।

ध्यान रखें जीवन में डॉक्टर से कोई बात नहीं छिपानी चाहिए। मित्र को सही बातें बतानी चाहिए। सलाह माँगने वाले को सही सलाह देनी चाहिए उसी तरह अपने बच्चे को भटकाव से बचाना आपकी ज़िम्मेदारी होती है। मैं मानता हूँ कि आपको अपने बच्चे का व्यवहार बुरा लगा होगा, मगर असली सन्तान उसको रोकना आपकी नैतिक ज़िम्मेदारी होती है।

अन्यथा आपका बच्चा या बालिका भटक जायेगा तो उसका जीवन तो बेकार होगा ही साथ आपको उसकी पीड़ा झेलनी पड़ेगी, आप जानवर को देखते हैं कि अपने बच्चा को बचाता है। उसी प्रकार इनसान अपने बच्चों को बुरी संगत से बचायें ताकि भविष्य में कुछ बन सके। बच्चे को ऐसा व्यवहार देना है, ऐसा कार्य करना है, ताकि उसको लगे कि भटकाव से पिता ने, गार्ज़ियन ने, बचा लिया और अच्छे मार्ग पर चलने दिया और आप अपने बच्चे को एक अच्छा इनसान बना सके। अन्यथा भयंकर बीमारी नशे के कारण गिरफ़्त में लेगी तो पछताने के अलावा कुछ नहीं बचेगा यदि आपराधिक दुनिया में प्रवेश कर गया तो लाइफ बेकार हो जायेगी, अल्प आयु में ही उसकी मौत हो जायेगी।

पिता कितना बेरया बेशर्म होता है?

पिता कहें या संरक्षक या अभिभावक कहें वास्तव में वे किसी पुत्र के हैं। तो इस बात की सावधानी बरतें कि इस बात को सोचें कि अच्छे अभिभावक, अच्छे संरक्षक, अच्छे गार्ज़ियन है। अच्छे पिता कैसे बनें। अच्छे पिता की यही पहचान है कि अपने पुत्र की भलाई के लिए, अच्छे ढंग से उसका पालन करें। अपनी ज़िम्मेदारी निभाने के लिए आपको किसी के सामने हाथ फैलाना पड़े, किसी के सामने गिड़गिड़ाना पड़े। ज़रा–सा संकोच नहीं वह करेगा उन सभी बातों का पालन करना है, जिससे बच्चे का भविष्य उज्ज्वल हो सके। बालक की ख़ुशी के लिए पिता दिन रात मेहनत करता है।

जब आप पिता हैं, पुत्र की माँ हैं, तो पुत्र के भरण–पोषण के लिए व्यावहारिक रूप से, नैतिक रूप से, धार्मिक रूप से, समय को देखते हुए पुत्र के लिए, अपने लिए, सुख–सुविधा के लिए, पति–पत्नी दोनों नौकरी करते हैं। पुत्र या पुत्री की चाहत है। प्यार पाना मगर भागती–दौड़ती ज़िन्दगी में पति–पत्नी जब दोनों नौकरी करते हैं। तो फिर बच्चे की देखभाल कौन करे? हम उस बालक के माता–पिता की बात कर रहे हैं। जिसकी आर्थिक स्थिति कमज़ोरी है। वातावरण विरुद्ध है, आर्थिक मदद कहीं से मिलने की उम्मीद नहीं है। यह भी सत्य है कि लड़का जब खेलता है। तो पिता–पुत्र के लिए कभी घोड़ा, तो कभी गधा बनता है, वह कभी बाल नोचना, तो कभी कान नोचना हर पल पुत्र पिता खेलता है। पिता बच्चे की बातें शरारतपूर्ण मान कर आगे बढ़ता है। कभी पति–पत्नी में आपसी व्यवहार के चलते दूरियाँ बन जाती हैं। दूरी का प्रभाव बेटे के लालन–पालन पर पड़ता है।

परेशानी न हो, उसकी चिकित्सा में परेशानी न हो, उसी ख़याल रह कर अपना सब गम, परेशानी, अपमान, बेइज़्ज़ती भूल कर जीवन पद्य पर वह चलता रहता है। कभी माता–पिता दोनों किसी भी परेशानी में रह कर बेटे की खुशी के लिए हर गम सहते हैं और माता–पिता अपने बेटे की बात को कभी बुरा नहीं मानते। साथ ही बच्चे की भलाई के लिए खरी–खोटी भी सुनता है।

अब बेटा जवान हो गया और पिता की माता की बेइज़्ज़ती सहने की सीमा भी समाप्त हो गयी। अब वह एक मानव का रूप ले चुका है। अब जिस बालक से बेइज़्ज़ती सहते थे, अब समय सीमा समाप्त हो गयी बालक अपना भविष्य अपना जीवन जैसे चाहेगा वैसा चलायेगा।

अब पुत्र जान गया है, रिश्तों के मायने समझने लगा है, अब अपने दोस्तों की बातें अच्छी लगने लगी हैं, अगर बालक को, पुत्र को, किसी की ग़लत तो संगत लग गयी। पिता की सब अच्छी परवरिश बेकार हो गयी। फिर बेटा पिता के साथ कैसा व्यवहार करता है, वह पिता ही जानता है। जब बच्चा छोटा था, तब भी ग़लत बातें बोलता था और बड़े होने पर संगत ख़राब होने पर भी ग़लत बातें बोलने लगा। पिता विवश व लाचार होकर सब बातें सुनता व सहता है, मगर बालक के प्रति केवल पुत्र होने का ख़याल ही रहता है और सब बातें नज़रअन्दाज करता है। पिता से ज़्यादा अपने पुत्र के लिए कोई नहीं बेशर्म होता।

छात्र को दशा एवं दिशा देना

छात्र को उम्र के अनुसार दशा या दिशा दिखानी आवश्यक है। छात्र निर्देशों का उपयोग कर सके और अपने जीवन में प्रयोग कर सके। छात्र को अपने वास्तविक जीवन, ग़रीबी, आर्थिक कमज़ोरी, सामाजिक परिस्थिति का ज्ञान होना चाहिए। छात्र को किस दिशा में जाना है? यह उसमें स्पष्ट होना चाहिए।

वैसे तो मेधावी छात्र को गाइड लाइन की ज़रूरत नहीं है, क्योंकि आज के छात्र बहुत कुछ समय से पहले सीख जाते हैं। मगर अभिभावक एक पिता को मार्ग दर्शन करना चाहिए। अपना कर्तव्य समझ कर लड़का प्रतियोगिता में शामिल होना चाहता है, व्यापार करना चाहता है, डॉक्टर इंजीनियर या सिविल की परीक्षा में शामिल होना चाहता है या फोर्स की

नौकरी में जाना चाहता है। उसके अनुसार उसका मार्गदर्शन करना चाहिए। आगे छात्र अपनी मर्ज़ी से जो चाहे करें। फिर यह कहने को न रहे कि उसे किसी ने बताया ही नहीं। यही सावधानी बरतनी चाहिए। साथ ही दिशा देते समय यह भी ध्यान रखना है। जो नसीहतें अपने पुत्र को दे रहे हैं, उसके जीवन में उपयोगी हो रुचिकर हो। उसके शरीर की बनावट एवं उपयोगिता क्या है? हाई स्कूल, इंटरमीडिएट का अंक का प्रतिशत क्या है, ताकि उसकी क्षमता, योग्यता एवं रुचि के अनुसार राय या दिशा दिखाई जा सके। साथ ही अभिभावक पिता या संरक्षक उसी अनुरूप सुविधा एवं माहौल या धन उसे उपलब्ध करा सके।

जैसे पुलिस परेड में कमांड होता है। दशा को क़ायम रखते हुए दिशा बदलेगी या दिशा को कामय रखते हुए दशा बदलेगा यही ज़िन्दगी है। अपनी दशा एवं दिशा दोनों देखनी है। हर वक़्त तैयार रहना चाहिए कभी समय पक्ष में रहता है। कभी विपक्ष में मगर अपना उद्देश्य नहीं भूलना चाहिए अपना मक़सद नहीं भूलना चाहिए। अपने पुत्र को यही नसीहतें देना चाहिए कि हर वक़्त तैयार रहे किसी भी स्थिति में आगे बढ़ते रहे हर छात्र को उड़ान ऊँची निगाहें ऊँची सोच ऊँची बनाना चाहिए मगर ऐसा भी नहीं सोचना चाहिए कि छोटी उड़ान मिल जाये या पाने पर उसे नज़रअन्दाज़ छोटी उड़ान भी भरनी चाहिए, तभी बड़ी उड़ान मिल सकती है।

याद रखें कि कभी सामने की थाली को हटाना नहीं चाहिए जितनी लम्बी चादर हो उतना पाँव फैलाना चाहिए कहावत या नसीहतें समय–समय पर देना अभिभावक का, पिता का, संरक्षक की ज़िम्मेदारी होती है। इसका अर्थ यह नहीं कि चादर जितनी लम्बी हो उतना ही पैर फैलाना चाहिए। समय के साथ चादर बड़ी या छोटी की जा सकती है। चादर की लम्बाई बढ़ाई या बनायी जा सकती है।

जैसी सोच होगी वैसा उद्देश्य होगा। उसी तरह कार्य में परिवर्तन करेंगे। जब ऊँची उड़ान भरेंगे, ऊँची सोच बनायेंगे, तो उसी तरह कार्य करेंगे। उद्देश्य की पूर्ति हेतु कार्य अवश्य करना तभी मंज़िल मिलेगी। जैसे सिविल सर्विस परीक्षा पास करना, बैंक मैनेजर प्रबन्धक कम्पनी मालिक बनना, तरह–तरह की सोच बनायें मगर उससे नीचे के पदों को पाने पर या सम्भावना बनने पर नज़रअन्दाज़ न करें। यह स्पष्ट है कि जब सिविल सेवा परीक्षा पी.सी.एस अधीनस्थ सेवा एस.एस.सी. की परीक्षा में से किसी

को नहीं छोड़ेंगे तो शायद आप कही–न–कही सफल अवश्य होंगे जिस भी परीक्षा में बैठें, उसकी तैयारी पर पूरा ध्यान दें।

ध्यान रहे अगर युवक जिस पद के लिए चुनाव हो जाता है। उससे ऊँचे पद की योग्यता या उम्र या अवसर हो तो आगे की तैयारी करते रहना चाहिए।

फ़ैशन की आवश्यकता

फ़ैशन पर कोई विचार नहीं करना है। मगर यह अवश्य कहना है कि आवश्यक हो, ज़रूरत हो समय की माँग हो तो युवक–युवतियाँ उसे अपनायें। अभिभावक को पिता को संरक्षक को बीस–तीस साल पीछे नहीं सोचना चाहिए बल्कि उसे उसकी ख़ुशी मान लेनी चाहिए, मगर एक बात अवश्य ध्यान रखें कि फ़ैशन किसी खिलाड़ी का अपना कर खिलाड़ी गये। किसी फ़िल्मी हीरो का कपड़ा देख कर उपयोग करके हीरो नहीं बन गये। दिखना समाज में, दिखना अलग–अलग है। हर माता–पिता सन्तान की आवश्कता पूरी करते हैं। अभिभावक की ज़िम्मेदारी है, कर्तव्य है कि अपने बच्चों के ख़ुशियों का ध्यान करें। उसी तरह हर छात्र की पुत्र की यह ज़िम्मेदारी बनती है। अपने पिता की अभिभावक की उम्मीदों अपेक्षाओं महत्त्वाकांक्षी भावना को न तोड़े जिस लायक हो उसी लायक रहे या बनकर दिखायें सारा जीवन सुखमय हो जायेगा, मगर पिता का मन शान्त रहेगा उम्र के अनुसार समयानुसार बदलते परिवेश में सब होता है। होता रहेगा हो जो चीज़ अपने को अच्छा लगे कभी करें जो सबको अच्छा लगे, वही किया जाता है। जैसे कवि जो दूसरो को अच्छा लगता है। वही कविता सुनाता है। मगर जो स्वयं को अच्छा लगे वही काम या व्यवसाय करना चाहिए। हालाँकि भोजन अपनी पसन्द का किया जाता है।

जब चेहरे की बात होती है। तो लोग पिता–माता की बात करते हैं, मगर जब व्यवहार की बात होती है। तो ख़ुद का व्यवहार होता है। याद रखें पिता के कारण आप पहचाने न जाओ आप पिता की पहचान बने। ऐसा बनें कि दुनिया आपका नाम ले। आपके माता–पिता का सिर ऊँचा हो।

अध्याय-छह

प्रतियोगी छात्र बनने पर कार्य के प्रति सावधानी : कब, कहाँ, कैसे तथा खुद का दायित्व

बुद्धिजीवी वर्ग या प्रतियोगिता में लगना

10 वर्ष की उम्र होने पर युवक–युवतियाँ बुद्धिजीवी वर्ग में शामिल हो जाते हैं। इस उम्र में प्रत्येक छात्र–छात्रा को डिग्री प्राप्त करने की होड़ लगी रहती है। कोई बीटेक कोई एम.बी.बी.एस. कोई बी.ए., कोई बी.एस.सी. डिग्रीधारक बनने की होड़ में रहता है, ताकि योग्यता के अनुसार प्रतियोगिता में शामिल होकर सफल होकर अपना जीवन सुचारु रूप से चला सके। इस अवधि में छात्रों के माता–पिता की उम्र करीब 50 वर्ष से ऊपर हो चुकी होगी तथा दादा–दादी की उम्र कम–से–कम 75 वर्ष के पास हो गयी होगी। जब दादा–दादी की उम्र इतनी हो गयी तो वह अपने जीवन का सफ़र पार करते वक़्त समाज की परिस्थितियों का सुख–दुख का अनुभव हो गया होगा बालपन, युवा अवस्था गृहस्थ एवं जवानी पार करके ही तो इस उम्र में पहुँचे है। सब उम्र एवं सब परिस्थिति का उन्हें अनुभव है।

यदि अपने जीवन में कोई परेशानी हो तो समय रहते युवक–युवतियों से कुछ सीखना चाहिए। वे आँखों देखी कई घटनाओं के बारे में बता सकते हैं। आपको पुनः परेशानी न हो वक़्त रहते सावधानी बरत लेंगे तो हानि से बचा जा सके। वही नसीहतें दे रहे होंगे अपने पुत्र को 'सावधान' कर रहे हैं। यदि उनकी बातें समाहित कर लेगे तो शायद अपने जीवन को परेशानी बचा जा सकते हैं।

आवश्यकता

आप जब बुद्धिजीवी हो गये, तब किस क्षेत्र में आपको जाना है, किस पद को चुनना है। किस पद की योग्यता है। उसी के अनुरूप प्रतियोगिता में शामिल होना चाहिए। छात्र का अपना भविष्य दिखाई देने लगता है। क्योंकि उम्र के अनुरूप डिग्री प्राप्त कर ली है। हर युवक को अपना सपना पूरा करना चाहिए उसी के अनुरूप मेहनत करनी चाहिए। उद्देश्य को पूरा करने के लिए प्रयास करता है या पूरी ईमानदारी निष्ठा से या मेहनत से कार्य करता है। इसी उम्र में भटकाव भी साथ रहता है। जो आपको अपने उद्देश्यों से भटका देता है। आपको अपना भविष्य बनाना है। अब इसमे कुछ बड़े–बुजुर्ग की नसीहतें या मार्गदर्शन जीवन में अपनायें या न अपनायें। उस ज्ञान में अपने बुजुर्गों की नसीहतें या ज्ञान समाहित कर लें तो शायद आपका ज्ञान बढ़ जायेगा और राहे आसान हो जायेंगी। चाहे जो भी डिग्री आपके पास है। सभी डिग्री आपके अच्छे जीवन का साधन है। आय प्राप्त करने का साधन है। कुछ डिग्री से नौकरी मिलती है। कुछ डिग्री से अपना व्यवसाय चलता है। अपना कारोबार चलता है। बस ध्यान रखें चाहे नौकरी करें चाहे व्यवसाय करें मगर सभी नशे से दूर रहे। जीवन सुखमय हो जायेगा और आपके पास धन और स्वास्थ और सम्मान तथा अच्छा जीवन रहेगा, समय रहते सावधानी बरतेंगे तभी ऐसा होगा क्योंकि वक़्त तो ठहरता नहीं अवसर सबको एक बार सुधरने का सँवरने का बनने का मिलता है। मिले वक़्त को गँवाना नहीं चाहिए। नहीं तो पछताना भी पड़ सकता है।

डिग्री प्राप्त अवसर प्राप्त, माता–पिता के सहयोग का उपयोग कर लें। संघर्ष से घबरायेंगे नहीं तो आपको परेशानी नहीं होगी। रिश्ता सुविधा अवसर क़ीमत न समझें अगर यह अवसर गँवा देंगे, तो बहुत पछताना पड़ेगा। इसलिए समय रहते उम्र रहते, सुविधा रहते, रिश्ता रहते 'सावधान' हो जाये। क्योंकि जब भटकाव ख़त्म होगा तक आपको पछताने के सिवा कुछ हासिल नहीं होगा। शायद सुधरने का बनने का मौक़ा भी न रह जाये आपकी डिग्री आपकी उपयोगिता आपकी उम्र आपको मिला अवसर पर्याप्त होता है। अपनी सुविधाओं में कटौती करें। अपने घण्टे में काम करने या पढ़ने में वृद्धि करे। यदि कोचिंग संस्था का सहारा लेना पड़े तो लें। ज़रूरत पर किसी से रुपये उधार माँगना पड़े तो माँगें और जब आपके पास होते उसे वापस कर दें।

डिग्री बेकार न होने दें। हिम्मत न हारें। यहाँ एक उदाहरण प्रस्तुत है। गया वक़्त कभी लौट कर नहीं आता है। पछताने से भी अवसर दोबारा नहीं मिलता।

कहना आसान है कि कौन–सा बड़ी मुश्किल है। इस परीक्षा में तो पहली बार में सफल जाऊँगा, मगर कुछ अंश को इनकार नहीं कर सकते। कहने करने में अन्तर होता है। यदि ऐसा नहीं होता तो सभी प्रतियोगी परीक्षा पास कर जाते सत्यता यह है कि जब आप किसी नदी, नाले, तालाब कुआँ और समुद्र में कूदेंगे तो आपको पानी और उसकी गहराई, उसकी लहरों एवं सामने पड़े जानवरों के ख़तरों का अहसास होगा। यदि आप अपने जीवन का मक़सद बनाकर चलेंगे तो सफलता आपके पास पहुँचेगी। यही सावधानी है, यही सतर्कता है। आप कहाँ खड़े हैं? कितनी दूर है? आपसे बेहतर कौन जानता है? हमको या किसी को जितना बतायेंगे उतनी जानकारी होगी किसी अन्य को धोखा दे सकते हैं। अपने आपको धोखा नहीं दे सकते।

आप कच्चा माल है

जब तक आप किसी सामाजिक, राजकीय पद, पर नहीं पहुँचते, तब तक आप कच्चा माल है। जैसे दीवार बनाने के लिए सीमेंट बालू, ईंट एवं पानी की ज़रूरत होती है। कुम्हार को बर्तन बनाने के लिए मिट्टी की ज़रूरत है। उसी तरह सामाजिक रूप से आप कच्चा माल है और आप अपना समय रिश्ता बनाने निभाने में रह जायेंगे तो समय हाथ से निकल जायेगा। जितना औरों के लिए सोचते हैं। उससे ज़्यादा आप अपने लिए सोचें। आपके भ्रम की बात नहीं करता हूँ, इसलिए आप छात्र के रूप में आपका बस एक ही काम है, अपने मक़सद में कामयाब होना फिर सभी रिश्ते बन जायेंगे, निभ जायेंगे। आप किसी के शादी में नहीं जायेंगे किसी के उत्सव में नहीं जायेंगे तो यह मत सोचे लोग क्या कहेंगे। हाँ, अगर आप अपने मक़सद में सफल नहीं होंगे तो कहने वाले इतने मिल जायेंगे कि आप परेशान हो जायेंगे और आपको इतना भला बुरा कहेंगे कि आप गिन भी नहीं सकेंगे अब तक केवल माता–पिता का पैसे बर्बाद किये। अपना समय बर्बाद किया। अब तक क्या करते रहें या आप अभी क्या कर रहे हैं बुरा यही कहते हैं। हाँ, दो शब्द और जोड़ देंगे कि तुम्हारे माता–पिता बड़ी ग़रीबी में तुम्हें पढ़ाया। तुम पर उनकी उम्मीदें ज़्यादा हैं। हो सकता है। आप यही सुनने के लिए तैयार है।

तो किसी से रिश्ता निभाने, किसी के उत्सव में शादी में जाना चाहते तो शौक़ से जायें आपको कौन रोकता है। यदि रिश्ता न निभा पाना तो मत निभाना मगर आपका मक़सद हल हो गया। सब गिले शिकवे दूर हो गये जब सुनने को शब्द वह भी मिल गया आपकी अपनी हैसियत अपनी औक़ात अपने परिवार की औक़ात का पता चल गया होगा। साथ ही यह भी कहते है कि तुम्हारे कारण तुम्हरा पिता क़र्ज़ में डूब गया आप तो सुखी होंगे आपके जुड़ने वाले भी ख़ुश रहेंगे। आप प्रतियोगिता के मैदान में दौड़ लगाओ निरन्तर दौड़ लगाते रहें। केवल समय न पास कर उद्देश्यपरक दौड़े आपकी अपनी मर्ज़ी है। आप स्वतन्त्र हो गये हैं, यही कहना है। यही सावधानी बरतने के लिए प्रेरित करना है।

विपरीत लिंग की ओर झुकाव से सावधान

यह भी सत्य है कि युवा उम्र में विपरीत लिंगी झुकाव काफ़ी होता है। जिसमें अपना सुख होता है। ऐसा दिखाई देता है, जबकि उस काल में अपना उद्देश्य अपना मक़सद और अपनी आर्थिक सामाजिक व पारिवारिक स्थति का आभास नहीं होता है। चूँकि आपके पिता व गार्ज़ियन इस परिस्थिति से गुज़र चुके हैं। उसी का अनुभव ज्ञान होने के कारण आपको भटकने से रोकते हैं। अपने शब्दों द्वारा अपने व्यवहारों द्वारा मगर आपको बुरा लगता है, जबकि विपरीत लिंगी का प्यार व अपना पन अच्छा लगता है और माता–पिता आपको दुश्मन जैसे प्रतीत होते हैं। आपके दादा–दादी का प्यार माता–पिता का प्यार रिश्तों का भविष्य या प्यार विपरीत लिंगी प्यार के आगे नगण्य लगता है। आप इसी अन्धे प्यार के कारण कोई ग़लत क़दम उठा लेते है। जिससे क़ानूनी परेशानी में आप पड़ते हैं। एवं आपके साथ आपका परिवार को झेलनी पड़ती है। आपको दुख होता है। आपका भविष्य ख़राब होता है। अलग बात है कि आपका उद्देश्य या मक़सद हमेशा हमेशा के लिए समाप्त हो जाता है। तब आप–अपने किये पर पश्चात्ताप के अलावा क्या कर सकते हैं। हो सकता है सुधरने का मौक़ा रहा हो या न रहा हो आपकी ग़लती के कारण आपके माता–पिता–अपने आप ग्लानि से युक्त होते हैं। समय की माँग उसे बचा पाता है या नहीं यह वक़्त की बात है। जब आपको होश आता है। तब तक सब कुछ समाप्त हो जाता है। चाहे रिश्ता हो चाहे उम्र हो चाहे अवसर हो चाहे योग्यता–अनउपयुक्त हो गयी हो।

अपनी ग़लती का अहसास होता है। मगर सब कुछ खो जाने के बाद। आप ध्यान रखें, आप किसी न बेटी रह गयी, न किसी की पत्नी बनने योग्य किसी की रहीं, न किसी के बच्चे की माँ बनने योग्य रहीं। मार्ग से भटकने पर सबके साथ यह होता है। बालक भविष्य में न पिता बन सकता है। आख़िर पिता है। माता है। अपने पुत्र व पुत्री की हर ग़लती को शिरोधार्य करना है। चाहे अच्छा करे, चाहे बुरा करे। थोपा तो माता–पिता पर ही जायेगा। आप पिता को सम्मान दे न सके। पिता की ग़रीबी दूर कर नहीं सके, बल्कि पिता–माता को बेइज़्ज़त कर दिया। ग़रीबी के साथ कोर्ट कचहरी के चक्कर और बढ़ा दिये।

आपके पास बचा आँसू या पछतावा के पल साथ ही आपने जो प्राप्त किया सो प्राप्त किया। अपने साथ अपने माता–पिता को, अपने रिश्तेदारों को पीड़ा और दे दिया। खोने के बाद क्या मिला? बस वही पछतावा। वही आँसू, वही जिल्लते, वही मजबूरी, वही ग़रीबी, वही बेबसी।

एक उदाहरण यहाँ पेश है। एक जगह नृत्य का कार्यक्रम चल रहा था। कार्यक्रम रात्रि के दस बजे से प्रारम्भकर सुबह चार बजे तक चलाये मगर इनाम में कुछ नहीं मिला। नगाड़े वाले को नींद–सी लगने लगी है। सभी सो गये क्योंकि जब कुछ पाने की उम्मीद न हो तो अनायास ही आलस आ जाता है। नर्तकी गाते हुए नगाड़े वाले को जगाने के लिए कहीं

गाते–गाते रात गुज़री थोड़ी और बजा के रात गुज़ारे।
अब क्या बचा है। साथी हम भी नाची अब तेरे सहारे।।

इतना कहने पर नगाड़ा वाले की नींद दूर हो गयी और इतना ज़ोर से नागाड़ बजाने लगा कि नर्तकी और ज़ोर से नाचने लगी। जब सुबह नर्तकी अपनी मज़दूरी लेने दरबार में गयी, तो तीन व्यक्ति और खड़े थे। नर्तकी को मज़दूरी देने से पहले तीनों से राज कुमार ने पूछा आप तीनों कौन–सा काम किये कि मज़दूरी लेने आ गये तीनों में से एक चोर ने कहाँ "मज़दूरी लेने नहीं बल्कि दण्ड लेने आया हूँ। मैं रात्रि में आपके दरबार में पहली बार चोरी करने आया था मगर नर्तकी की बात सुनकर सोचा कि जब बिना चोरी किये इतनी ज़िन्दगी बिताती, तो अब अन्त में चोरी करने का क्या फ़ायदा और घटना न कर अपने दण्ड का प्रायश्चित्त करने आया हूँ।"

दूसरी लड़की ने कहाँ, "मैं जवान थी। अपने पिता के द्वारा शादी न करने के कारण रात्रि में भागने की योजना थी, मगर मैंने सोचा कि जब इतने दिन ग़लत नहीं तो किया अब क्यों ग़लत करूँ। यह नर्तकी के गीत के कारण हुआ।" राजकुमार बहुत खुश हुआ और जब नर्तकी की एक ग़ज़ल से दो आदमी में इतनी सुधार हो गया तो फिर इनामों की बौछार लगा कर स्वं राजकुमार ने राज का कार्य अपने अधीनस्थों को सौंप कर अपने आप संन्यास ले लिया। इस कहानी के माध्यम से युवाओं में आये भटकाव को रोकना है। अपने भविष्य को बचाना है। आपका भविष्य आगे आपको क्या बनायेगा कितनी ज़िन्दगी सँवारेगा चाहे अफ़सर बनकर या व्यापारी बनकर या माता–पिता बनकर या अच्छा इनसान बनकर कोई नहीं जानता है। आप भटक गये तो अपने आप तक सीमित रह जायेंगे यह भी भ्रम है। आपके भटकाव से कितनों की उम्मीदें टूटेगी कितनों की इच्छाएँ धूमिल होगी यह वक़्त में छिपा है। चाहे स्त्री रूप में या पुरुष रूप में यही सावधानी बरतने की बात कही गयी है। स्वयं अँधेरे में न रहो न दूसरे को अँधेरे में रखें।

आप क्यों सोचते हैं। आपकी ज़िन्दगी आप तक सीमित है। आप किसी की बेटी हैं। तो किसी की बहन हैं। तो किसी की माँ हैं। तो किसी की पत्नी हैं। तो किसी की दादी हैं। किसी का बेटा है तो किसी के भाई तो किसी के पिता है। तो किसी के पति हैं। तो किसी के जीवन का आधार हैं। किसी रिश्ते में अच्छे हैं। जब आपका न घर रहा, न ननिहाल रहा, न मायका रहा न ससुराल रहा आप प्रेम के रिश्ते को बदनाम कर दी।

आप स्वयं बचें, औरों को भी बचायें। आपकी ग़लती शायद अभी याद न आये, मगर जब आप किसी के पिता या माता बन जायेगी, तब आपकी अपनी आने वाली पीढ़ी यह ग़लती करेगी तो शायद आपको अपनी ग़लती का अहसास होगा। तब इतनी देर हो जायेगी कि न आप उसमें सुधार कर सकती है, न सुधरने की गुंज़ाइश रहेगी। केवल वक़्त की पीड़ा रहेगी। दुख रहेगा, यही सावधानी का, सार्थकता का समय है।

हाँ, मैं मानता हूँ कि हर इनसान को अपने मक़सद तक पहुँचने में या अपने उद्देश्य तक पहुँचने में कई अवरोध मिलते हैं। कोई चीज़ ऐसे ही किसी को नहीं मिलती। केवल वसीयत ही आसानी से स्थान्तरित होती है। शेष अपने आप अर्जित करना पड़ता है। चाहे पद हो या यश हो या सम्मान हो तथा उसे बचाने के लिए भी मेहनत करनी पड़ती है।

जिसे प्राप्त करने के लिए इन्तजार, त्याग, परिश्रम तथा अवरोध को दूर करना पड़ता है। प्रतियोगी छात्र को हर हालत में सावधानी बरतते हुए अपनी मंज़िल की ओर आगे बढ़ना है। अपनी मंज़िल तक पहुँचने के बाद ही रुकना है। चाहे जिस पद पर पहुँचने का उद्देश्य हो। चाहे छोटा पद हो या बड़ा पद हो या सामाजिक पद हो या राजनीतिक पद हो सभी को पाने के लिए कड़ी मेहनत करनी पड़ती है।

गति में अवरोध

किसी युवक की प्रगति में निम्न अवरोधक 1–पारिवारिक परिस्थति, 2–बुरे मित्र, 3–ख़राब वातावरण, 4–ग़रीबी और 5–विपरीत लिंगी झुकाव।

यह सब प्रतियोगिता या युवक की प्रगति में बाधक होते है। उपरोक्त तत्व प्रतिभागी को अपने उद्देश्य तक पहुँचने में अवरोधक बनते हैं। साथ ही पारिवारिक परिस्थिति के कारण गार्ज़ियन ये सहयोग के बजाय यह कहते हैं कि अब कितना समय लगेगा अब तक कोई परिणाम नहीं निकला आख़िर कब तक पढ़ोगे? पीछे छोटे भाई हैं। बहनों की शादी करनी है। घर का ख़र्च बड़ी मुश्किलों से चलता है। बुरे मित्र कहते हैं कि यही दिन मौज–मस्ती का है कि क्या करोगे समय बर्बाद करके प्रतियोगी का मन भटकने लगता है। जब इतने अदृश्य दुश्मन लग जायेंगे तो परेशानी आनी ही आनी है। प्रतियोगिता के उद्देश्य में मक़सद में भटकाव आना ही आना है।

हानि

परीक्षा की तिथि निश्चित होने के बाद इसी भटकाव के कारण प्रतियोगी अपने कार्य में रुचि नहीं रखता जिसका परिणाम यह होता है कि सफलता कुछ अंकों से रह जाती है और धीरे–धीरे उम्र, अवसर, सुविधा, आशा, सब ख़त्म हो जाती है और पढ़ने का जो समय था, अनावश्यक घूमने गपशप में मोबाइल चेटिंग में शादी के कार्यक्रमों फेस बुक में रिश्ता निभाने में निकल जाता है। जब अवसर ख़त्म हो गया अब उम्र की सीमा नहीं रह गयी तो वही बात अपने उद्देश्य मक़सद में मंज़िल में पहुँचने में बाधक रही। क्या बेरोज़गारी बेबसी, मजबूरी, पछतावा, आँसू, जीवन की हानि हुई, जिसकी भरपाई नहीं हो सकती, क्योंकि खाने के लिए रोटी, पहनने के कपड़ा, धूप छाँव से बचने के लिए छत तथा बीमारी से बचने एवं इलाज़ के लिए पैसे तथा अपने आने वाली पीढ़ी को बनाने के लिए धन की आवश्यकता होगी।

आपका अपना भविष्य अन्धकारमय हो गया आप डिप्रेशन और का शिकार हो जाते हैं। इस रोग से ग्रसित हो गये तो जीवन बर्बाद हो जायेगा।

यदि आर्थिक स्थिति ठीक न होने के कारण आप पढ़ाई के समय में अर्थ का साधन ढूँढ़ते हैं। तो यदि आपका कार्य स्थल पचास किलोमीटर दूर है तथा निश्चित ही अपने अर्थ को पाने के लिए प्रतिदिन जाना–आना पड़ता है। प्रतिदिन करीब तीन घण्टे निकालना पड़ेगा आठ घण्टे कार्य करने में व्यतीत करेंगे और आठ घण्टा सोने में बितायेंगे तो कुल आठ धन आठ धन तीन यानी 19 घण्टे प्रतिदिन व्यतीत होंगे और पढ़ने का समय केवल तीन से 4 घण्टे निकल पाएँगे आपका मक़सद या उद्देश्य शेष रह सकता है। यदि परिस्थिति विपरीत है। तो यह मान कर चले कि जो समय आपका कार्य ढूँढ़ने में लग रहा है। उसी समय को पढ़ने में लगाकर परिस्थितियों से लड़कर अपने मंज़िल तक कुछ ही समय में पहुँच सकते हैं।

अपनी राह का समय अपने टेलीफ़ोन, मोबाइल का समय, अपने का समय, अपनी फेसबुक का समय सीमित करके आप फिर भी सफलता प्राप्त कर सकते हैं इतना ही नहीं कार्य स्थल पर आते–जाते समय भी पढ़ सकते हैं।

जैसे 85% या उससे ऊपर अंक पाकर ही किसी परीक्षा में सफल होंगे तो माना कि आपके पास ख़ुद की तैयारी 30% है। आपको एक साल का मौक़ा मिलता है। हर माह आप अपने को 5% तैयार करते हैं। तो 60% हो गया। 60 धन 30 बराबर 90% हो गया। यह आपके चुनाव का मापदण्ड है। अब आप एक या दो साल किसी परीक्षा के लिए पर्याप्त है। बस एक बार सोच लें। हाँ, यह सत्य है कि यही सोचेंगे कि इतने कहाँ सरकारी पद हैं। तो आपसे यही कहना हैं कि यह सोचने का नहीं, आपका काम करने का है।

इस प्रकार प्रतियोगी अपने जीवन को सुधार सकता है और अपनी मंज़िल पर पहुँच सकता है या किसी कारोबार को बढ़ा सकता है। यदि कोई बाधा हो तो उसे दूर करते हुए आगे बढ़ें।

प्रतियोगी विद्यार्थी को क्या करना है?

प्रतियोगी छात्र–छात्राएँ 'सावधान' हो जायें, जो अपनी उम्र के अनुसार परीक्षाओं में अपने को भागीदार बना कर चल रहे हैं, शामिल हो रहे हैं। हर प्रतियोगी अपनी उम्र, अपनी डिग्री के अनुसार, अपने उद्देश्य या मक़सद के

अनुसार अपने व्यवसाय का चुनाव करता है। पद राजकीय हो, जगत से हो सिविल सर्विस से हो कर्मचारी चयन आयोग से हो या अधिकारी से हो या कोई भी उसी के अनुसार तैयारी करें।

अब हर प्रतियोगी को विचार करना है, उसके गार्ज़ियन को विचार करना है, अभिभावक या पिता को विचार करना है, जैसी परिस्थिति हो, जैसी क्षमता हो, वैसी प्रतियोगिता में अपने पुत्र को शामिल करायें। अतः प्रतियोगी को क्या सावधानी बरतनी चाहिए? इसका उल्लेख किया जा रहा है।

प्रतियोगी विद्यार्थी को यह काम करना है

हर प्रतियोगी यह न सोचे कि भविष्य में कौन सहयोग देगा या नहीं देगा। कौन देखता है? क्या करें या क्या न करें अब निर्णय लेने का समय नहीं रहा बल्कि निर्णय कर चुके हैं। किस रास्ते पर चलें।

1. हर छात्र इस उम्र में ग़लत रास्ते पर जा सकता है। भटकाव के कारण उसका समय स्वास्थ, पैसा तो बर्बाद होता है। साथ ही माता–पिता, अभिभावक का सम्मान अपमान सब होने लगता है। चाहे वह नशा करता हो या ग़लत संगत में बैठता हो या उसकी ग़लत आदत हो। हर प्रतियोगी छात्र को हानि–लाभ का ज्ञान हो चुका है। अपने भविष्य को बनायें या बिगाड़े। ध्यान दें, अपने भटकाव को बचाएँ।

2. पिक्चर देखना व दोस्ताना रिश्ते निभाना, यह आपका काम नहीं रहा। इस पर समय पैसे ख़र्च करने से ज़्यादा अपने भविष्य पर ध्यान देना है। आप यह भूल न करे। रिश्ते निभाना उतना ज़रूरी नहीं है। जितना अपना भविष्य सँवारना है। जितना आप रिश्ता निभाने की सोचते हैं। उससे ज़्यादा अपने भविष्य के बारे में सोचना ज़रूरी है। आपके अभिभावक या पिता तब तक सम्मान नहीं पायेंगे जब तक आप सम्मान के क़ाबिल नहीं बनेंगे। आप अपनी पहचान बनायें, अपने आपको पहचानें, भ्रम न पालें।

3. हो सकता है कि आपको आर्थिक सामाजिक परिवारिक तनाव मिलता हो, जिसके कारण आपको अपने मंज़िल पर ध्यान देने में कठिनाई होती हो मगर यह क्यों भूलते हैं। यही आपके लिए सुनहरा अवसर है। यही उम्र है। यही क्षमता दिखाने का अवसर है। किसी परीक्षा में सफल होने को सरकारी पद पाने के लिए आप तनाव दूर करके अपने मक़सद में कामयाब हो यदि

तनाव मान कर चलेंगे और अवसर निकल जायेगा। इससे भविष्य में ज़्यादा तनाव मिलने की सम्भावना है। आप अपने विषय में दूसरे से ज़्यादा जानते है। आपका अवसर आपकी उम्र आपकी योग्यता महत्त्वहीन हो जायेगी तो पूरे जीवन आपको तनाव परेशानी प्राप्त होगी। इसलिए अच्छा भविष्य बनाने के लिए विपरीत परिस्थितियों से लड़ कर आगे बढ़ें। अपने आपको समय से पहले 'सावधान' कर लें।

प्रतियोगी विद्यार्थी को क्या नहीं करना है

1. हर छात्र–छात्रा को एक लेखक के रूप में समय से पहले 'सावधान' करना है कि अब आपका वक़्त है। आप वक़्त को पकड़ सकें। तो अच्छा है। वक़्त के अनुसार चलना मानव जीवन है। अपने हर बुरी आदतों से मुक्ति पा लें ताकि अपना भविष्य सँवार सकें। आपको नशा नहीं करना है। अपने उद्देश्य को पाने के लिए एक निशान चुने किस राहों पर सफ़र करना है? कहाँ तक पहुँचना है? अपने जीवन में उद्देश्य या योजना या तारगेट निर्धारित करें, उसको पाने हेतु आप कार्य करें, परिणाम दें। आपके अपने टारगेट को नहीं भूलना है।

2. जैसे A B C F G की दूरी है। 500 मीटर है। अब आपको ए से बी की दूरी तय करनी है। अब आपको ऐसे ही जी की दूरी तय करनी है। तो निम्न बाते तय करनी होगी।

ए से र्जी की दूरी कब तक तय करने के लिए साधन क्या चाहिए और समय सीमा कितनी लगेगी? क्षमता क्या होगी? आपके पास साधन क्या उपलब्ध है? यह दूरी तय करे, ताकि अपने मक़सद या उद्देश्य में कामयाब हो सकें। ए से जी के बीच बी.सी.डी भी है। क्षमता को देखते हुए उसे भी नहीं छोड़े, क्योंकि आपकी क्षमता के अन्दर ही पड़ेंगे। क्योंकि अगर इस बीच में पड़ने वाले को छोड़ेंगे तो अवसर निकल जायेगा। आप सोचेंगे कि ए से जी की दूरी तय करने में अलग–अलग साधन है। मगर बी.सी.डी.एफ.जी. तक पहुँचने का साधन दूसरा है। अब आपको उदाहरण पेश करता हूँ।

शाकाहरी–रोटी, चावल, दाल, सलाद

मांसाहारी–रोटी, चावल, मांस, सलाद

अब आप देखेंगे कि शाकाहारी और मांसाहारी दोनों में रोटी–चावल और सलाद कॉमन है। अब शाकाहरी में दाल, सब्जी और मांसाहारी में मांस की भिन्नता है।

माना कि आप आई.ए.एस., पी.सी.एस. या आई.ई.एस. की नौकरी का उद्देश्य बनाया तैयारी शुरू किया। बीच में क्लर्क एस.एस.सी. के तमाम पद अन्य विभाग के तमाम पद के विज्ञापन आते है। कुल छह पदों के विज्ञापन आये केटेगरी इंजीनियर की डिग्री लिए है। तो उसके लिए और जो बी.ए. की एवं बी.एस.सी की डिग्री ली हैं। उनके लिए विज्ञापन आया। हम कोई परीक्षा इसलिए नहीं देते कि इसमें मेरी रुचि नहीं है। कहाँ जाता है कि रुचि रखें आवश्यकता तो धन कमाने की रुचि होनी चाहिए। खाने, पहनने, रिश्ता निभाते रहने में दिखाना चाहिए, जिसके लिए आप स्वतन्त्र हैं। नौकरी में नहीं आवश्कता होनी चाहिए। सिर्फ़ सोच बना कर काम करें।

रुचि के अनुसार व्यवसाय या नौकरी तो मिलती नहीं, मगर अध्ययन को निरन्तरता या गति देने के लिए परीक्षा देते रहना चाहिए। सभी परीक्षा की तिथियाँ एक साथ या एक दिन नहीं होती है। कभी किसी परीक्षा को छोटा न समझें, न ही छोड़ें। अब आप समझ गये होंगे कि कौन–सी परीक्षा ऐसी है। जिससे आसानी से तथा थोड़ी मेहनत से पासकर लेंगे।

ध्यान रखें, परिणाम चाहिए तो प्रयास आपको ही करना है। कोई आपसे यह नहीं पूछेगा कि कितनी बार प्रयास किया, बल्कि आपसे परिणाम ही चाहेगा।

3. ध्यान रखें यह मत सोचें कि मैं कुछ नहीं कर सकता। कभी निगेटिव या विरोधी भावना का जन्म न होने दें, बल्कि यह सोचें कि यह काम आसान है। तथा कर लूँगा और इतने समय में कर लेंगे।

4. ध्यान रखें आपको करना है। उद्देश्य पूरा करना है, तो ऊँची उड़ान बनानी होगी माइनस मार्किंग 75% से कम का न हो और बिना माइनस में 90% से कम का न हो। अगर एक दो या चार प्रतिशत कम भी रहेगा तो भी आपका चुनाव हो, जायेगा।

5. सोचें, कोई काम असम्भव नहीं है। हिम्मत करने वालों की, मेहनत करने वालों की हार नहीं होती है। परिश्रम कभी बेकार नहीं जाता है, मगर सार्थक मेहनत हो, बन्दर की तरह मेहनत न करें। बिना उद्देश्य के बिना

काम के दिन भर बन्दर कूदता है। मेहनत तो अन्य जानवर भी करते हैं। शेर, चीता, बाघ, भेड़िया अपने भोजन के लिए या शिकार के लिए मेहनत करते हैं। आप इनसान है। अब क ख ग घ की बात।

क–कमाना

ख–खाना

ग–गाना

ख–ख़ुशहाल रहना

घ–घर बनाना

यही हर मानव जीवन की आवश्यक आवश्यकता है। चाहे जिस रूप में हो।

6. हर छात्र को एक सूत्र याद रखना चाहिए। सुभाषचन्द बोस ने कहा था, "तू मुझे ख़ून दो, मैं तुझे आज़ादी दूँगा।" डॉ. भीमराव आम्बेडकर साहब ने कहाँ कि दासता या गुलामी से बढ़कर अस्पृश्यता है, जो मानव जीवन से मुक्त होना चाहिए। यह मानव जीवन के लिए अभिशाप है।" रवीन्द्रनाथ टैगोर ने कहा, "एकला चलो रे।" विद्यार्थी यह कहती है कि परीक्षार्थी मुझे दो साल दे, प्रतियोगी को पूरा जीवन सुख से भर दूँगी। यदि यह सूत्र छात्र को अच्छा लगे तो अपना कर अपने जीवन को सँवार सकते हैं। 'सावधान' हो जाये अपने जीवन को सँवारे।

उदाहरण दो–प्रतियोगी छात्र का एक नियम है। सदा पालन करना चाहिए। सर्व प्रथम अपनी सेहत का ध्यान रखना आवश्यक है।

एम.एम. टी यूज टू टी का प्रयोग एक और नियम है। शून्य का प्रयोग अंक के बाद करे। अंक के पहले नहीं, अन्यथा अक की क़ीमत और कम हो जायेगी।

एम.एम. टी यूज टू टी का विश्लेषण यह है कि हर छात्र संघर्ष के साथ जीवन में आगे बढ़े प्रतियोगियों की संख्या, बढ़ती भीड़ एवं सरकती उम्र के साथ सफलता न मिलने से निराश होना स्वभाविक है। मगर आप निराश न होकर अपने उद्देश्य की पूर्ति हेतु सफ़र करें। किसी को अपने भविष्य का पता नहीं है। यह सूत्र उस छात्र के लिए नहीं है। जो अपने आप में प्रतियोगिता करने में सक्षम है। बैशाखी उसे दी जाती है। जो विकलांग या पैर से कमज़ोर होता है। पावर वाला चश्मा उसे पहनाया जाता है। जिसकी आँखों से दूर या नज़दीक से कम दिखाई देता है। दवा उसे दी जाती है। जो बीमार है। स्वस्थ मानव को किसी सहायता की ज़रूरत नहीं है,

बल्कि सावधानी का सूत्र उसे दिया जा रहा है, जो समय काल को देखकर लेटे हुए हैं। जाग तो रहे हैं। मगर आँख बन्द कर लेटे हुए हैं। उसे क्या जगाना है। जो सो रहा है, उसे जगाना है।

इसी को जगाने की बात भी कही जारी है। शान्त वातावरण में पढ़ाई करना चाहिए आदमी को समय का, धन का, समय से उपयोग करना चाहिए। पढ़ाई हमेशा दो या तीन के बीच होनी चाहिए। चार छात्र तो चौपाल बना देगे पंचायत बना देंगे। दूसरा प्रश्न एम मनी का प्रयोग। धन जो आपको मिला है या मिलने वाला है या मिल सकता है। कहाँ प्रयोग करेंगे पुस्तक ख़रीदने में या दोस्तों को नाश्ता कराने में या कोचिंग में या फार्म फ़ीस में यह आपको तय करना है।

तीसरा प्रश्न समय का है। समय का प्रयोग कहाँ? कैसे? कब? किस प्रकार आप करते हैं। पढ़ने में, गपशप में, चौपाल में, कोचिंग में यह आपको जानना है। मगर ज़माने के फैशन में, वाट्सअप पर, फेसबुक पर अपना अनावश्यक समय को ख़र्च करते हैं। छात्र को यह नहीं भूलना चाहिए कि वह प्रतियोगी छात्र है। न कि गृहस्थ जीवन में है। गृहस्थ जीवन वाले की तुलना कर रहे हैं।

ध्यान रखें, जब तब उपयोगी नहीं है, तब तक किसी पदाधिकारी के रूप में व्यवसायी के रूप में, आय के स्रोत के रूप में समाहित नहीं है। जब तक आय का स्रोत नहीं जाने जाते हैं। रिश्ता निभायें या न निभायें यह आपका भाव है। मगर दूसरा व्यक्ति समाज का व्यक्ति परिवार का व्यक्ति आपके प्रति शून्य भाव ही रखता है।

अब छात्रों को प्रतियोगी वाले व्यक्ति से दूसरे पहलू पर ले जाते हैं। कंजूसी, लालची या स्वार्थी ये तीनों शब्द आपको अटपटा अवश्य लगते हैं, मगर विद्यार्थी के लिए इन शब्द से कोई लेना–देना नहीं है। सावधानी में यह सम्बन्ध रखता है कि आप कंजूसी या कटौती या बचत अपने जीवन में अवश्य करें, मगर पढ़ाई या पुस्तक पर न करें। आपके भविष्य को ख़तरा ही कहे, यही माना जायेगा। यदि छात्र कंजूसी करें तो समय की, कंजूसी करे, गपशप की करें, बचा समय पढ़ाई में लगाये जो समय बचता है। उसे भविष्य सुधारने में लगायें, मगर पढ़ाई में कंजूसी न करें। छात्र इस बात का ध्यान रखें। लेखक का काम बस सावधान करना है। सावधान रहना आपका काम है।

हर छात्र को प्रतियोगी को, लालच के रूप में पद, आशा, उम्मीद, तमन्ना के साथ जुड़ा होना चाहिए, ताकि उसी के अनुरूप कार्य कर सके। यदि आपकी भावना जुड़ी होगी, उम्मीद जगी होगी तो आप अपना समय परीक्षा में परीक्षा की तैयारी में लगायें। यदि तमन्ना या उम्मीद या लालच नहीं हो तो आप अपना समय परीक्षा की तैयारी में या पढ़ने में नहीं लगायें। आपको सफलता मिलने में देरी हो सकती है। लालसा, उम्मीद एवं तमन्ना नहीं रहेगी तो आपको प्रेरणा नहीं मिलेगी। उद्देश्यपरक परिश्रम नहीं कर पायेंगे आपको मेहनत तो करनी ही पड़ेगी।

हर प्रतियोगी को स्वार्थी होना, लालची होना आवश्यक है। आप परीक्षा दें और आपके साथ वाला भी परीक्षा दे रहा है। तो उसे नक़ल नहीं दिखायें क्योंकि आपको चाहे किसी पद से सम्बोधित करें मगर आपको अपने मक़सद में कामयाब होना है, ताकि आप अपने साथी से ज़्यादा अंक पा सके।

परीक्षा पहले जितनी चाहे मेहनत कर लें, यह अलग बात है कि परीक्षा के बाद की मेहनत उस परीक्षा के लिए उपयोगी नहीं रहेगा। दूसरी परीक्षा के लिए आपकी मेहनत काम आ जाये, मगर परीक्षा देने वाले समय के बाद की मेहनत तो उस परीक्षा के लिए तो बेकार हुई। आपका वजूद भी उस समय तक शून्य साबित हुआ सावधानी का शाब्दिक अर्थ यही है। समय से पहले 'सावधान' हो यदि आप समय से 'सावधान' नहीं होंगे तो आपको ग़लत परिणाम भुगतना ही पड़ेगा। चाहे जिस रूप में आप प्रतियोगी छात्र हैं। आप बेहतर जान रहे हैं कि आप अपने किस उम्र में सफ़र कर रहे हैं। आप अपनी मंज़िल पाने में उम्र डिग्री और अवसर का प्रयोग करते हैं। आपसे बेहतर और कोई नहीं जानता है। आप अभी केवल योग्यता पाये हैं। योग्य नहीं बने हैं। योग्य बनने के लिए योग्यता का प्रयोग करने जा रहे हैं। जिस तरह कच्चा माल इकट्ठा किया गया और मकान बनाना है। जब तक मकान नहीं बना है, तब तक ईंट, सीमेंट, मिट्टी, छड़ आदि मात्र सामान है। अब उसे निर्धारित मात्रा में मिलाकर जुड़ाई करके मकान का रूप दिया जायेगा। उसी तरह आप कच्चा माल है। आपको एक स्वरूप दिया जाना है। वक़्त की आँच में आपको पकाना है, ताकि आप एक मज़बूत आकार ले सके और राजकीय कार्य हेतु, सामाजिक कार्य हेतु, परिवारिक काय हेतु, उपयोग में आ सके।

अन्यथा रिश्ता निभाने में ताना सुनकर बुरा मानने में रह जायेंगे। यह समय है। कब अनुपयोगी बन गये। कब इन सबसे अलग हो गये आपको पता नहीं चलेगा।

हर प्रतियोगी छात्र को एक बात ध्यान रखना चाहिए कि उसका उद्देश्य, क्षमता, उसका कार्य, उसका तरीक़ा है, प्राप्त योग्यता से अपने कार्य को एक रूप देता है। जिसकी बदौलत आप अपने उद्देश्य को पाते हैं; अपनी मंज़िल पर पहुँच पाते हैं। हमेशा हर छात्र को ध्यान रखना चाहिए। अपनी मंज़िल को पाना है। हर प्रतियोगी छात्र की ज़िम्मेदारी बनती है कि उसे जीतना है। एक खिलाड़ी का उद्देश्य सिर्फ़ मेडल जीतना होता है। उसी तरह उसका भी उद्देश्य सिर्फ़ जीतना होना चाहिए। इसके लिए चाहे जितनी भी मेहनत करनी पड़े। खिलाड़ी को प्रति मिनट, प्रति घण्टा प्रतिदिन का हिसाब रखना पड़ता है। उसी प्रकार प्रतियोगी छात्र को अपने मंज़िल पर पहुँचने के लिए हर पल का हिसाब रखना चाहिए। प्रतियोगी को अपनी ऊँचाई देखनी चाहिए, न कि नीचे देखकर सा महसूस करना चाहिए। केवल 75 प्रतिशत माइनस मार्किंग होनी चाहिए। यदि भीड़ देखेंगे तो शायद उद्देश्य भी शायद हासिल नहीं कर पायेगा।

कुम्भ मेला की भीड़ देखेंगे तो परेशान हो जायेंगे। अपना उद्देश्य प्राप्ति के लिए कही से घुस कर अपना स्थान बना लेना चाहिए। उसी तरह चुनाव में एक पद के लिए प्रत्याशियों की संख्या न देखें। बस गणित के हिसाब से जो ज़्यादा मत पायेगा, वहीं जीतेगा भले ही उम्मीदवारों की संख्या बीस, तीस–चालीस हो प्रतियोगी को बताना है कि प्रयास तो सार्थक करना है। प्रयास चाहे जितना करना पड़े, करें। प्रयास करना चाहिए जो आप पर निर्भर करता है। जितना समय पढ़ना पड़ेगा, पढ़ें। मगर टरकाऊ काम न करें, अन्यथा जब वक़्त आपको टरकाने लगेगा तो आपको भारी पड़ेगा। ऊँची कूद के लिए कितनी दूरी से दौड़ना पड़ेगा, आप जाने हर प्रतियोगी छात्र को यह कहना चाहुँगा कि हर रास्ते के लिए एक विकल्प अवश्य रखें ताकि यदि किसी कारण से उद्देश्य पूर्ति में रह गये तो विकल्प से काम निकाले अपने उद्देश्य की पूर्ति धन कमाना पद पाना है। चाहे छोटा मिले या बड़ा, विकल्प के माध्यम से उद्देश्य पूर्ति कर लें। जैसे मिश्रित फ़सल में या ज़्यादा बरसात हो। कोई न कोई फसल हो ही जायेगी।

अभिभावक की अलग-अलग स्थिति

हर प्रतियोगी के अभिभावक की संरक्षक की अलग–अलग स्थिति होती है। जब तक प्रतियोगी को पुत्र को, पुत्री को सफलता नहीं मिलती, तब तक उसका वजूद शून्य है। यह नहीं कहाँ जा सकता कि प्रयास तो बहुत किया प्रयास से परिवारी जन को कुछ भी लेना–देना नहीं है। परिवार तो आपका आश्रय दाता है, उसको अच्छा रिजल्ट चाहिए हर अभिभावक माता–पिता संरक्षक अपने आश्रय दाता को हमर्ददी सुख–सुविधा आवश्यकतानुसार धन उपलब्ध कराता है। प्रतियोगी छात्र को अपने अभिभावक के मजबूरी समझना चाहिए जो सुविधा प्राप्त करते हैं। उसका ग़लत इस्तेमाल नहीं करना चाहिए। ध्यान रहे वक़्त कभी बराबर नहीं रहता है।

हर प्रतियोगी कहता है कि क्या करें शौक़ था। अपनी क्षमता से अधिक ख़र्च करने का शौक़ दिखाने का शौक़ है। अभिभावक को बस एक शौक़ होती है कि उसका पुत्र अच्छे नम्बरों से पास हो, अच्छे पद पर पहुँचे। क्या प्रतियोगी छात्र अपने अभिभावक, अपने माता–पिता के इस शौक़ को पूरा करने की कोशिश करता है। उसने उसकी इच्छा को जानने की कोशिश की। अभिभावक आपको पढ़ाने के लिए हर सुविधा, धन, हमदर्दी, दी तो आप अपनी शौक़ पूरी करने में लगे। ध्यान रहे शौक़ पूरा करें, पारिवारिक परिस्थति का भी ध्यान रखें। कही शौक़ पूरा करने के चक्कर में पछताना न पड़े।

आपकी पहचान अभी आपके पिता से ही है। ध्यान रहे, ख़याल करें आपके पिता की पहचान आपके नाम से भविष्य में होगी। आपके माध्यम से उनको मिलेगा। दो शब्द अच्छा सुनने को मिले। आप शौक़ पूरी करने आवश्यकता पूरी करने के लिए चार हज़ार मोबाइल काफ़ी है। अगर आपके पिता ने आपको अपनी कमाई के पैसे एकमुश्त दे दें, तो आप तीस हज़ार मोबाइल ख़रीदें। मगर ध्यान रहे आप पढ़ रहे हैं। कमाई नहीं कर रहे हैं। अगर ज़्यादा खर्च करोगी तो फिर सुनने के लिए तैयार रहें। आपने अभिभावक को सुनाने के लिए भी तैयार रहे। आपके कारण अच्छा ख़ासा आपका पिता बेवकूफ की श्रेणी में गिना जायेगा। अपनी कमाई आप पर अनावश्यक ख़र्च करता है। ऐसा कहाँ जायेगा।

ख़ैर, आपको क्या समझाना है। आप अब ख़ुद समझदार हैं। प्रतियोगी परीक्षा की तैयारी कर रहे हैं। अच्छे पदों पर जाने की तैयारी कर रहे हैं,

तो रिश्तों की क़द्र करनी सीखें पैसे की उपयोगिता सीखें समय का सदुपयोग करना सीखे वक़्त है, कब आपके पक्ष में रहेगा आपके विरोध में होगा आप फिर बीते समय पर पछतावा करेंगे, आप भाग्यशाली हैं। आपके पिता हैं। बड़े बुजुर्ग हैं, आवश्यकता अनुसार आपको धन मिला है। अभिभावक होने के नाते या पिता होने के नाते नसीहतें मिलीं ध्यान रखें अपने उद्देश्य पर पहुँचने के लिए अपने मंज़िल पर पहुँचने के लिए मेहनत करें।

कड़ी मेहनत से, अच्छा कोई विकल्प नहीं है। आप शौक़ करें, अच्छे नम्बर प्राप्त करने का, अच्छे पद पाने का, अच्छे कपड़े पहनने का शौक़ रखें, अच्छी सेहत बनाने का काम है। यह क्या इलेक्ट्रॉनिक समान का कौन–सा शौक़ है? पैसे ज़्यादा लगे और उपयोग कुछ महीनों का। यह पैसे का दुरुपयोग पैसे की बर्बादी एवं अभिभावक को दो शब्द कटु सुनाने का ही तो है। यही सावधानी बरतनी है।

ध्यान रखना उद्देश्य मत भूलना। अपने काम को याद रखना जीवन को उपयोगी एवं महत्त्वपूर्ण बनाना है। जब तक समय आपके पास है, आप अपना उद्देश्य पूर्ति कर ले, अगर ध्यान भटक गया, विचार बदल गया तो आपकी जितनी मेहनत की है, जितना समय लगाया है। जितना धन ख़र्च हुआ है। जितना अपनो ने उम्मीदें पाल रखी हैं। सब बेकार हो जायेगा। साथ ही आपका आने वाला कल शायद अच्छा न हो, फिर आपके पास पछतावा या अफ़सोस ही रह जायेगा।

अक्सर देखा जाता है और गणित भी यही कहता है कि किसी काम को पाँच आदमी दस दिन में करते हैं तो उसी काम को पाँच दिन में करने के लिए कितने आदमी की ज़रूरत होती है? जब काम जल्द करना है। तो आदमी बढ़ाना पड़ेगा उसी तरह परीक्षा में अपने पक्ष में सफलता लानी हो तो पढ़ने के घण्टे बढ़ाने पड़ेंगे। हर प्रतियोगी छात्र जब परीक्षा देकर आता है। तो कहता है कि थोड़ी सी और मेहनत कर ली होती तो शायद परीक्षा परिणाम पक्ष में होता, मगर परीक्षा के बाद सोचते हैं। फिर भूल जाते तब तक पुनः परीक्षा की बराबरी आ जाती है। ऐसा नहीं है कि सभी ऐसा करते है। ऐसा सभी करते तो परीक्षा में पास कैसे होते? पद का चुनाव कैसे होता? जिसने ध्यान दिया, जिसने उद्देश्य को याद रखा जिसने अपने मक़सद को ज़िन्दा रखा सफलता हासिल की और अपने भविष्य को उज्ज्वल एवं सार्थक योग्य बनाया।

मगर आप हैं कि कहीं–न–कहीं लापरवाही कर देते हैं। थोड़ी–सी देरी आपका मन भटका देती है। आप पढ़ने में कोताही कर देते हैं। समय में कटौती कर देते हैं। आप परीक्षा परिणाम की सीमा पर जाते–जाते रह जाते हैं। आप परीक्षा छोड़ देते हैं या परीक्षा को नज़रअन्दाज कर देते हैं। जिसके कारण आपकी योग्यता आपको पीछे रहने पर मजबूर कर देती है। आप यह कतई ध्यान नहीं है कि जब तक उम्र है। जब तक योग्यता है। जब अवसर है। जब सुविधा है चारों एक साथ है, तब ही आप परीक्षा में बैठ सकते हैं। अन्यथा आप अपने आप ही प्रतियोगिता से बाहर हो जायेंगे किसी को कहने की ज़रूरत ही नहीं होगी फिर आप कहते फिरेंगे कि क्या करें अवसर था उम्र थी समय भी था मगर हमने प्रतियोगी के रूप में प्रयोग नहीं किया फिर पश्चात्ताप के आँसू आपके पास रहेंगे, मगर पूरा जीवन कष्टमयी हो जायेगा। परीक्षा तिथि के पहले चाहे जितना जाग ले पढ़ ले, परिश्रम कर लें, सभी तथ्य सार्थक होंगे अन्यथा परीक्षा तिथि गुज़रने के बाद सब धरा का धरा रह जायेगा। फिर आप कार्य करेंगे और तो तब नया अवसर मिलेगा। कार्य का, मेहनत का, उपयोग होगा। केवल यह कहना कि भाग्य में नहीं था, आप अपना काम नहीं करेंगे। भाग्य का दोष देंगे। मैं मानता हूँ कि आपका भाग्य नहीं था तो क्या आपने काम किया सुना होगा। देखा होगा, समझा होगा कि कर्म करने के बाद भाग्य होता है। कर्म न करो कहो कि भाग्य में नहीं था परीक्षा में जो लिखेंगे। उसी का परिणाम आयेगा। खाली पन्ना छोड़ आयेंगे और कहेंगे कि भाग्य ने साथ नहीं दिया।

भाग्य का काम समय से स्वस्थ रखना, परीक्षा भवन तक पहुँचाना जाम में न फँसना, सकुशल परीक्षा देना है। परीक्षा दे आये अर्थात आपकी भाग्य ठीक है। परिणाम आपके पक्ष में नहीं आया, इससे स्पष्ट है कि आपका कर्म ठीक नहीं है।

अक्सर युवा अपने जीवन से अचानक निराश हो जाते हैं और आत्म हत्या जैसे क़दम उठा लेते हैं। यह नहीं भूलना चाहिए कि माता–पिता का जब सहारा बनना था, तब उसे कमज़ोर करके चले गये। उन्होंने आपको इतना बड़ा करने में कम पीड़ा उठाई थी कि और पीड़ा दे गये। रिश्तों की कमी छोड़ गये कि मैं मानता हूँ कि संघर्ष किया निर्धारित अंक तक नहीं पहुँच पाये। आपको नौकरी नहीं मिली सबके पास इतनी बुद्धि नहीं होती, मगर आप प्रतिदिन सौ रुपये कमाते हैं तो महीने में तीन हज़ार है।

आप दो सौ रुपये प्रतिदिन कमाते हैं। तो पूरे माह में छह हज़ार रुपये होते हैं। यदि तीन सौ रुपये प्रति दिन कमाते हैं। तो पूरे माह में नौ हज़ार रुपये होते हैं। लिखने का तात्पर्य यही है कि व्यापार (दुकान) किसी प्रकार का कर लेते तो या जीवन में लगे रहते, मगर आपने मज़दूरों से भी कम औक़ात मान कर दुनिया से विदा ले ली और माता–पिता को पीड़ा देकर चाले गये। आपको इसलिए निगेटिव सोच नहीं हमेशा पॉजिटिव सोच बनायें रखना है।

नौकरी के लिए तैयार होना

जब बालक धीरे–धीरे 20 वर्ष का हो जाता है। अट्ठारह से ऊपर की उम्र युवक कक्षा बारह पास कर लिया तो उसकी योग्यता तृतीय श्रेणी की नौकरी के योग्य हो जाती है। शरीर में बदलाव हो जाता है। यहाँ तक कि लड़की एवं लड़का पूर्ण तैयारी से थोड़ा–सा पीछे रह जाते हैं। इस उम्र में विपरीत लिंगी आकर्षण और ख़िचाव बढ़ने लगता है। इस उम्र में शरीर में परिवर्तन पूर्ण हो जाता है। लड़की लड़का एक स्त्री एवं पुरुष होने का अभिमान करने लगते हैं। इसी के साथ काम वासना का अनुभव भी तेजी से करते हुए उसे पूर्ति करने के लिए उत्सुक हो जाते हैं। यह आपको मालूम होगा कि जब पेट भरा हो तब रिश्ता या काम वासना नज़र आती है। अन्यथा केवल भूख ही नज़र आती है। अब माता–पिता की बातें अच्छी नहीं लगतीं। चोरी से लड़की लड़का मिलने के लिए उतावला होने लगते हैं। समय–समय पर झूठ का सहारा भी लेने लगते हैं। जब लड़के भ्रमित हो जाते हैं तो यही झूठा जीवन है। लड़की–लड़का अपना एवं अपने माता–पिता का सपना भूलने लगते हैं, जबकि यही उम्र बनने बिगड़ने की रहती है। कोई डॉक्टर बनने की बात करता है, तो कोई इंजीनियर बनने की। यही उम्र एम.बी.बी.एस. कॉमर्स, बी.एस.सी., बी.ए. करने की रहती है। एडमिशन ले भी लेते हैं; मगर अपनी भटकती उम्र में समय और पैसे दोनों बर्बाद करते हैं।

मैं मानता हूँ कि अधजल गगरी छलकत जाये, ऐसा सुनने में आता है, मगर किसी लेखक, कवि ने ऐसे ही नहीं कहा बल्कि सत्य यह है कि देख कर, सुन कर, समझ कर ऐसा निर्णय लेना चाहिए। ऐसा नहीं कि सभी युवक या युवती एक जैसा होते हैं, मगर जो भटकते हैं, भटकने के पहले 'सावधान' किया जाता है, क्योंकि भटकने के बाद होश आने पर 'सावधान' रहने का अवसर मिले या नहीं मिले, यह उनको नहीं भूलना चाहिए कि उनके माता–पिता कितनी अपेक्षाएँ पाल रखी हैं, कितनी उम्मीदें अपने

बालक से है। जब किसी विपरीत लिंगी की ओर ख़िचाव होता है। तो आपके माता–पिता आपके दुश्मन नज़र आते हैं। इस उम्र में सबके साथ ऐसा होता है। पद पान का उद्देश्य, अपना मक़सद नहीं भूलना चाहिए यही आगे चलकर आपको अच्छा जीवन दे सकता है। आप 'सावधान' हो जायें प्यार करना गुनाह नहीं है। बात सच है कि जब शादी होगी, तब अपने आप पर पछतायेंगे।

अपने जीवन साथी के साथ जीवन निर्वाह करने के लिए आपको अर्थ की ज़रूरत पड़ती है। कभी–कभी लड़की इतनी भटक जाती है कि किसी लड़के के साथ भाग जाती है। एक पत्र में केवल दो शब्द लिख देती है कि "मैं अपनी मर्ज़ी से जीना चाहती हूँ।" यह ग़लत सोच है। वह यह भूल जाती है कि माता–पिता, भाई–बहन, रिश्तेदार, दोस्त सब बेकार हो गये मगर जब होश आया तब तक बहुत देर हो गयी, आपके जीवन का सुख नहीं दुख शुरू हो गया है। आपने अपने तो दुख लिया ही साथ ही दूसरे को भी दुख दिया। आपकी पढ़ाई, आपकी शिक्षा, आपको मिला संस्कार, सब बेकार हो गया। आपके कारण कितने दुखी हुए।

आपने अपने एक पत्र के माध्यम से डिग्री शिक्षा ख़र्च सब समाप्त कर दी। आपके सामने कुछ पल के बाद अँधेरा हो गया, जिसका परिणाम यह हुआ कि एक ग़लती के कारण हर माता–पिता लड़की या लड़का से कटु व्यवहार करने लगते हैं।

जब आप सरकारी सेवा में या प्राइवेट सेवा में हैं तो समाज को आपके कार्य का पता चलता है तो न सरकारी नौकरी कर सके। न प्राइवेट नौकरी सके, न ही समाज में अपनी अच्छी जगह बना सके। आपका जीवन अच्छा होते हुए भी आप घृणा के पात्र हो गये। एक छोटी–सी भूलने आपके जीवन को समाप्त कर दी। क्या कोमा में जीवन जीने वाले को ज़िन्दा कहा जाता है, न इधर का रहा, न उधर का रहा।

आपको जहाँ योग्य अधिकारी बनना था, वहीं एक मज़दूर बनकर रह गये। आपकी ग़लती के कारण वे रिश्तों के दुश्मन बन जायेंगे। पूरा जीवन तनाव में रहेगा और अशान्ति होगा।

अगर आप किसी तरह से जी लेंगे तो आपकी आने वाली पीढ़ी की परेशानी होगी उसका अन्दाजा वक़्त के साथ होगा। साथ ही जिस परिवार का आप हिस्सा है। उसको कितनी परेशानी होगी? इसका अन्दाज़ा नहीं लगा सकते।

समाज अगर इसके लिए मान्यता देता तो समाज का बिखराव हो जाता है। समाज का अस्तित्व ही समाप्त हो जाता है। साथ ही कोर्ट, कचहरी पुलिस की परेशानी अलग से भुगतनी पड़ेगी। सामाजिक ताना और मिलेगा।

आपके बालक के रूप में जन्म लेने पर माता–पिता को ख़ुशी हुई। आपके पैदा होने पर गर्व करते थे। अपने आपको सौभाग्य शाली समझते थे। त्याग, समर्पण पर गर्व महसूस करते थे। आपके ग़लत इस कार्य से अपने आपको कोसेंगे आपके पैदा होने का पश्चात्ताप करेंगे। अपने आप ग्लानि महसूस होगी युवक की ग़लती या भटकने के कारण अपने आपको अपराध बोध महसूस करेंगे यहाँ तक कि आत्म हत्या जैसे क़दम माता–पिता भी उठा लेते हैं। युवक से जुड़े अरमान, इच्छाएँ सब मर जाती हैं। माता–पिता के पास बचता है, तो पश्चात्ताप के आँसू जो कोई पोंछने वाला भी नहीं रहता है। आगे चल कर जीवन की सबसे अधिक आवश्यकता अर्थ की पड़ेगी, जो अकेले जूझना पड़ेगा। जब भूखे रहना पड़ेगा तो आपको अपने भटकाव का ज्ञान हो जायेगा, मगर क्या फ़ायदा सब प्यार का नशा भटकाव का नशा, समाप्त हो जायेगा और आपका जीवन कठिन हो जायेगा अगर अपराध के दलदल में फँस गये तो धँसते जायेंगे। अब आपको जीवन भर पछताना पड़ सकता है। आप कोई काम करने से पहले दूरगामी परिणाम पर विचार कर लें।

अब आप युवक होने के नाते समझ गये होंगे कि एक छोटी–सी असावधानी, छोटी–सी ग़लती, आपका भविष्य कितना ख़राब कर देती है।

सावधान करने का अर्थ यही है। घटना घटने के बाद आप सावधानी योग्य रह जायेंगे। तब न सावधानी बरतेंगे और घटना घटने के बाद बच गये तो अपने आप 'सावधान' हो जायेंगे। शायद अवसर मिल जाये आप कुछ बन सकें। अच्छा पुत्र अच्छा भाई अच्छा मित्र अच्छा पति सरकारी अधिकारी अच्छ सामाजिक कायकर्ता, अच्छा मार्गदर्शक आदि आदि।

यहीं है सावधानी का मक़सद ऐसी सावधानी से क्या जब पास में कुछ बचे ही नहीं। सावधानी समय से पहले होनी चाहिए। घटना घटी 'सावधान' हो गये। घटना के बाद तो सभी 'सावधान' होते हैं। सभी सतर्क होते हैं। पहले की सावधानी बतायी जाती है, ताकि आप बचें, अपने आपको बचायें अपने आश्रितों को बचायें अपने भविष्य को बचायें अपने उद्देश्य को पूरा करें।

पहले परिणाम न जान लें

हर प्रतियोगी पहले परिणाम जान जायेगा या जानने की कोशिश करेगा, तो यह समझा जायेगा कि कोई या तो वह मेहनत नहीं करना चाहता या मेहनत से पहले परिणाम निकालना चाहता है। अर्थात अपने आप काम न करने का बहाना है। परिणाम को निकालना सरासर ग़लत होता है। जब आप मेहनत करेंगे, कार्य करेंगे तभी तो कार्य के अनुरूप, मेहनत के अनुरूप परिणाम निकलेगा है। 3 धन 4=7 होता है। आप नहीं करेंगे संख्या नहीं जोड़े तो परिणाम कैसे आयेगा। चाहे प्रतियोगी छात्र हो या गृहस्थ जीवन हो या किसान हो या काम करने वाला हो। परिणाम कार्य की परिणित है, न कि कार्य न करने का बहाना है। आप अपने जीवन में कार्य का बहाना न बनायें। काम से न बचें। मेहनत करने से बचाव करने का तरीक़ा ही परिणाम के पहले जानकारी करना है। माना कि पहले की सम्भावना को देखकर परिणाम निकाल लेना एक आदत है। मगर हर सम्भावना तो परिणाम नहीं देगा।

जैसे बादल घिरे हों तो बरसात होनी ही है। इस कारण से घर से बाहर काम के लिए न निकलें। कोई ज़रूरी नहीं कि बादल हैं तो बरसात होगी ही कभी–कभी बिना बरसे बादल चले जाते हैं। पिछले साल सूखा पड़ा था। इस साल सूखा पड़ सकता है? किसान खेत में बीच नहीं डालेगा और बरसात होगी तो कहेगा। ग़लत हो गया पहले सोच ली प्रतियोगी छात्र यह सोच ले जाम लग जायेगा। कौन–सा चुनाव हो ही जाना है, तो परीक्षा फार्म न भरें तो अवसर के साथ समय भी खोया। कहने का यही अर्थ हुआ आप अपना काम करें। परिणाम काम पर निर्भर है न कि परिणाम से काम होता है। हमेशा काम से ही परिणाम निकलता है। इसीलिए कहा गया है कि पहले परिणाम न निकाल कर कार्य करने से बचने का प्रयास न करें, बल्कि कार्य करने के बाद परिणाम पर टिप्पणी कर सकते हैं। बिना मेहनत बिना कार्य किये परिणाम पर कोई टिप्पणी नहीं करनी चाहिए न ही परिणाम कार्य से पहले निकाल कर।

हार न मानें केवल ठान लें

प्रतियोगी छात्र हार न मानें। मन के हारे हार है। मन के जीते जीत मन से ठान करके चलें मन मान कर न चलेंगे। ठान कर चले कि अमुक

प्रतियोगिता में सफल होना है तो होना है। जिसने ऐसा मान लिया उसकी शायद हार हो सकती है। जिसने ठान लिया, उसे तो पाना ही पाना है। यह ठान कर चले कि अमुक काम क्यों नहीं होगा कैसे नहीं होगा कोई काम असम्भव नहीं है। फिर यह काम क्यों नहीं होगा बस किसी काम को करने के लिए आपमें ज़िद होनी चाहिए। आपमें लगन निरन्तर हो चाहिए। यदि नशामुक्त करना है, तो करना है, यदि हार मान लिया तो यह जीवन को पीछे ढकेलती है। आपके जीवन में आपकी सफलता में नशा अवरोध बनता है। यदि आप किसी काम को ठान लेंगे तो आपके पास तीन वस्तु अवश्य अपने आप चली आयेंगी। धन, पद, यश यही जीवन का सूत्र है। यही सावधानी है।

चाहे धन हो, चाहे सम्मान हो, चाहे ज्ञान हो, वह कभी खत्म नहीं करना, यही विचार होना चाहिए। यही भाव होना चाहिए हमेशा ठान कर की उद्देश्य को पाना चाहिए।

संस्कारयुक्त अपने बुजुर्गों का समाज का, सम्मान करने वालों का, दूसरे की पीड़ा समझने वाला का, कभी न ग़लत करने वालों का, नुकसान कम होता है या समझो नगण्य होता है। जैसी करनी, वैसी भरनी, यह सत्य बात है।

उदाहरण–एक व्यक्ति रास्ते से जा रहा था। एक लड़का गुटखा खा रहा था। व्यक्ति ने कहाँ, "क्यों जी गुटखा क्यों खा रहे हो? तुम्हें बीमारी पकड़ लेगी और जल्द ही मर जाओगे" तो उस का जबाब था, "मेरे दादा जी एक सौ पाँच वर्ष तक जीवित रहे हैं। तो व्यक्ति ने पूछा कि तुम्हारे "दादा कौन–सा नशा करते थे।" तब बालक ने कहा कि वह अपने काम से काम रखते थे इसलिए तुम भी अपने काम से काम रखो और आगे बढ़ो मगर क्या करें। लेखक होने के नाते अपने काम से काम रखता हूँ लिखना और दूसरे को 'सावधान' करना यही मेरा काम है। जो समाज को आवश्यकता है। वही लिखता है और हो सकता है। किसी के काम आ जाये इतना ज़रूर करें कि आपका शौक़ है। पिता का शौक़ बेकार है। आपके पैदा होने पर आपके माता–पिता शर्मिन्दा न हो।

हर युवक का अपना–अपना शौक़ होता है। आवश्यकता और सुविधा होती है, मगर यह नहीं भूलना कि शौक़ करने में अपना उद्देश्य, अपना भविष्य न भूलें। आजकल के युवक दिखावा ज़्यादा करते हैं। मगर आपके गार्ज़ियन आपके माता–पिता आपके शौक़ पूरा करने में अपना मान–सम्मान

अपना वजूद और अपना अस्तित्व खो देते हैं क्योंकि हर शौक़ पैसे के बिना पूरा नहीं होता और पैसा कितनी परेशानी से, कितनी मेहनत से आता है, यह तो वही जानते हैं। शौक़ पूरा युवक संस्कारयुक्त हों, पढ़ने में अच्छे हों तो हर माता–पिता अपने बच्चे की हर शौक़ पूरी करते हैं। साथ ही परिवार का ख़र्चा चलाते हैं। मगर बच्चे शौक़ तों पूरी करते हैं। मगर अपने पिता के शौक़ को ध्यान नहीं देते। पिता का एक यही शौक़ होता है कि उसका बेटा संस्कार युक्त रहे पढ़ने में अच्छा रहे, ताकि लोग कहे बड़े भाग्य से बेटे को पाया है। पिता यह कभी नहीं चाहेगा कि लोग कहे कि पता नहीं किस नक्षत्र में बेटा पैदा किया कि अपने साथ कुल का भी नाम डुबो दिया। बालक को अपना कार्य एवं आचरण अच्छा रहे कक्षा में अगर आगे न बैठ सके। तो सबसे पीछे न बैठे, पीछे–बैठने वालों की कमी नहीं है।

आप सोचेंगे कि इस उम्र में यह सब कैसे होगा? क्यों नहीं हो जायेगा? *होनहार बिरवान के होत चीकने पात* यानी अच्छा पेड़ होगा, जब पौधा अच्छा होगा हर पिता का हर शिक्षक का एक शौक़ होता है कि उसका पुत्र, उसका शिष्य अच्छा बने वह क्या करता है? क्या पढ़ता है। कही संस्सकारहीन तो नहीं हो गया, वह अनुशासित है। कितने पढ़ने में आगे? हाँ, यही शिक्षक का अभिभावक का शौक़ है।

ध्यान रहे जब विषय निर्धारित होता, कोर्स निर्धारित होता है। विषय आपके सामने, पाठ आपके सामने होता है। जब परीक्षा एक वर्ष बाद होती है। तब आप तैंतीस प्रतिशत, पैंतालीस प्रतिशत, साठ प्रतिशत पर तृतीय द्वितीय और प्रथम डिग्री आते हैं। किसी तरह पास या सामान्य तरह पास अच्छी तरह पास होते हैं। जब कि प्रश्न एवं उसका उत्तर दोनों आपको पहले से मालूम होता है। समय सीमा एवं कोर्स निर्धारित है।

जब नौकरी की वकेंसी निकलती है। तो एक पद पर कई हज़ार उम्मीदवार होते हैं। आपकी डिग्री, आपकी उम्र किसी पद के लिए योग्य होगी और आप परीक्षा में शामिल होंगे, आपको प्रवेश पत्र मिल जायेगा मगर आपको अपनी योग्यता तो साबित करनी पड़ेगी यानी आपको सर्वोच्च नम्बर तो पाना है। चाहे इंजीनियरिंग की परीक्षा हो या एम.बी.बी.ए. किया किसी राजकीय पद की परीक्षा हो तब आप अपने आपको स्थापित करने में कामयाब नहीं रहते हैं, क्योंकि पढ़ते समय आपने ध्यान नहीं दिया पिता या अभिभावक ने जब टोका तब आपने इसे बुरा माना और आपका शौक़ आपका फ़ैशन आपका उल्लास परीक्षा के ख़राब पेपर के साथ ध्वस्त हो जाता है।

यह सत्य है कि शौक़ करना चाहिए मगर इस बात का भी ध्यान रहे कि शौक़ के साथ आपका भविष्य भी जुड़ा रहे आपकी आने वाली आवश्यकता आपका सम्मान गार्ज़ियन की क्षमता भी बनी रहे। आपकी ख़ुशियाँ के साथ पिता का शौक़ भी है कि समाज में अपने में आपको पदासीन होते देख सके तथा समाज आपके पिता के प्रति श्रद्धा भी बनी रहे और आपकी रास्ता चुनने की क्षमता हो गयी है। आपकी क्या शौक़ है। क्या रुचि है। क्या बनना चाह रहे हैं? आप अपने जीवन का कच्चा पदार्थ है और तपस्या से ही आप सफल होंगे, जिधर जाना चाहें जाये।

आपके मार्ग में तमाम तरह के रोग लग जाते हैं, जिसे सामाजिक रोग कहते हैं। जैसे प्रेम रोग, नशा रोग, ग़लत संगत, ग़लत शौक़, जो आपकी अपनी मंज़िल पर पहुँचने में बाधक होते हैं। यही सावधानी बरतनी है कि इन रोगों से बच कर ही आप अपनी मंज़िल पर पहुँच सकते हैं। यही आपको 'सावधान' करने की बात है। आपके अभिभावक या पिता भी यही कहते होंगे। जिस उम्र में आप सफ़र करते हैं। उस उम्र में किसी की बात जो आपके विचारों के ख़िलाफ़ है। शायद अच्छा न लगे क्योंकि भ्रम का पर्दा आप पर पड़ा रहता है। मगर सावधानी यह बरतनी है कि पहले तो भ्रम का पर्दा न पड़े यदि पड़ भी जाये तो समय रहते पर्दा उठ जाये अन्यथा पूरे जीवन पश्चात्ताप पड़ सकता है। वक़्त है। समय है। अवसर है। उम्र है। समझेंगे देर सवेर तो समझ में आती है।

एक कहावत है, *क्या वर्षा जब कृषि सुखानी* समय से सावधानी बरतें, ताकि समय का, अवसर का, फ़ायदा ले सकें।

एक साथ पाँच लड़के पढ़ रहे थे। सभी का मन कोटा, राजस्थान में जाकर तैयारी कर इंटर की परीक्षा में 75% से ऊपर अंक प्राप्त करना था, मगर निर्धारित अंक से अधिक 75% पाना था। एक साथ चार लड़के कोटा जाने के लिए निकलना चाहे। एक लड़के के गार्ज़ियन ने कहा, पहले तुम बाधा 75% तो पार करो फिर कोटा या कहीं जाकर आई.आई.टी. की तैयारी करो। इससे एक लड़का कोटा जाने से वंचित रह गया। हो सकता है, उस समय पिता की बातें बहुत बुरी लगी होंगी और अपना निर्धारित अंक प्राप्त करने के लिए स्थानीय जगह रुक कर पढ़ने लगा, शेष चार लड़के कोटा जाकर एक साथ इंटर की परीक्षा की तैयारी करने लगे और आई.आई.टी. की परीक्षा की तैयारी भी करने लगे। तीनों लड़के आई.आई.टी.

में क्वालीफाइंग कर गये, मगर इंटर में 75 प्रतिशत अंक नहीं ला पाये। जो लड़का घर पर ही तैयारी कर रहा था वह 75 प्रतिशत से ऊपर अंक ले आया। अब चारों लड़कों का सपना आई.आई.टी. से इंजीनियर बनने का रह गया, जब कि 75 प्रतिशत अंक पाये लड़के ने दूसरे साल आई.आई.टी. में प्रवेश पा लिया। एक कहावत सही कही गयी है, *दो नाव पर एक साथ चढ़कर परेशान हो सकते हैं*। यह कहना आवश्यक है कि पहले तुम योग्यता प्राप्त करो फिर पद प्राप्त करो। दोनों एक साथ कर सकते हो नहीं भी कर सकते हो।

किसी प्रतियोगी को चार लोगों से कुछ पाने के लिए सम्पर्क करना चाहिए। पहला जिस परीक्षा में आप भाग ले रहे हैं, उससे परीक्षा में असफल हुए विद्यार्थी से उससे असफल होने का कारण जानना चाहिए। दूसरा जो सम्बन्धित परीक्षा में सफल हो गया, उससे तजुर्बा जानना चाहिए। तीसरा जो अच्छा पद पा चुका हो। उससे अनुभव लेना चाहिए। अब उनसे अनुभव लेने के बाद अपनी तुलना उससे करनी चाहिए। शायद चारों बातें आपको सफल होने से कभी रोक ही नहीं सकती।

खण्ड-तीन

गृहस्थ जीवन में प्रवेश

अध्याय-सात

नौकरी, व्यवसाय और कृषि में सावधानी

गृहस्थ जीवन

इसे गृहस्थ जीवन कहें या जीवन के सफ़र की शुरुआत कहें। मानव अपने को एक ज़िम्मेदार व्यक्ति, ज़िम्मेदार अधिकारी ज़िम्मेदार व्यवसायी, पति तथा समय काल के साथ पिता बनता है। ऐसा तब होता है, जब युवा काल ठीक तरह प्रकार कट जाता है। अब उसके दोस्तों की संख्या दो अकों में न रह कर, अब अंक में सिमट जाती है। वह भी गिने चुने व्यक्ति बचते हैं। क्योंकि खेलने का समय नहीं रहा, जिसमें संख्या गिनायी जाये। पढ़ने का समय नहीं रहा जिसमें समूह की ज़रूरत पड़े। अब केवल जीवन साथी के साथ मददगार हमदर्द या मार्गदर्शक या सहयोगी कहे। यही गिनती के रह जाते है। अब आप जब समझदार हो गये तो अपना अच्छा या बुरा समझ ही लेंगे, फिर अच्छा या बुरा समझने वाले कम ही तो मिलेंगे चूँकि यह जीवन लम्बा रहता है। कहे तो कम–से–कम 35 साल तो रहता ही है। तो इसमें दोस्त बनते बिगड़ते रहते हैं। इसी में दुश्मनी भी बनती एवं बिगड़ती है। अब आप पर निर्भर करता है कि आप कितना निभा पाते हैं। इसमें रिश्तों की संख्या भी बढ़ती है। जैसे पति बनें, पिता बनें, दामाद बने, पदाधिकारी बनें, अधिकारी बनें, मित्र बनें, पुत्र पहले से थे। भाई पहले से थे दोस्त पहले से थे। नये पुराने मित्र का रिश्तों की या सम्बन्धों की संख्या दो अकों तक पहुँच जाती है। अब आप रिश्तों को कितना समेट पाते हैं या बचायें रखते हैं या बढ़ाते हैं। आपके व्यक्तिगत विचार पर आपके व्यवसाय पर या आपके व्यवहार पर निर्भर करता है।

आय के स्रोत

मानव का स्वभाव है कि जब उसके पास आय के स्रोत होते हैं या आय पैदा करने वाला बन जाता है या किसी सरकारी या प्राइवेट संस्थान में नियुक्त हो जाता है या ज़िम्मेदारी के पद पर नियुक्त हो जाता है, तब वह शादी कर गृहस्थ जीवन शुरू करने का कार्यक्रम बन जाता है। जीवन के उस सफ़र में प्रवेश कर रहे हैं। जब लड़का या लड़की अपनी शिक्षा का कार्य पूरा करके अपनी आय का स्रोत बनाकर गृहस्थ जीवन का सफ़र करने शुरू करते हैं। इसी को गृहस्थ जीवन का प्रारम्भ कहा जाता है।

जब आप गृहस्थ जीवन में प्रवेश करते हैं। तमाम तरह के शौक़ पनपते है। अपने जीवन साथी का ख़्वाब आने लगता है। आपको अपने जीवन साथी के बारे में तरह–तरह के सपने आने लगते हैं। जीवन साथी चाहे पुरुष की स्त्री हो या स्त्री का पुरुष हो। दोनों की एक दूसरे के प्रति भावना एक जैसी बनती है। केवल मुझे ही सम्मान करें, यह हर लड़की या लड़का में यह भाव होता है।

जब शादी की बात होती है। उस समय लड़का या लड़की के अन्दर यह भाव आता है कि लड़का जिस पेशे में है, लड़की उसी पेशे की चाहिए। आर्थिक निर्भरता वाली चाहिए। लड़का से लड़की की उम्र में पाँच साल का अन्तर होना चाहिए। लड़की लड़के से कम–से–कम पाँच साल छोटी होना चाहिए। साथ ही लड़का या लड़की में सुन्दरता ढूँढ़ी है। लम्बा क़द– काठी हो, अच्छी हो।

ध्यान रखें आपकी सुन्दरता आपकी शारीरिक बनावट आपकी देन नहीं है। अगर आप भ्रम पाले हैं। अलग बात है। आपके अन्दर सुन्दरता, गोरा, साँवला रंग जो भी है। वह आपके माता–पिता की बदौलत है। मगर इतना कौन सोचता है; फिर यह भाव आयेगा कि बिना कमाये बिना बचायें। कार का मालिक बन जायें, मकान का मालिक बन जायें, प्लॉट का मालिक बन जाये, लड़का जब शादी करने की सोचता है। तो यही भाव आता है कि लड़की के पिता के पास इतना धन हो कि मेरा सम्मान बनाने में पद अनुरूप गाड़ी और बंगला मिल जाये। लड़का अपने पद के अनुसार पेशे के अनुसार शक्ल के अनुसार लड़की चाहता है। लड़की की योग्यता जो भी हो मगर लेन–देन में दहेज में कोई छूट नहीं देना चाहते हैं।

ध्यान रखें लड़की कार वाली न ढूँढ़ कर संस्कार वाली ढूँढ़ें। यदि कार वाली लायेंगे तो अपनी बात मनवायेगी अपने को सबसे श्रेष्ठ मानेगी यदि संस्कार वाली लायेंगे तो शायद आपका आपके परिवार को खुशियों से भर देगी। अब आपको जो पसन्द हो वही करें, क्योंकि दूसरे की बात मानेंगे।

क्या समाज में हो रही परेशानियों आपको भी बिना कमाये धन पाने की लालसा समाज की देन हैं।

कोई तो अपना रास्ता नया बनायेगा कि सब पुराने रास्ते पर चलेंगे। हाँ, जो पीछे आयेगा, आगे बने रास्ते पर अवश्य ही चलने का प्रयास करेगा।

अब परम्परा सी बन गयी है कि कोई लड़की वाला अपनी लड़की को उसी जगह व्याहता है। जहाँ पर जीवन में किसी प्रकार की कोई आर्थिक परेशानी न हो। ऐसी सोच होनी भी चाहिए पद और धन की गारंटी के साथ ही सफ़र करता है। फिर शादी महँगी पड़े या सस्ती किसी के अन्दर भाव नहीं है कि लड़का पढ़ने में तेज़ है। कही भी अच्छे पद पर पहुँच सकता है, मगर सबको अच्छी आय वाला लड़का चाहिए।

शादी–ब्याह दो परिवारों का योग है। आपके रिश्ते में वृद्धि हो गयी जहाँ लड़का अपने पारिवारिक, सामाजिक, आर्थिक रिश्तों के आधार पर चलता है। वही उसकी पत्नी चूँकि कार लेकर आयी है। अपने माता–पिता के यहाँ से ढेर समान लेकर आयी है। वह आपको ही सबसे महत्त्व देने वाली समझती है। आपके परिवार को केवल पैसे माँगने वाला रिश्ता समझती है। अत आपके माता–पिता को दरकिनार करती है।

उपेक्षित माता–पिता किन परिस्थितियों में किस परेशानी में, अपने पुत्र को शिक्षा–दीक्षा दिलायी। यह लड़की के विचार से नगण्य सा लगता है। वही लड़का अपने समय को अपने पैसे को अपने मन से ख़र्च करता है। किन परिस्थिति में कौन सहारा बना था, वह भूल जाता है और पति के रूप में ससुराल से मिली कार मकान सामान लोगों को दिखाता है। बहू बनकर जो लड़की आयी है, उसे लड़के के पिता भाई बहन के साथ माता के साथ दोस्तों के साथ रिश्ता निभाना है। कैसे रिश्ता निभाती है। वह यह वक़्त के हाथ पता चलता है। लड़की जब किसी की पत्नी बन चुकी है। जब तक उसके नये रिश्ते नहीं पनपते तब तक अपने पुराने रिश्तों को कुछ समय के लिए अलग कर आयी है।

पत्नी रिश्ता तो अलग कर आयी है, मगर ध्यान वही पर रखे हुए हैं। जिस कारण पत्नी–पति में आपसी मनमुटाव का जन्म हो जाता है। समय रहते ध्यान नहीं दिया गया तो विवाद संघर्ष का रूप ले सकता है। परिवार अशान्ति और कलह का कारण बन जाता है। लड़का अपने माता–पिता का नहीं बन पाता और लड़की अच्छी बहू या पत्नी नहीं बन पाती। जब कोई आपसे पूछे कि आपका जीवन कैसे चल रहा है।

तो आप यही कहते हैं, जीवन कट रहा है। लड़की का ध्यान अपने मायके में पति का ध्यान अपने घर पर दोनों के बीच विवाद बढ़ जाता है। परिवार यह कहता है कि लड़की को कहे कि वह अपने मायके वालों से बात करना बन्द कर दे। फिर लड़की कहती है कि पति भी अपने माता–पिता से बात करना बन्द कर दे। हाँ, तो क्या ग़लत कह रही है। आप दोनों ने यह क्यों बात उठाई? यही सावधानी बनी रहे कि दोनों एक दूसरे का आदर सम्मान करें दोनों एक दूसरे के रिश्तों का आदर और सम्मान करें व्यवहार ऐसा हो कि लड़की न सोचे कि पति मेरी उपेक्षा करती है। पति न सोचे कि मेरी पत्नी मेरी एवं मेरे परिवार की उपेक्षा करती है। यदि दोनों अपनी–अपनी ज़िद पर रहेंगे या अलग–अलग रहेंगे तो घर में ख़ुशी के बजाय दूरियाँ बढ़ने लगेंगी। अशान्ति का माहौल हो जायेगा है। अच्छा परिवार वही है। जिसमें आपस में प्यार सम्मान त्याग समर्पण हो।

ध्यान रखें आप 'सावधान' रहे आपका कल आ रहा है। आपके जीवन का पल आ रहा है। अब आपका पुराना दिन, कष्ट का दिन परेशानी का दिन अभाव का दिन उपेक्षा का दिन अपमान का दिन गुज़र गया, अब आपका नया जीवन शुरू हो गया। आपके पास रिश्ता है। उस मगर निभायें आपके पास पत्नी है। आपके पास ससुर हैं। आपके पास साली है। आपके पास साला है। ये सभी रिश्ते नये जुड़े हैं। पहले से आपके पास माता–पिता, बहन–भाई, मित्र सहयोगी हैं। रिश्तों को यदि समेटने का, निभाने का प्रयास नहीं करेंगे तो अलग–थलग पड़ जायेंगे और आपकी पत्नी अपने मायके के रिश्ते से जुड़ी है। जो आपके रिश्तों में दरार बना देगी है। यह कोई ज़रूरी नहीं है कि आप जिसे पत्नी के रूप में पाये वह आपसे कहे कि अपनी माता से बात न करें। अपने बहन से बात न करो अपने भाई से सम्पर्क तोड़ दो और ये बाते आपको बुरा लगे। आप यह कहें सब समय के साथ सम्बन्ध रिश्ता निभाना सीखे तोड़ना नहीं। नज़दीक लाना सीखे दूरियाँ बनाना नहीं।

ध्यान रहे पति–पत्नी के बीच विश्वास का रिश्ता है। अपनेपन का रिश्ता है। ऐसा भाव नहीं कि आप फ़ोन से बात करें ऑफिस से लेट आये तो आपसे आपकी पत्नी या आपसे पति प्रश्न पूछे और आप छिपा कर कुछ कहे और जब आपकी पत्नी किसी से बात कर रही हो तो आप बिना वजह शक करें। पूछे किससे बात हो रही जिसके कारण जो पारिवारिक सुख शान्ति में कलह आये। इससे गृहस्थ जीवन प्रभावित होगा।

कोई वस्तु पास रहती है तो उसकी क़ीमत भले न महसूस हो मगर जब वस्तु या रिश्ता पास से हमेशा के लिए चला जाता है या समाप्त हो जाता है।

तब उसकी क़ीमत समझ में आती है। क्या फ़ायदा जब उपयोग का था, तब तो अपने ध्यान नहीं दिया समय का चक्र है। कल आप बालक थे, तब आपकी बाते आपके पिता को अच्छी लगती थी या अब न लगे, मगर आज आपको आपके पिता की बातें अच्छी नहीं लगती हैं, क्या अजीब बात है?

पिता की सम्पत्ति अच्छी लगती है। मगर पिता की नसीहतें बुरी लगती हैं। पिता का कार्यकाल या समय समाप्त हो जाता है। तब उनकी बातें समझ में आती हैं। जब आपके पिता की उम्र हो गयी तो समय के साथ उनकी मृत्यु तो होनी ही है। पिता गुज़रता ही है। जब वे नहीं रहेंगे तब पिता की अहिमत मालूम होती है। अपने जीवन में कुछ बातें याद रखने की ध्यान रखने की है। रिश्ता निभाने का तरीक़ा याद रहे। ध्यान रहे कोई रिश्ता है। तो बिना कारण या बिना वजह टूटने न पाये रिश्ता बना कर रखना आवश्यक है। यदि रिश्ते में बिखराव हो जायेगा तो जीवन चलेगा मगर कड़वाहट आ जायेगी, क्योंकि वैवाहिक जीवन का सफ़र मृत्यु पर्यन्त चलता है।

मानव जीवन शादीशुदा जीवन नौकरी का जीवन अपने व्यवसाय का जीवन आपका शुरू हो चुका है। आपकी गृहस्थी की गाड़ी अपनी पटरी पर चल पड़ी है। आपको अपने जीवन के सफ़र में रफ़्तार देने की ज़रूरत है। आपको सावधानी बरतनी है। अब आपका वक़्त है। परेशानी का या सुख का अन्दाज़ा भी नहीं होता है। वह दिन भी देखने पड़ते हैं। जब आपके सामने कोई परेशानी आ सकती है। ऐसे मौक़े पर आप परेशान न हों। ध्यान रखें सावधानी बरतें आपके जीवन में कुछ समस्याएँ आयेंगी। उसका समाना धैर्य एवं हिम्मत से करना है।

जीवनी की मुख्य चार समस्याएँ

वैसे समस्याएँ दिन–प्रतिदिन आती रहेंगी। चार समस्याएँ मुख्य रूप से उजागर की जा रही हैं।

पहली समस्या नियमित समस्या होती है। जो आती जाती रहती है। जैसे ऑफ़िस जाना काम पर जाना लेट हो जाना जाम में फँसना दाल–रोटी की व्यवस्था करना अतिथि का आना जाना रिश्तों को जोड़ना रिश्ते को निभाना या टूटने से बचाना ज्वर बुखार आना जहाँ आपकाम करते हैं। वहाँ आपके बास कैसे हैं। आपके अधीनस्थ कैसे हैं। कौन काम करता है। कौन काम नहीं करता है। उच्च अधिकारियों का आना जाना अच्छा या विरोधी

के रूप में मिलना पैसे का अभाव ख़र्च बढ़ना पैसा कम पड़ना पैसे न रहते हुए पति–पत्नी या बच्चों की फरमाइशें आना उसको पूरा करना रिश्तों की कड़वी मीठी बातें सुनना आदि आदि। ये बातें प्रतिदिन का तनाव पैदा करती हैं। धीरज से इनका समाधान निकालें। गुस्सा या झल्लाएँ नहीं।

1. आकस्मिक समस्या

आकस्मिक समस्या भी कभी–कभी जीवन में आ जाती है। अचानक घर में कमाने वाले के साथ हादसा हो जाता है। इससे समस्या बढ़ जाती है। बच्चों की उच्च शिक्षा की फ़ीस के लिए लाखों रुपये जमा करना, जब कि पैसे पास नहीं हैं। जीवन में आकास्मिक समस्या आती जाती रहती है, यह जीवन है। तो चलेगा चलना भी चाहिए मगर भागने से समस्या ख़त्म नहीं होती, बल्कि समस्या जस की तस रहेगी और बढ़ेगी घटेगी नहीं। समस्या आपके पास आ जाये तो समस्या से घबराएँ नहीं समस्या कैसी है, विचार करें और पीड़ा सहने लायक हो तो हिम्मत और धैर्य से काम करें।

क्योंकि समस्या तो आपकी है। आपको ही निपटाना है। चाहे हादसा हो या आर्थिक परेशानी हो समस्या को सहने या लड़ने वाले आप ही है। सामना करने या निपटाने का प्रयास करें यही सावधानी बरतनी है। आपके साहस और की परीक्षा का यह समय होता है। इससे सावधानी से आपको ही निपटना है। समस्या या विपत्ति के समय ही अपनों की भी परीक्षा होती।

2. समस्या को ख़रीदना

बड़ा अजीब आपको लगता है कि क्या कोई समस्या ख़रीदता है? आप माने या न माने मगर यह सत्य है। आप स्वीकार करें या न करें मगर समस्या ख़रीदी जाती है। इसे समस्या ख़रीदना ही कहते हैं। जब आपको उदाहरण के रूप में बतायेंगे तो शायद स्पष्ट हो जायेगा। आपकी पारिवारिक ज़िम्मेदारी आपके बच्चों की है। आपको अपने पिता के प्रति उत्तरदायित्व है। आपके भाई के प्रति सहयोग है। आपके पास पड़ोस के प्रति हमदर्दी है। आपकी अपने पति–पत्नी बच्चों के प्रति ज़िम्मेदारी है। उसे आप निभायेंगे कोई दूरारा नहीं निभायेगा। आपके माता–पिता को आप पर की देखभाल करने वाला आपके सिवा और भी कोई हो, लेकिन आप उत्तर दायित्व है। उनके रहने खाने और सोने दवा की ड्यूटी है। हो सकता है, आपके पिता अपना उत्तर दायित्व निभायेंगे ही यदि आप नहीं निभायेंगे तो कोई और निभायेंगे।

आपका अपने भाई बहन के प्रति सहयोग की भावना होनी चाहिए। सहयोग एक प्रतिशत दस प्रतिशत या सौ प्रतिशत हो सकता है। जैसी स्थिति हो यह कोई नहीं कहेगा कि आपने अपने भाई के लड़के–लड़की को पढ़ाने व शादी करने की जिममेदारी है। मगर आप पूरी ज़िम्मेदारी निभायें कि यही समस्या को ख़रीदना कहेंगे आप अपने कार्यालय में किसी मातहत को बिना लिखी पढ़ी के छोड़ दिया। आप तनाव में है। पता नहीं कोई वरिष्ठ अधिकारी न पूछ ले, आपने समस्या ख़रीदी आप किसी ने कहा कि दस हज़ार रुपये उधार दे दो। आपके पास मात्र दो हज़ार रुपये हैं। आप आठ हज़ार की व्यवस्था करने के लिए परेशान हैं, तो आपने समस्या ख़रीदी आप जैसा सोचे मेरे हिसाब से समस्या ख़रीदना ही करेंगे।

3. हमदर्दी

आपके का पड़ोसी स्वाभाविक है कि हमदर्दी होगी। आपसे समयानुसार हमदर्दी की अपेक्षा करेंगे, समयानुसार कुछ परेशानी में मदद की अपेक्षा करेंगे दोस्त हो सकते हैं। परिचित हो सकते हैं। सम्पर्की हो सकते हैं। अब आपको सोचना है कि हमदर्दी कैसी कितनी है। आपके विवेक पर निर्भर है। यही सावधानी बरतनी है। अन्यथा आपके किये गये उल्टा–पुल्टा के कारण आपको ही सुनना पड़ेगा। भाई कहेगा आप क्यों परेशान हुए पत्नी बच्चे कहेंगे, आपने मेरे लिए क्या किया? पिता कहेगा कि आपने लड़कियों की शादी न करते पड़ोसी कहेगा। मैंने यह तो नहीं कहाँ था। सबकी ज़िम्मेदारी अपने कन्धों पर लेकर चलो तब शायद ये बातें याद आयेंगी।

4. सहयोग

सहयोग किसका कितना करना है? कितना कर पाते हैं। वक़्त की बातें हैं। मगर आपको अहम भाव पालकर जीवन जीते हैं।

समस्या का निराकरण

आपको जब समस्या की जानकारी हो गयी। अपने कार्यों की जानकारी हो गयी, तो आप उसी अनुरूप कार्य करेंगे। कोई किसी को कुछ कहने का मौका नहीं देगा और यह समाज है। यह कह कर ही मानेगा आपको पहले समस्या निपटानी है। दूसरे धैर्य एवं साहस से काम लेते हुए सामना करना एवं तीसरे जो समस्या ख़रीदी है। उस समस्या को बेच देना है।

जिस समस्या को ख़रीदने की बात कर रहे हैं। उसे स्पष्ट कर दें, जान कार आपको कुछ बुरा लगे। लगना भी चाहिए, मगर वक़्त आने पर ठीक हो जायेगा। किसी को उधार देना है। उसने कहाँ, "दस हज़ार रुपये दो" आपके पास पाँच हज़ार रुपये हैं। आपने हाँ कर दी और पाँच हज़ार रुपये के लिए परेशान हैं। किसी के लड़की की शादी हो आपने कहाँ हम कर देंगे" यही खरीदी हुई पेरशानी है।

चौथी समस्या सहयोग की है। जितना हो सके। सहयोग करें और हमदर्दी निभायें आप अपनी स्थिति–परिस्थिति के अनुसार काम करें। ऐसे मौके पर भगवान भी मदद करते हैं। जैसे परिवार का कोई सदस्य असाध्य रोग से पीड़ित हो या स्थायी विकलांग हो यह समस्या ऊपर वाले पर डाल दे और कह दे एक अराध्य देव यह समस्या तूने दी है। तू ही मुक्ति दिलाओ।

यही जीवन की वास्तविकता है। यही सत्य है। यही 'सावधान' रखना है। परेशान होने से या दुखित होने से समस्या हल नहीं होगी समय के साथ अपने आप ही हल हो जायेगी। आपको इन्तज़ार करना पड़ सकता है।

इस काल की कहे या इस उम्र की कहे सबसे अहम बात है कि अपने उम्र के लोगों को गृहस्थ जीवन कह ले या अपने जीवन का आधार कह ले सबका सहारा कह ले या सबका साथी कह ले जो चाहे जिस नाम से पुकारे यह ऐसा वृक्ष बन चुका है। जब समय आयेगा तक कई लोगों को छाया मिलेगी कई लोग पेड के इस वृक्ष पर चढकर या बैठकर अपना जीवन यापन करेंगे।

आय का कितना साधन है। कोई राजकीय पद पाता है, कोई व्यापार करता है। शिक्षा जगत में प्रवेश करता है। कहीं कम्पनी का मालिक बनता है। कार्य स्रोत धन स्रोत सहारा स्रोत कहाँ जायेगा। हाँ, यह अवश्य कहना चाहूँगा कि भविष्य के चक्कर में वर्तमान न ख़राब करें और वर्तमान ख़राब करके भविष्य न बनायें। इस बात की सावधानी या ध्यान रखना चाहिए।

अपनी आय को अंको में निर्धारित करें

जब कोई नौकरी या व्यवसाय करते हैं, तो अपने काम की तुलना दूसरे से करता है। अब यहाँ काम को अंकों में प्रदर्शित किया जा रहा है। जब कोई व्यवसाय शुरू करते है। समय सबसे एवं ख़राब कह कर दुखी होते हैं तो जीवन को कुल 100 अंकों में बाँटते हैं। प्रत्येक प्रश्न का अंक उसके सामने अंकित किया गया है। देखें आप कितना अंक जीवन में पाते हैं।

यह सत्य है कि जीवन में पास होने के लिए 33 प्रतिशत अंक ज़रूरी होता है। 45 प्रतिशत अंक पाने वाला सामान्य जीवन जीता है। 60 प्रतिशत अंक पाने वाला अच्छा जीवन जीता है और 60 प्रतिशत से ऊपर अंक पाने वाला बहुत अच्छा जीवन जीता है। किसी को जीवन में कभी 100 प्रतिशत अंक नहीं मिलता ऐसा माना जाता है। अपवाद को छोड़कर यह अंक कॉलेज या विद्यालय की तरह मान कर दिया गया

1.	वेतन भत्ता	10 अंक
2.	सुख सुविधा	10 अंक
3.	अधिकारिता	10 अंक
4.	व्यक्तिगत ज़िम्मेदारी	10 अंक
5.	सामाजिक महत्त्व का पद	10 अंक
6.	जान जोख़िम	10 अंक
7.	सामाजिक रिश्ते निभाना	10 अंक
8.	स्वतन्त्रता एवं स्वेच्छाचारिता	10 अंक
9.	अधिक तनाव, आकस्मिक तनाव	10 अंक
10.	राजकीय या प्राइवेट काम का समय निर्धारण	10 अंक

अपने आपको तौल लें कितने अंक प्राप्त करते हैं। यह सत्य है कि कोई भी व्यक्ति या गृहस्थ 100 का 100 अंक तो नहीं पा सकता मगर यदि पचास अंक से ज़्यादा पाता है। तो उसका जीवन ठीक एवं सामान्य तरह से चलता है। जिसके पास आय के स्रोत है। जीवन तो उसका सबसे अच्छा चलता है, फिर एक दूसरे की कोसने या कहने वालों की बातें समाप्त तो नहीं होगी, मगर कम ज़रूर हो जायेगी। आपको अपने पाये अंकों के आधार पर सन्तुष्ट हो जाना चाहिए।

गृहस्थ जीवन वाले दाता बनें विधाता नहीं

मानव जीवन है। गृहस्थ जीवन है। तो आप इनसान है। मानव है। जब आपके रिश्ते हैं। जीवन में उतार चढ़ाव परेशानी दुख कमी अभाव अवश्य हो जायेगा। आप जीवन में किसी के प्रति करुणा दया हमदर्दी करना आपका काम है। ज्वेलसी भी कर सकते है। ईर्ष्या भी कर सकते हैं, दोस्त भी बन सकते है। तो दुश्मन भी बन सकते हैं। जीवन हैं। तो गुण माननीय हो ही जाता है। यदि किसी को किसी प्रकार की पीड़ा हुई अभाव महसूस हुआ

परेशानी हुई दुख हुआ तो आप उसकी सहायता करेंगे यदि आपको कोई समस्या होती है, तो सहायता की उम्मीद अपने मित्रों से ज़रूर करेंगे।

अमुख की मदद कोई नहीं करता है तो देखते हैं कैसे उसका काम होता है। आप अपने आपको विधाता बनाने की कोशिश करते हैं। जो कभी भी आपको न तो शोभा देता है, न ही आप ऐसा कर सकते हैं। अमुक का काम रोक सकते हैं उसकी मदद करने से जो सम्मान आपको मिलने वाला है। वह सम्मान किसी और के हिस्से में गया जब आपको सम्मान मिलता तो शायद आप उसके जीवन में एक स्थान बना लेते।

यहाँ एक उदाहरण पेश है। एक जगह आग लग गयी। लोग आग बुझाने लगे। उसी बुझाने वालों में एक गौरया चिरई भी शामिल थी वह अपनी चोच में पानी लेकर आग में डाल रही थी। लोगों ने गौरया पर हँसा और कहाँ कि हे गौरया तुम्हारी चोंच में कितना पानी आता है कि तुम आग को बुझा दोगी, तो मेरा भी नाम उसमें शामिल होगा तो गौरया का नाम आग लगाने वालों में नहीं आग बुझाने वालों में लिखा जायेगा। इसीलिए कहाँ है कि आप दाता बने विधाता नहीं यही सावधानी जीवन में अपनाएँ किसी की समस्या आने पर उसकी मदद करें। रात्रि जितनी चाहे गहरी हो मगर सुबह होनी है। हर समस्या का हल है। आज नहीं तो कल है। जिस प्रकार आप हवा को रोक नहीं सकते रोशनी को रोक नहीं सकते, पृथ्वी की गति को रोक नहीं सकते मात्र कुछ समय के लिए अपने बचाव के रूप में दिशा बदल सकते हो या रास्ता बदल सकते हैं। आप अपने जीवन में जो कर सकते हो वही करो आप दूसरे का काम नहीं कर सकते तो क्यों अपना हँसी उड़वाते हैं। आप समय को पास नहीं कर सकते। समय आपको पास करते करते बचपन से जवानी और जवानी से बूढ़ा बना देगा। आप बस समय को पास करने का बहाना बनाते रहते हैं।

यह सच है कि रिश्ता होता है, मगर रिश्ता होने से रिश्ता नहीं होता उसको समय–समय पर निभाना पड़ता है। यह सही है। रिश्ता निभाने में समय धन और परेशानी को सहना पड़ता है। यही सावधानी बरतनी है। अब आपकी मर्ज़ी ध्यान रखें जिस तरह मानव की सुन्दरता का आकलन प्रदर्शन तो आईना करता है। उसी प्रकार मानव जीवन का मूल्य भी दूसरे लोगों द्वारा नियत की जाती है।

ज़िम्मेदारी काल 50 के बाद 55 साल तक

अब आपके वैवाहिक जीवन पच्चास वर्ष होने को हैं। आपकी ज़िम्मेदारी अब और बढ़ हो गयी। आपके जीवन में निम्न लिखित ज़िम्मेदारी हो गयी क्या आपने घर बना लिये क्या आपने अपने लड़कों की शिक्षा पूरी कर दी या करने वाले हैं? क्या आप अपनी बेटी की शादी या बेटे की शादी करने वाले है? या कर लिया है? क्या आपने अपने जीवन में साठ साल तक की योजना बना ली है?

अब आपको साठ साल होने में मात्र दस साल रह गया है। आप अपने सेवा आय के स्रोत से विमुख होने वाले हैं। इस काल में जीवन का काफ़ी सफ़र ख़त्म हो गया अपने आप जीवन का नरम एवं गरम जीवन जी लिया आपको अपने पेशे में परिवार में समाज में जो अनुभव प्राप्त हुआ वह किताबों में नहीं मिल सकता। आपके इस लम्बे सफ़र में आपका लड़का करीब पन्द्रह वर्ष का हो चुका होगा। अब तो शादी देर से होने लगी जिसके कारण लड़का या लड़की अपने पिता की उम्र के 55 साल बाद ही सयाने हो पाते हैं। जिसके कारण नौकरी में कोई–न–कोई ज़िम्मेदारी रह ही जाती है। चाहे शिक्षा की हो या शादी हो किसी न किसी काम में कमी रहती है। लड़का या लड़की की उम्र अब बालपन से युवा अवस्था की ओर आ गयी होगी या आने वाली होगी अब आपकी बात आपका व्यवहार आपकी नसीहतें बालकों को ख़राब लगने लगा होगा। आप अपने जीवन ने तो सजगता से अपनी सेवा की चतुराई से अपने आय से अपने विवेक से मगर कुछ लोग इस ओर ध्यान नहीं देते जिनके लिए यह बुक के रूप में प्रस्तुत की गयी है कि आपको अब इस उम्र के बाद क्या करना शेष है। अगर है। तो क्या करना चाहिए आप करें या न करें यह आपकी मर्ज़ी है।

पच्चास से साठ साल के बीच ये काम!

आपकी उम्र पच्चास साल से ऊपर हो गयी या पचपन हो गयी हैं। आपके भाइयों कि अलग–अलग ज़िम्मेदारी शुरू हो गयी होगी। आपको अपने परिवार के लिए अपने पत्नी बच्चों के लिए सोचना होगा। अपने बच्चे की शिक्षा, अपने स्वास्थ एवं जीवन के विषय में सोचना होगा। आप जिस माता–पिता के साथ रहते हैं। आपके और भाई होंगे माता–पिता की देख भाल करनी होगी। जीवन में सहयोग करें क्योंकि जब आपकी उम्र पच्चास साल हो गयी तो निश्चित है। आपके माता–पिता की उम्र करीब सत्तर साल

से ऊपर होगी तो आपने माता–पिता की ख़ुशियों को देखें माता–पिता की सेवा करें। यही रीति कहती है। आपके माता–पिता जीवित हैं। यह भाग्य की बात है। कदाचित संयोग की बात है। आपको अपने लिए अपने बच्चों के लिए मकान बनाना आवश्यक है। यदि आप मकान बना चुके हैं या ज़मीन निर्धारित कर ली है, तो बहुत अच्छी बात है। आपको यह सोचना है। जब आपके पिता ने अपने लिए मकान बनाया है। तो आपके पिता के मकान में आपके अलावा आपके भाई भी होंगे आपके लड़के आपके भाई के लड़के होंगे आप कोशिश करोगे सीमित जीवन जीना पड़े। इसलिए अपने लिए मकान बनायेंगे मकान जो बना है। वह पर्याप्त है। मगर अलग–अलग–थलग हो आपका मकान अलग हो आपकी सम्पत्ति अलग हो ध्यान रखें आपका विचार या विरोधाभास जीवन न हो।

बच्चों की शिक्षा

जीवन का दूसरा काम बच्चों की परवरिश या शिक्षा होनी चाहिए। वैसे बच्चों की शिक्षा पर प्रारम्भ से ध्यान दें, तो बेहतर होगा। आपका बालक आपकी बालिका किसी नौकरी या व्यापार की ओर अग्रसर हो गये होंगे या होने वाले होंगे जब आपकी सहयोग या मार्गदर्शक की ज़रूरत होती है। उसे सहयोग दे आपका लड़का या लड़की उच्च शिक्षा की ओर होंगे। जैसी उसकी योग्यता या क्षमता हो वैसी राह चले। प्रतियोगिता के लिए या प्रतियोगी छात्र के लिए दिशा निर्देश दिया जा चुका है। मगर आप प्रतियोगी के बाद ख़ुद एक पिता एवं अभिभावक संरक्षक बन चुके हैं।

जीवन में ज़्यादा पैसे बीमारी पर ख़र्च होते हैं। यदि सावधानी बरतें तो आपका काफ़ी धन बच सकता है। साथ ही आपका जीवन भी रोगमुक्त रहेगा। आप कोई नशा करते हैं तो क्यों करते हैं क्या ज़रूरी है। क्या इससे धन ख़र्च नहीं होता इससे बीमारी आती हैं। आपको आकलन करना होगा विचार करना होगा। यदि सावधानी बरत लें आप अपने जीवन में बीमारी से बच सकते हैं। क्योंकि आपको जहाँ परिवार के प्रति ज़िम्मेदारी बनती है। वही माता–पिता के प्रति उत्तरदायित्व बनता है तथा भाई बन्धु के प्रति सहयोग है। वही मित्र या अपनों के लिए हमदर्दी बनती है।

आपका आश्रय दाता या आपका लड़का अपने पैरों पर खड़ा होता है। या आपकी लड़की की शादी का समय आ गया है। तो आपको ध्यान रखना है। उसके लिए आर्थिक व्यवस्था करना है।

अध्याय-आठ

गृहस्थ जीवन के उत्तरदायित्व, ज़िम्मेदारी एवं हमदर्दी

युवा भ्रम पालते हैं

कभी–कभी युवा युवक या युवती यह भ्रम पाल लेते हैं कि क्यों शादी के बन्धन में बन्धे क्यों विवाह करें अकेले मौज मस्ती करें। परिणाम क्या होगा यह तो नहीं जानता मगर यही सोच आपके पिता की या माता की रहती तो शायद जन जीवन वही ठहर जाता मगर शरीर में जब कमज़ोरी होने लगती है या जब यह महसूस होने लगता है कि कोई अपना होता तो कुछ पल सहयोग करता, तब आपको शादी न करने का पछतावा होगा। आपके युवापन में अकेले रहने की उम्र निकल गयी मगर आपको अब सोचने से क्या फ़ायदा ध्यान रखें शादी करने से कई रिश्ते अपने आप बढ़ जाते हैं। जैसे माँ होना या पिता होना साली सरहज होना सास ससुर होना या पत्नी के रिश्तों को अपने में समाहित करना होता है। इससे रिश्तों की संख्या बहुत हो जाती है। आपने सावधानी नहीं बरती और अपना जीवन अपनी ख़ुशियाँ अपना सुख अनजाने में किसी ऐसे आदमी को बेचा हो न तो आपको वापस देगा और नहीं उसके बदलें कुछ मिला। अभी तो ठीक रहा या नहीं रहा मगर आपकी बढ़ती उम्र में आगे और समस्या आ जायेगी। पच्चास साल के बाद असहाय या मजबूर हो कर जीवन जीना पड़ेगा। मगर सावधानी का अवसर नहीं रहेगा।

यह जीवन आपके सफ़र का महत्त्वपूर्ण व बीच का समय है तथा आने वाला कल इसी समय पर निर्भर रहता है। आप अपने जीवन में कभी उधार लिए हो तो अब चुकता करने का समय आ गया। बेटे–बेटी की शादी का

समय आ सकता है। शादी की उम्र न हुई हो मगर शिक्षा की उम्र पूरी हो गयी है। आपने यदि अपना घर नहीं बनायें तो घर बनाने का समय आ गया या यह कहे कि अब आपका उपरोक्त समय राजकीय काल या प्राइवेट काल का है। मगर जहाँ तक शादी का मामला है या शिक्षा का मामला है। जब लड़का की शादी 35 वर्ष में हुई है। तो फिर शिक्षा बाकी रहने की सम्भावना कम होगी या जॉब में आने की सम्भावना हो चुकी होगी अब वैसे आप अपने लिए आवास बना लिया होगा तथा अपने जीवन के लिए बैंक बैलेंस बना लिए होंगे। अब आपको शेष अन्तिम कड़ी का हिसाब करना होगा यह सच है कि आप साठ साल के होंगे तो सरकारी सेवा से बाहर होंगे। आपने सेवा काल में ज़िम्मेदारी निभाने में कितना शेष रह गये आपका सेवा काल का अन्तिम समय है। बचे ज़िम्मेदारी को पूरा करने की सोचे या तरीक़ा अपनायें कभी–कभी अप्रत्याशित स्थिति में 55 साल में नौकरी से बाहर कर दिया जाता है। यह भी सोचना पड़ता है।

कुछ लोग कहते हैं कि क्या करें सब में अर्थ ख़र्च होता है। अब उम्र नहीं रह गयी काम करने की तो क्या कराने की आपकी काम उम्र तो है। पहले सोचेंगे तब न काम निकलेगा अब आप सोचेंगे ही नहीं तो काम कहाँ से निकल पायेगा इसलिए जीवन के अन्तिम काल के विषय में अवश्य सोचना एवं काम करना चाहिए ताकि जीवन में शरीर का चलने बना रहे आप अपने को असमय या कमज़ोर एवं अस्तित्वहीन न समझें। सोच बनाने के बाद उद्देश्य बनाने के बाद उसका पालन करेंगे तभी कार्य पूर्ण होगा? अन्यथा ख़ानाबदोश की तरह इधर–उधर धूमेंगे कौन पूछता है?

जीवन में आप अपने कार्य के विषय में सोच बनायें उद्देश्य बनायें तभी तो आप उस कार्य को कर पायेंगे। कोई काम सोच बनाते ही तो पूर्ण नहीं होगा सोच बनायें कि इतने उम्र से इतने उम्र तक अपने लिए एक प्लॉट ख़रीद लेगे सोच बनायें कि अब इसमें मकान बना लेंगे फिर सोच बनायें कि इस कार्य को पूण कैसे करें फिर देखें कि समय से काम पूरा होता है कि नहीं आपका 10 प्रतिशत, 20 प्रतिशत, 40 प्रतिशत या 100 प्रतिशत काम पूरा होगा। बस समय से कुछ आगे जाकर लड़का या लड़की की शिक्षा हेतु सुविधा उपलब्ध करायें क्योंकि पढ़ना तो लड़के को है। आप केवल समय से आप सुविधा ही दे सकते हैं। उसी प्रकार लड़की की शादी करने की सोच बनायें। रिश्ता टूटे समय से काम करें, तो कुछ समय बाद तक आपका काम

पूरा होगा आपको आय के स्रोत की जानकारी करनी होगी आय की व्यस्था करनी होगी, समय से काम हो जायेगा।

लड़का की शादी या लड़की की शादी के लिए कई प्रकार का भाव पनपता है। जब लड़का की शादी करते हैं। तो लड़की कैसी हो लम्बी हो बड़ी हो गोरी हो सुन्दर हो तो आप ढूँढ़ते हैं। मगर जब लड़की की शादी करने जाते हैं। तो अपने लड़की के ऐब छिपाते हैं। दोभाव बना कर के काम करते है। ख़ैर जो भी करते हैं, करें मगर समय से सोच बना कर पूरा करें यही सावधानी बरतनी है। आप तो जानते हैं कि आपका काम होगा एक आसानी से एक परेशानी से सफ़र है। तो पूरा होगा सावधानी बरतेंगे तो अच्छे ढंग से काम पूरा होगा अन्यथा काम तो पूरा होगा थोड़ा परेशानी से होगा, इसलिए सावधानी बरतने की बात कही गयी है।

आप अच्छी तरह जानते है। खुशियाँ हमेशा परिवार में ही मिलती है। जब कमिया जिससे छिपाते हैं। क्या उन्हें नहीं पता चलेगा या जिससे जब पता चलेगा तो आपकी श्रेणी धोखेबाज़ में गिनी जायेगी जो कभी न मिलने वाले लोग हैं। उनसे छिपाते हैं। तो अच्छी बात है। मगर अपना से छिपाने से क्या फ़ायदा है। आप अच्छी तरह जानते हैं कि धोखा पर अविश्वास पर अपना पन शुरू तो कर दिया ताकि दिन प्रतिदिन आपको हमदर्दी मिलती रहे सहयोग प्राप्त होता रहे, मगर यह अपने पन की नींव बहुत कमज़ोर होगी। आप अपने रिश्ते में कभी भी बनावटी या अविश्वास की भावना से रिश्तों को न जोड़े हो सकता है। यह आपके लिए आधार ही न हो मगर देर सबेर आपके रिश्ते मज़बूत हो जायेंगे। सावधानी रखनी है। एहतियात बरतनी है कि आपका रिश्ता बना रहे इसके लिए त्याग और समर्पण और अपना पन का होना एवं विश्वास का रिश्ता होना चाहिए हो सकता है कि आपका यह भाव अच्छा न लगे मगर आप समय काल में पाओगे कि यही सबसे बेहतर था अपनो के बीच खुले पन्ने की किताब जैसे प्रस्तुत होना है।

अक्सर यह सोच बनी हुई है कि आप अपने को किस समाज से किस जाति से आते हैं। अपने को दंबग या मज़बूत सोचते हैं। और सामने वाले को कमज़ोर या असहाय सोचते हैं। मगर यह सोच गाँव में रखना शहर में यह सोच आपकी नहीं चलेगी गाँव में एक समूह होता है। आर्थिक अभाव होता है तथा पूरा जीवन उसी संस्कार में व्यतीत होता है। मगर शहर में ज़मीन वर्ग गज या मीटर की क़ीमत देकर ज़मीन ख़रीदते हैं। तो हज़ारों रुपया देते हैं। तब पास पड़ोस वाला न मदद करता है। न जानता है।

जब बस जाते हैं। अगर आप अपनी मानसिकता पूरानी लेकर चलेंगे गाँव वाली लेकर चलेंगे तो शायद आपको समय के साथ अपमान भी झेलना पड़ सकता है।

जैसे एक सवर्ण जाति के लोग अपने सामने बोरिंग कराये और ग़न्दगी छोड़ दी जिससे पड़ोस वाले को परेशानी होने लगी गँवई सोच के तहत आप अपने को मज़बूत ताक़त वर समझते रहे और पास वाला पड़ोस वाला आपको दो शब्द सुना दिया आपकी सोच तब किसी पर भारी होती है या लागू होती जब आप अपने पास वाले को या तो मदद किया हो या कुछ दिया हो तो आपके अवगुणा को या तो सहेगा या आपके कार्य को नज़रअन्दाज करेगा अन्यथा आपको अस्वीकार करेगा सोच बदले और जीवन को आगे बढ़ाये गाँव में सोच चल भी जाती है। मगर शहर में सोच नहीं चलेगी यही सावधानी बरते।

सोच होती है या सोच बदलना नहीं चाहते

अक्सर यह देखा जाता है कि जब मानव या गृहस्थ जीवन में पचपन साल के आसपास पहुँचता है। तब उसके रिश्तों में एक उतार चढाव आता है। बेटा जवान हो गया शादी हो गयी तथा बेटा के भी बेटा हो गया कुछ शायद पढ़ भी रहे होंगे, बेटी जवान हो गयी और कुछ की शादी हो गयी तो इनसान मानव व्यक्ति गृहस्थ आश्रम वाला कोई तराजू तो लेकर नहीं बैठा है कि पुत्रों को एक बराबर विचार रखें और कइ पुत्रियों को एक भाव विचार न रखें ऐसा सम्भव भी नहीं है। जब एक हाथ की पाँच अँगुलियाँ एक बराबर नहीं हो सकती तो फिर अपने पुत्रों एवं पुत्रियों के साथ गृहस्थ जीवन का एक भाव कैसे हो सकता है।

जैसे एक खेत में एक ही व्यक्ति फ़सल बोने वाला है। एक प्रकार का बीच प्रदर्शित होता है। एक बराबर पानी दिया जाता है। एक बराबर खाद होता है। तो फिर विभिन्न प्रकार के फ़सलों की उत्पत्ति कैसे हो ग़यी छोटी बड़ी कैसे हो गयी। आलू छोटा बड़ा कैसे हो गया गन्ना–अच्छा ख़राब छोटा बड़ा कैसे हो गया जब उपरोक्त फ़सलों में अन्तर आ सकता है। तो फिर पुत्रों एवं पुत्रियों में अन्तर क्यों नहीं फिर पिता के भावों में अन्तर क्यों नहीं एक लड़का पढ़ लिख कर कमाने लगा तो उसकी आर्थिक स्थिति अच्छी हो गयी एक लड़का पढ़ा तो मगर आर्थिक स्थिति के पास नहीं जा सका तो पिता तो सोचेगा।

ख़ैर, हम यहाँ पर सोच की बात करते हैं। जब लड़की अपने पति के घर से जाती है। साथ में अपने पति को अपने मायके में अपने साथ में लाती है। तो माँ ख़ुश होकर लोगों के सामने बखान करती है। मगर जब लड़का अपने पत्नी के साथ अपनी ससुराल जाता है। तब का भाव देखें माताएँ अपने बेटे के प्रति टिप्पणी करती हैं।

जब बहु किसी कारण से अच्छा खाना नहीं बनाया या सुबह देर से जगी। जब उसकी लड़की जब कोई काम नहीं कर पाती चाहे रोटी बनाना न सीख पाये। चाहे देर से उठे तब देखें माँ कहती है। बेटी क्या हो गया आज बहुत देर से उठी जल्दी उठा करो यही नहीं जब बेटा पैसा कमाता है। तो अपनी पत्नी को बुरे काल के लिए देता है। तो सास, देवर व ननद बड़ी बुरी बाते सोचती है। अच्छा तो अब कमा कर अपनी पत्नी को देने लगा क्या सासू माँ बनी यह नहीं सोचती की यही बात अगर उनके साथ किया गया होता तो कैसा लगा होता जब वह बहू बनकर आयी तो क्यों नहीं कही कि जब तक सासू माँ है। परिवार है। तब तक पैसा माँ के हाथ में देवे मगर अपना अस्तित्व ख़तरे में पड़ता है।

अब जब शादी की बात करने जाते हैं। तो लड़की के लिए नौकरी या बढ़िया कमाने वाला दमाद होना चाहिए। मगर जब अपने लड़के के लिए जब तक वह कमाता नहीं तब तक कोई लड़की वाला नहीं आता।

ध्यान रखना भूख सबसे प्यारी है। अर्थ सबसे प्यारा है। क्योंकि जीवन है। तो चलाने के लिए अर्थ की ज़रूरत पड़ेगी ही। अर्थ के अभाव में जीवन दुखमय ही नहीं होता बल्कि जीवन शून्य सा लगता है। आप अपनी सोच क्या रखते है। यह आप जाने मगर आपको अपनी सोच को समय के अनुसार परिस्थिति अनुसार बदनी चाहिए। जीवन का साथ निभाने के लिए कहीं–न–कहीं सोच में परिवर्तन नहीं लाना चाहते है या परिवर्तन नहीं हो पा रहा है।

अर्थशास्त्र की जानकारी

अर्थ शास्त्र अर्थ की जानकारी कराता है। जो आवश्यकता एवं मानव जीवन के लिए अति आवश्यक है। जीवन का सफ़र अच्छा चलने के लिए या ख़राब ढंग या मजबूरी से चले यह अर्थ शास्त्र बताता है। धन की व्याख्या करता है। मानव जीवन में धन से 95 प्रतिशत काम होता है। 5 प्रतिशत में शेष सभी काम होते हैं। प्यार मोहब्बत कर्तव्य अपेक्षा

लालन–पालन आदि आता है। धन की आवश्यकता पूरी करने के लिए आय का स्रोत बताया जाता है एवं व्यय के स्रोत क्या है। आय के स्रोत में नौकरी व्यापार खेती मज़दूरी अवैध तरीक़े से डकैती लूट–चोरी भ्रष्टाचार व वैध में पुरस्कार कला वेचना खेल खेलना आदि आदि आता है। कभी लेखक कवि अपनी कविता लिखकर या सुनाकर धन पाता है। लेखक को रायल्टी मिलती है। पैसा ख़र्च करने का तरीक़ा यह है कि जब इनसान जागता है। जब तक सोता नहीं पैसा ही ख़र्च करता है। एक हाथ से दो दूसरे हाथ में लो यानी कई हाथ से जन्म से लेकर मृत्यु तक पैसा ख़र्च करता है। आप पैसा की उपयोगिता एवं आवश्यकता में देखेंगे कि पैसा रोटी कपड़ा मकान पर ख़र्च करते हैं। मगर मुख्य रूप शादी चिकित्सा और शिक्षा पर ज़ोर देता है। साथ ही आवश्यक सुविधा का समान साधन पैसा आने का श्रोतधन से मिलने वाला ब्याज लाभ हानि भी उसी में आता है। पैसा जाने का तरीक़ा तो आपजान गये है। पैसा को किन नाम से पुकारेंगे कोई धन कोई मुद्दा कोई हाथ कि मैल कोई कमज़ोर कोई ग़रीब कोई असहाय कोई विवश, जहाँ जिसकी आवश्यकता समझी, वही नाम ले लिया। पैसे जाने का तरीक़ा थोक भाव से घाटा बीमारी तथा विलासिता का सामान यह तो जानने का तरीक़ा है। अन्य तारीकों से ख़र्च या भुगतान होता है। पता है, लेखक को रायल्टी मिलती है। पैसे ख़र्च करने का तरीक़ा है।

हर मानव को अपना कर्तव्य अपना अधिकार अपना स्नेह अपना अपनत्व अपने बच्चों पर करना चाहिए परन्तु पैसा आने का सही तरीक़ा तथा पैसा कहाँ से कैसे और कितनी मेहनत से पैसा आता है और आने के बाद कहाँ और कैसे जाता है। इसका अहसास हर गार्ज़ियन का अपने बच्चा को याद कराने का नैतिक कर्तव्य होगा अपने बच्चों को आहट या अहसास कराते रहें। ध्यान रहे यह अहसास उम्र के साथ कराये जब बच्चा की उम्र करीब 18 वर्ष से ऊपर हो जाये तब जानकारी कराये कहाँ से पैसा आता है। कितनी मेहनत से आता है। किस लिए पैसे की आवश्यकता है। जैसे रुपये की ज़रूरत आप महसूस करते हैं। तो जब अपने बच्चे को पैसा दे मगर उसका हिसाब ले ऐसा नहीं करेंगे तो पैसा की कमी आपको अहसास तो होगा मगर बाद में बच्चों को अहसास करायेंगे तो गार्ज़ियन के रूप में जब बच्चे होंगे और उनको परेशानी होगी तब मालूम होगा आप चिकित्सा पर शिक्षा पर पैसा ख़र्च करते है शिक्षा पर भविष्य निर्भर होगा। स्वास्थ ठीक रहेगा भविष्य सही रहेगा तो पैसा आ जायेगा यदि स्वास्थ

ख़राब हो गया तो पैसे भी जायेंगे और तनाव और होगा। कभी चिकित्सा पर कभी शिक्षा पर पैसा ख़र्च करने में न सोचेंगे न देरी करेंगे।

उसकी परेशानी के वक़्त खड़ा रहें, मगर परेशानी दूर करने की साच पन्द्रह वर्ष बाद बनती है। इसके पहले अहसास होता तो है। मगर सोच नहीं बनती है।

ध्यान रखें कि अग्नि का अहसास करेंगे मगर जलने से बचायें क्योंकि जलने पर धाव होने पर जीवन भर धाव हो जाता है। बच्चे को बरसात का अहसास करायें मगर भीगने से बचायें धन महसूस कराये मगर क्षति होने से बचायें रिश्तों का अहसास करायें। मगर अकला पन का अहसास न होने दे हर माता–पिता या पति या पत्नी की ड्यूटी बनती है या नैतिक कर्तव्य है कि बच्चों की उसकी उम्र ही परिस्थिति का अहसास करायें, ताकि वक़्त से परेशानी दूर करने की सोच बनाने का प्रयास कर सके।

पैसे रह कर भी जीवन ढंग से चल नहीं सकत। हाँ, पैसे का महत्त्व बच्चों को अहसास कराने का कार्य है। पैसे का ग़लत प्रयोग न करें। आवश्यकता से प्रयोग करें। उपयोगिता के लिए प्रयोग करें। ध्यान रहे बच्चों को अहसास हो कि उनका कोई काम रुकेगा नहीं, मगर दुरुपयोग करने के लिए पैसे नहीं हैं, बल्कि उपयोग करने के लिए पैसे की कमी नहीं है। यह हर अभिभावक को अपने बच्चों को अहसास करना चाहिए। गार्ज़ियन को एक बात और अहसास करानी चाहिए कि पैसे हमेशा सही समय पर, सही ढंग से, सही लोगों पर ख़र्च करें। जैसे कोई सड़क पर लेटा है, तो देखकर लोग चले जायेंगे। चाहे वह शराबी क्यों न हो। कोई शराबी कहेगा, तो कोई मरा हुआ कहेगा, मगर वही ज़मीन पर लेटा व्यक्ति उठने का प्रयास करेगा या उठने के लिए हाथ पैर मारेगा तो स्पष्ट है कि उसे लोग ज़िन्दा समझ कर उसकी मदद करने के लिए आगे बढ़ेंगे। उसी तरह पैसे की आवश्यकता है। आपके पास पैसा नहीं है। तो पैसे देने वाले को अहसास हो होयेगा कि उसके पास पैसे नहीं हैं। और पैसे पा जाने पर सही ढंग से ख़र्च करेगा। उस आवश्यकता वाले व्यक्ति का सहयोग कर देंगे।

आज यहाँ पर अन्य ख़र्चों के साथ छोटी सी सुविधा के लिए निवेश करता है, जो कमाये, जो भी बचायें, मगर उसी, संयम से कुछ हर माह घर के उपयोग के अलावा आवश्यक समान ख़रीदे। आवश्यकता हो या न हो, जो एक प्रतिशत, दो प्रतिशत, तीन प्रतिशत, पाँच प्रतिशत प्रति माह जैसी अभिभावक को अपने बच्चों को अहसास कराना चाहिए। गार्ज़ियन को एक

बात और अहसास कराना चाहिए कि पैसे हमेशा सही समय पर सही ढंग से सही लोगों पर ख़र्च करें।

आप यहाँ पर अन्य ख़र्चों के साथ अपनी सुविधा के लिए निवेश करते हैं। जो कमायें जो भी बचायें, मगर उसी सयम से कुछ हर माह आवश्यक समान ख़रीयें आवश्यकता हो या न हो जो एक प्रतिशत, दो प्रतिशत, तीन प्रतिशत, पाँच प्रतिशत, प्रति माह जैसी आर्थिक स्थति एवं उपलब्धता हो आप उसे जमा करते जायें। हो सकता है, आपको प्रथम माह छोटी रकम हल्की रक़म लगेगी बाद में यही एक वर्ष में भारी मात्रा में रक़म, जमा हो जायेगी इस रक़म से धरेलू समान तो ख़रीद ही लेंगे यह काम आपकी आय के आने तक चलता रहेगा। आगे चल कर आपके पास पर्याप्त सामान हो जायेगा, हो सकता है कि दस साल, बीस साल, तीस साल ऐसे ही गुज़र गये आप देखेंगे कि इन सालों में इतनी उपलब्धता हो जायेगी कि आपकी गणना पैसे वालों में होने लगेगी और आपको नहीं सोचना पड़ेगा कि पैसे कहाँ से, किससे माँगें उपयोगी सामान ख़रीदने के लिए काफ़ी होगा।

आपको स्पष्ट कर दूँ। यदि आप बातों पर ध्यान देंगे तो आप स्वयं जान जायेंगे, कहाँ, कितना, कब, कैसे काम करना चाहिए। आप कम्प्यूटर नहीं है कि डॉक्टर कहे शराब न पियें तो नहीं पियेंगे। आप सिगरेट नहीं पीयें तो नहीं पियेंगे। कोई कहता है कि देश में लाक डाउन लगा तो आप घर से अनावश्यक न निकलें या संक्रामक रोग से बचें कि कोई कहता है। उसकी बात मानते हैं। क्या आपके पास इतना विवेक नहीं है। कहाँ पर क्या काम करना चाहिए, आप अपनी सन्तान एवं अपनों को बतायें।

जाड़े की बात तो नहीं कहता, मगर गर्मी में कूलर ऐसी चलते रहते है। आप अच्छी तरह जानते हैं कि विद्युत उपकरण बिजली से चलते हैं। जब आप माह के अन्त में विद्युत बिल जमा करने जाते हैं। तो बड़े दुखित होकर कहते हैं। इतना बिल कैसे आ गया? क्या आपने कभी सोचा कि सुबह चार बजे थे। साढ़े चार बजे, पाँच बजे आपका कुलर या एसी चल रहा था। क्या उस समय एसी, कूलर चलाने की जरूरत थी? उस समय मौसम ठण्डा होता है। उस समय एसी, कूलर बन्दकर देना चाहिए। यदि प्रतिदिन आपका एक घण्टा कूलर या ऐसी, कूलर बन्द रहेगा तो आपकी हज़ारों रुपये की बचत हो जायेगी।

उसी प्रकार गैस है। आवश्यकता है। तो ख़र्च करें अन्यथा बन्द कर दे। अब आँकड़े पर जायेंगे तो परेशान हो जायेंगी, जो आपकी सेहत पर तनाव डालेगी। परेशान हो जायेंगे। आप इनसान है। अपने विवेक का प्रयोग करें। किसी के कहने पर ही आप काम करेंगे। हाँ, इतना ज़रूर कहाँ जायेगा कि चाहे विद्युत हो, चाहे गैस हो यह पूरे जीवन का उपयोगी रहेगा सावधानी बरतेंगे तो पूरे जीवन तक बचत करेगी। इसको बचत भी नहीं कहाँ जायेगा। अनावश्यक ख़र्च को रोकना या ध्यान देना है। आगे आपकी मर्ज़ी जैसे चाहे जियें। परिणाम तो आपको ही मिलना है। हाँ, यह आवश्यक है कि परिणाम अपने जीवन में ही अहसास कराता है। उसका समय चाहे जैसा हो।

जिस प्रकार एक वृक्ष लगाने के बाद तरह तरह सुरक्षा देनी पड़ती है। उसी शिशु को भी सुरक्षा देनी पड़ती है। मानव पहले शिशु फिर बालक, युवा, प्रौढ़ एवं वृद्ध बनता है। शिशु के समय उसकी सुरक्षा।

बच्चों को घर से बाहर अच्छा लगता है, क्योंकि घर में नसीहत की बातें होती है। आपके भविष्य की बातें होती हैं। मगर घर से बाहर न आपकी भविष्य के बातें होती हैं। न आपकी सेहत की बातें होती हैं, बल्कि जो आप चाहते हैं, वही बातें होती है किसी बाहर वाले से यह कह दो कि किताब या फ़ीस के लिए कुछ पैसे उधार ही सही दे दे तो आपसे शायद बोलना ही बन्द कर देगा। केवल आपको भटकाने की बात करता है, जो आपको अच्छा लगता है, मगर जब आपके ख़राब होने का समय आता है, तब तक देर हो जाती है।

इस पुस्तक को अपने लिए न सही, अपने आने वाली पीढ़ी के लिए उपयोग करेंगे और सावधानी बरतेंगे अपने आने वाले समय जो शेष बचा है। का उपयोग करेंगे सावधानी बरतेंगे ताकि समयानुसार मुकाबला कर सकें। मगर आने वाली पीढ़ी का समय तो शुरू ही नहीं हुआ है और आपका समय अभी काफ़ी है। जब तक आपको पुस्तक पढ़ने का समय होगा, तब तक आपका समय चला जायेगा। सावधानी धरी–की–धरी रह गयी। जीवन में आने वाली भारी परेशानी से बचें। कहावत है कि वर्तमान के कारण भविष्य नहीं ख़राब करते हैं और भविष्य के लेकर वर्तमान न ख़राब हो।

जवान लड़का अपने पिता को यह कहता है कि खाना खाकर पड़े रहे क्या करना है। आपको पिता कहता है कि खाना खाकर ज़रूर पड़े रहूँ। आप क्यों बाजार, शहर, दोस्तों के यहाँ गप्पे करते हैं? माना कि तन में ताक़त नहीं रही माना कि उम्र नहीं रही, क्या बुजुर्ग को खाने का

ही काम रह गया है? क्या ऐसे ही जीवन बीत जायेगा? किसी से अपेक्षा करना बेकार है। किसी से वार्तालाप करना बेकार है। मित्रों से मिलना बेकार है। वैसे बूढ़ापे में कहाँ कोई मित्र बनता है। पुराने मित्र भी रिश्ता न निभाने के कारण दूरियाँ बना लेते हैं। अब तन्हाई की ज़िन्दगी जीनी पड़ती है, इसलिए खाना खाने के बाद टहलना, बोलना, हवा लेना चलना सम्मानजनक व्यवहार करना आवश्यक है।

लड़की से इतना दुख क्यों? ध्यान रखें जब आप अपनी माँ के पास पहुँचते हैं। तो बहुत ख़ुश होते हैं, मगर यह सब शादी के पहले की बात है, जब आपको पीड़ा होती है, तो माँ की याद आती है। जब रक्षा बन्धन होता है तो बहन की याद आती है। जब जवान होते हैं तो प्रेमिका या पत्नी की याद आती है, तो फिर क्यों आने वाली, पैदा होने वाली बच्ची से इतना दुराव या भेदभाव करते हैं।

आज बेटी बनकर आयी है। कल बहन बनेगी, परसों यह पत्नी बनेगी, माँ बनेगी, जीवन में हर रिश्तों में भेद होगा। आने वाली बेटी बहन, पत्नी एवं प्रेमिका भावी माँ के प्रति इतना दुराव क्यों? कैसे इतनी नफ़रत? सावधानी बरतें, ध्यान रखें, आने वाली बेटी के साथ ऐसा भेदभाव वाला व्यवहार न करें, आख़िर लड़की किसी की माँ किसी की पत्नी है। एक औरत होकर फिर इतना दुराव क्यों? आख़िर आनें वाले कल की बेटी के साथ नफ़रत क्यों? आप पुरुष हैं, तो आने वाली किसी की बहन, पत्नी, माँ के साथ ऐसी नफ़रत क्यों? हर हालत में बेटी को सम्मान दें, प्यार दे, अच्छी परवरिश दें, अच्छी शिक्षा दें, अच्छी चिकित्सा दें, अच्छी सुविधाएँ दें। बेटा–बेटी में अन्तर न मान कर अच्छा जीवन दें।

निर्माण कार्य में सावधानी

कृपया जब निर्माण कार्य करें तो ध्यान रखें कि आपका काम क्या है? आपके यहाँ कौन काम कर रहा है? काम करने वाले को यह सोचना पड़ता है कि जब जहाँ कार्य कर रहे हैं, वहाँ काम ख़त्म होते ही दूसरा काम ढूँढ़ना पड़ेगा। काम कराने वाले को 'सावधान' रहना है कि अपना काम देखें एवं समय रहते काम करा लें तथा जितनी दैनिक मज़दूरी देते हैं, उतना काम करा लिया या नहीं।

आप समाज में है, परिवार में हैं, तो निर्माण कार्य तो कराना पड़ेगा। आप मुखिया है, तो यह देखें कि निर्धारित समय में, निर्धारित काम पूरा

हो गया या नहीं धन कम पड़ने के कारण या धन की कमी का अहसास होने पर काम बन्द करा दें अन्यथा तनाव होगा। यही सावधानी बरतनी है। अन्यथा पैसे भी ख़र्च हुए और जिस काम के लिए मज़दूर लगाये थे, वह काम भी पूरा नहीं हुआ समय रहते सावधानी बरतें।

रिश्ते निभाने भी चाहिए

रिश्ते होते हैं, होंगे एवं होते रहेंगे। रिश्ते टूटते और जुड़ते हैं और कुछ रिश्ते न टूटते हैं न जुड़ते हैं। मानव जीवन प्रारम्भ होते हैं। आजीवन या जीवन समाप्त होने के बाद भी रहेंगे। चाहे कोई भले यह कह दे, मेरा रिश्ता न रहा समय पड़ सकती है, मगर टूटता नहीं है, यह रिश्ता पिता पुत्र का साथ समाज की ज़िम्मेदारी, त्याग समर्पण, सम्पत्ति जो जग जाहिर है। यह ख़ून के साथ आत्मीयता का कर्तव्य, व्यवहार का रिश्ता रहता है। चाहे जिस रूप में ले सकते हैं। यह रिश्ता भौतिक रूप से कंक्रीट, सीमेंट, बालू, सरिया जैसा जोड़ा जाता है, जो टूट सकता है, मगर अलग नहीं हो सकता। जिस पर पूरी ज़िन्दगी या विल्डिंग एवं छत टिकी होती है।

पिता पुत्र का रिश्ता प्रकृति प्रदत्त होता है। इसके अलावा सभी रिश्ते समयानुसार बनते एवं बिगड़ते हैं। समय रहते जुड़े रहते हैं तथा टूटते हैं। ध्यान देने की बात है कि जो रिश्ता पिता पुत्र का छोड़कर अगर नये रिश्ते जुड़ नहीं सकते, जो जुड़े रिश्ते टूटने न पाये, बचा रहे, इस रिश्ते को बचाने के लिए सावधानी बरतनी पड़ेगी। यदि सावधानी नहीं बरतते हैं तो बना बनाया रिश्ता टूट जायेगा।

उदाहरण के लिए ए व्यक्ति है। तथा बी भिन्न व्यवहारी सम्बन्धों में आता है। सी समाज में आता है। ए मानव है। साथ ही सामाजिक है। उसको सामाजिक पीड़ाएँ भी मिलेंगी जैसे कभी बीमारी आती है, कभी आर्थिक परेशानी का सामना करता है? कभी अकेले गर्द पड़ सकता है, मगर टूटता नहीं है। यह रिश्ता है यह ख़ून के साथ आत्मीयता का कर्तव्य का, व्यवहार का, चाहे जिस रूप में ले सकते हैं।

चूँकि अर्थ से मानव जीवन की 95 प्रतिशत समस्या हल होती है। इसलिए धन की महत्ता ज़्यादा है। अब ए बी से व्यवहारी सम्बन्ध है। एक परिवार बढ़ते–बढ़ते पुत्र और बहू भी हो जाते है। संयोग से ए के बेटे कमाने भी लगते है। अचानक ए को कुछ पैसे की ज़रूरत पड़ी। बी के सामने प्रस्ताव रखा और बी ने यह कह दिया कि यार पिता पुत्र दोनों कमाते हो

तो भी पैसे की आवश्यकता हो गयी। इससे बी की समस्या हल तो नहीं हुई, फिर भी ए की ड्यूटी थी। बी को जानना या तो बी ए को नहीं जानता था, आख़िर बी की बातें ए को तीर की तरह धँसी। मन में पीड़ा हुई। सोचा या बी की जानकारी नहीं कर पाया या बी भी ए को जान नहीं पाया। फिर लेन देन कैसा? जब एक दूसरे को पहचान ही नहीं पाये फिर व्यावहारिक रिश्ता काहे का? आख़िर रिश्ता ब्रेक हो गया।

दूसरा उदाहरण ए बी दो व्यक्ति थे। बी के लड़के ए के लड़के को परिवार समझ रहे थे। लड़कों में अपनापन होने के कारण माता–पिता ए बी के साथ जुड़े थे। परिवार इस रिश्ते में कोई आपत्ति नहीं रखता। मौन स्वीकृत दे दी एक दिन बी की पत्नी की तबीयत ख़राब हो गयी। इतना नहीं ख़राब हो गयी कि जीवन में संकट आ गया हो। कुछ दिन बाद अचानक ए की बी से मुलाक़ात के बाद ए को जानकारी हुई और बी ने ऐसे कहाँ शायद आपकी पत्नी की तबीयत ख़राब है। तो चलो एक दिन देखने आना है। करीब 20 दिन बाद शादी है। तब तक तो ठीक ही रहेगी।

अगर ख़याल नहीं रहेगा, 'सावधान' नहीं रहेंगे, तो रिश्ते को बिखरते देर नहीं लगेगी। जो अभी मानव पौधा है, लगायेंगे, पालेंगे तो बढ़ेगा। त्याग करेंगे सम्पर्क करेंगे, परिश्रम करेंगे, यह तो मानव स्वभाव में आता है। आपकी नैतिक ज़िम्मेदारी है। शिशु के प्रति असावधानी सबसे ख़राब है, क्योंकि आने वाले बच्चे का भविष्य एक पिता पुत्र के हैं। उसी के साथ–साथ सामाजिक रिश्ता भी निभाया जाये जो बना है। वह बना रहे, टूटने न पाये, इसलिए इतनी सावधानी होनी चाहिए।

बचत कैसे करें

यदि आपके पास सौ रुपये हैं। तो दस प्रतिशत भविष्य के लिए अवश्य बचायें, ताकि आने वाले कल में कोई संकट आये तो वह काम आये। जीवन का सफ़र कैसा हो। अपने जीवन के सफ़र में साठ साल पूरा करने पर आपके पास तन के साथ धन रहे और आपका जीवन सकुशल, संयमित निरन्तर चल सके। अब आप बचत के बाद आवश्यक उपयोग में पन्द्रह प्रतिशत ख़र्च करें तथा पन्द्रह प्रतिशत विकास में ख़र्च करें कुल आय के स्रोत में से 40 प्रतिशत ख़र्च कर सकते हैं तथा 20 प्रतिशत आप नक़द जमा करें जो आपको आने वाले कल में काम आयेगा। अब आपका कुल ख़र्च जो बचत, विकास या आवश्यक सामाग्री में हुआ और 40 प्रतिशत ख़र्च

खाने–पीने के सामान पर रहेगा। यह क्रम सेवा काल के दस से पन्द्रह वर्ष की अवधि में होगा आप 40 प्रतिशत या इससे ऊपर बचा सकते हैं। जैसी आपकी परिस्थति होगी आपसे बेहतर कौन जान सकता है। उसी अनुरूप अपने को समायोजित करेंगे।

पत्नी को भी पॉकेट मनी दें

विचार करना है कि अपनी धर्मपत्नी घर में हैं। जो भी रक़म हो सके उन्हें अलग से पॉकेट ख़र्च के लिए देना चाहिए, ताकि सफ़र के अन्तिम पड़ाव में यह शब्द न सुनने पड़े कि आपने मुझे कभी एक रुपया दिया आप कहेंगे कि पूरी कमाई तो आपके हाथ में ही तो पत्नी कहेगी कि यह तो मैं जानती हूँ, मगर वह तो घर का ख़र्चा चलाने के लिए दिया। आप मेरे लिए तो नहीं दिया। आप व्यक्तिगत ख़र्च के लिए थोड़े दिया, जो भी दिया वह घर खर्च के लिए दिया।

इनसान होने के नाते एक ग़लती कुछ लोग कर ही जाते हैं, जिसके कारण जो सत्य है। वही बता रहा हूँ। आप वेतन के सारे पैसे पत्नी या घर चलाने वाली को दे देते हैं। लेकिन अलग से तो कुछ नहीं किया।

कुछ समय कुछ बीतने पर परिवार में प्रश्न उठा, किसको क्या मिला? तो शिकायत पहले पत्नी की ओर से आती है कि मेरे पति ने कभी मुझे एक रुपया नहीं दिया। पूरी ज़िन्दगी कमाते–कमाते खपा दी पैसे अपनी पत्नी को देते–देते बिता दी। शिकायत जहाँ की तहाँ रह गयी। ज़रा सोचें क्या शिकायत सच थी या झूठी अगर सच थी तो कहाँ आपने ग़लती कहाँ की।

आप विचार करने लगे कहाँ चूक हुई? ऐसा नहीं कि आपने ग़लत किया। ऐसा नहीं कि आपने नाजायज पैसे ख़र्च किये बल्कि समयानुसार 'सावधानी' नहीं बरती ज़रा सोचें कि परिवार में पाँच सदस्य है। पति–पत्नी, बेटा–बेटी और माता–पिता। आपने अपने लिए अपनी आय से पॉकेट ख़र्च निकाल लिया अपने बच्चा को पॉकेट ख़र्च दे दिया अपने माता–पिता को पॉकेट ख़र्च दे दिया और बचे पैसे घर ख़र्च चलाने के लिए पत्नी को दे दिया। क्या पत्नी से आप हिसाब नहीं लेते? मगर पॉकेट ख़र्च का आप किसी से हिसाब लेते है? आपने अपनी पत्नी को भी उसी में से कुछ अंश पॉकेट ख़र्च के रूप में दे दिये होते तो आपको यह बात नहीं सुननी पड़ती।

क्या पत्नी का पॉकेट ख़र्च नहीं है। उसके भी निजी ख़र्च हैं। उसके माता–पिता है। हम यह नहीं कहते कि सब लोग ऐसा करते हैं, मगर इस बात

से इनकार नहीं किया जा सकता कि कुछ लोग ऐसा नहीं करते हैं। यदि आप अपनी पत्नी को पॉकेट ख़र्च देते हैं। तो आपके साथ ही पत्नी एवं पत्नी के परिवार सास–ससुर के मन में आपके प्रति भा बढ़ेगा, सम्मान बढ़ेगा, इसलिए सावधनी बरतें और पत्नी को भी पॉकेट मनी भी कुछ दें, ताकि आपको आने वाले वक़्त में प्रश्न करने का मौक़ा नहीं मिले। वैसे समाज है, किसी को आप प्रश्न करने से नहीं रोक सकते मगर आप सन्तुष्ट रहेंगे।

1. अब गृहस्थ जीवन में बचत की बात करते हैं। तरीक़ा ऊपर बताया जा चुका है कि प्रारम्भ के दस से पन्द्रह साल की बचत आपको आर्थिक मज़बूती देगा।

2. बिजली की बचत, गैस की बचत, सब्जी की बचत, पेट्रोल में बचत करना है। ऐसा नहीं कि आप उपयोग करना बन्द कर दे आप जिसमें जितना आवश्यकता है, उपयोग करें। अनावश्यक की बात करता हूँ। घर में चार पंखे हैं। चार कूलर हैं, चार हिटर हैं या गीजर हैं। कुल 13 विद्युत उपकरण हैं। आप मानव हैं। तो आप टहलने जायेंगे। बाथ रूम जायेंगे, शौच जायेंगे तब आपको पंखे, कूलर, एसी, टीवी आदि को बन्द कर देना चाहिए इससे आपकी बहुत बचत होगी। इसका हिसाब लगा लें। एक दिन में अगर दो मिनट अनावश्यक विद्युत उपकरणों का प्रयोग होता है, आज कल में जो बिजली मीटर लगे हैं। वे इंडीकेटर में जो बिजली खर्च होता है। उसका भी यूनिट दिखा देते हैं। तो 30 दिन में 60 मिनट एक घण्टा हुआ आप सोचें कि एक घण्टे का बिजली ख़र्च का बिल कितने रुपये होगा।

3. आपको दिन में बाजार कई बार जाना पड़ता है। सामान ख़रीदने या सब्जी लाने जाते हैं। तो दुकानदार यह कहता है, साहब पाँच रुपये नहीं हैं। टॉफी ले लो या कोई और सामान लो या थोड़ा सामान मेरा बचा है, उसे लो दुकानदार कहाँ ग़लत है? उसे सामान बेचना है। वह तो कहेगा मगर आपको 'सावधान' रहना है। बिना आवश्यकता सामान क्यों लें माना कि आपके साथ प्रतिमाह चार बार ऐसा होता है। इसका तत्काल प्रभाव नगण्य लगे, मगर लम्बे सफ़र में यह अच्छी बचत या हानि दिखाई देगी। बचत का यह तरीक़ा शायद आपको पसन्द न आये, मगर आयेगा देर से जहाँ आय के स्रोत का पता न हो वहाँ बचत करने की क्या ज़रूरत है। ज़रूरत तो वहाँ है। आय जहाँ सीमित है, निर्धारित है, वहाँ सावधानी बरने की बात कही गयी है।

वित्तीय व्यवस्था

हर गृहस्थ को अपना घर चलाने के लिए, अपना परिवार चलाने के लिए अपना रिश्ता निभाने के लिए, धन की आवश्यकता होती है। अपने जीवन की आवश्यकता पूरा करने के लिए धन की जरूरत होगी। आपको अब सावधानी बरतनी है कि हर पिता अपनी लड़की की ऐसे लड़के से शादी करना चाहता है। जिसके पास आय का अच्छा साधन हो इतिहास में झाँकें तो हज़ारों वर्ष पहले राजकुमार सिद्धार्थ की शादी के लिए पिता शुद्धोन ने शाक्यों के पास सन्देश भिजवाया कि अपनी लड़की की शादी यशोधरा से करें। तब शाक्यों द्वारा यही पूछा गया कि लड़का सुन्दर है, ठीक है, परन्तु अपनी पत्नी का भरण–पोषण कर सकता है। राजकुमार सिद्धार्थ में कोई ऐसी कला है। जिससे वह अपने परिवार का भरण–पोषण कर सकता है। राजकुमार ने अपनी कला का प्रदर्शन किया। तब उसकी शादी यशोधरा से हुई।

अब आप समझ गये होंगे कि पिता की सम्पत्ति, पिता के राज्य से, पिता के पद से, व्यक्ति वाला अपनी लड़की को किसी लड़के को नहीं देता जब हज़ारों साल की यह बात है, तो कैसे समझ लिया कि आज वर्तमान में किसी लड़के की शादी बिना कमाये सम्भव हैं।

अब आप योग्य हो गये हैं। गृहस्थ जीवन शुरू भी हो गया हैं। गृहस्थ जीवन को सुखमय भी बना लिया अब सावधानी कहाँ बरतनी है? इस बात पर विचार किया जा रहा है। जिस प्रकार से आप किसी मन्दिर में जाते हैं तो आप अपने ईश्वर से, भगवान से यही तो माँग कि मेरी रोजी–रोटी चलती रहे। मेरे आय का साधन बरकरार रहे।

फिर क्यों कहते हैं कि क्या करें यार अपनी नौकरी ख़राब है। अपनी कम्पनी ख़राब है। कम वेतन मिलता है। बचता नहीं है। ध्यान रखें जहाँ काम करते हैं, जिस काम को करते हैं, वह किसी मन्दिर, मस्जिद, गुरुद्वारे, चर्च से कम नहीं है। वहाँ से आपके परिवार का भरण–पोषण होता है। आप क्या सोचते हैं। आप जानें, मगर इतना अवश्य कहा जायेगा कि जितना मिला है। उसे बहुत समझें। उसी में अपने को समायोजित करे अन्यथा उससे कम मिलता तो क्या करते नहीं मिलता तो क्या करते? आप जो हैं आपके पास जो है, उसका उपभोग करे जो नहीं हो पाया है, उसके लिए दुखी मत हों।

हाँ, अगर अवसर है, तो उसे पाने का प्रयास करने में कोई हर्ज़ नहीं है। उसका प्रयास तो कर ही सकते हैं। कोई मना नहीं कर रहा है। आप केवल यह सोचें कहाँ खड़े हैं, तो पायेंगे सौ आदमी से अगर पीछे खड़े हैं। तो हज़ारों आदमी से आगे पायेंगे जो मिल रहा है, उसी में सुख प्राप्त करें यही जीवन का सही तरीक़ा है।

2220–2021 कोरोना रहा इस काल में आर्थिक स्थिति ने सबकी औक़ात बता दी। पैसे के अभाव में साधन के अभाव में, लोग अपनी जान बचाने के लिए हज़ारों मील पैदल चल कर अपने घर पहुँचे। राहों में न खाना रहा न पानी रहा। ऐसे में कई लोगों की रास्ते में भी मौत हो गयी।

यह सफ़र है, यात्रा कर रहे हैं। ट्रेन में प्रथम, द्वितीय, तृतीय या ऐसी के किसी श्रेणी में या जनरल डिब्बे हैं। यात्रा सभी करते हैं। पहुँचते वही हैं। जहाँ ट्रेन पहुँचाती है। जिसके पास जितनी उपलब्धता है, उसी के अनुरूप पैसे ख़र्च करके यात्रा करता है।

नौकरी वाले को वर्ष 2004 के बाद केन्द्रीय या राज्य सरकार ने पेंशन बन्द कर दी। अब आपको विचार करना है। आप अपने सेवा काल को तीन भागों में बाँटो और प्रथम भाग में 60 प्रतिशत द्वितीय भाग में 45 प्रतिशत और नौकरी के अन्तिम भाग में 30 प्रतिशत की बचत करें क्योंकि तीसरा भाग आते ही ख़र्च बढ़ जाता है, परन्तु उस हिसाब से आय नहीं हो पाती है। इतनी बचत ही काफ़ी लगती है। इस तरह सेवानिवृत्ति पेंशन के रूप में पैसे मिलते रहेगे ऐसा नहीं कि आपकी पेंशन बन्द कर दी, मगर उतना नहीं बनेगा जितना पुरानी पेंशन मिलती थी। परिवार चलाने के लिए सहयोग सरकार देती रहेगी, जो पुरानी पेंशन के बाद एकमुश्त धनराशि मिलेगी उसे बैंक में जमा कर पेंशन के रूप में ब्याज लेकर अपने परिवार का खर्च चला सकते हैं।

रुटीन ख़र्च

प्रतिदिन, प्रति सप्ताह, प्रति माह जैसे बिजली, पानी, टेलीफ़ोन, दूध, सब्जी आदि के साथ खाद्य पदार्थ की आवश्यकता है। फ़ीस व अतिथि सेवा सत्कार के साथ बीमारी, दवा आदि में ख़र्च होता है। अतः मासिक आमदनी का 50 प्रतिशत ही ख़र्च करें। इस बात का ध्यान रखें कि ज़्यादा से ज़्यादा 60 प्रतिशत ही ख़र्च हो पाये। ऐसी भावना या मन बना लें पैसे का क्या जितने पैसे उससे ज़्यादा ख़र्च है। आवश्यकता अनुसार ख़र्च करें और आवश्यकता

के लिए, भविष्य के लिए बचायें पैसे जितना पाने की उम्मीद आपको होती है। ख़र्च उससे दस प्रतिशत बढ़ कर हो जाता है। जब आपकी उम्र 60 साल से ऊपर हो जायेगी, तब बचाने की नहीं बचे हुए पैसे ख़र्च करने की ज़रूरत होगी।

भविष्य के लिए बचायें

भविष्य के लिए 10 प्रतिशत, 20 प्रतिशत बचायें जो आपको 60 साल के बाद काम आयेगा जब आपका तन कमज़ोर हो जायेगा या कमाने की क्षमता न रह जाये, तब के ख़र्च के लिए।

उदाहरण के रूप में एक बात रखता हूँ कि एक बुजुर्ग अपने जीवन की यात्रा करने के लिए भीख माँग रहा था लोगों ने पूछा में भीख माँगने की ज़रूरत पड़ती है? तो बुजुर्ग ने उत्तर दिया पुत्र है, मगर वे इस क़ाबिल नहीं है कि इसीलिए क्षमता है। तो करें। अपने भविष्य के लिए अवश्य बचाकर रखें बुजुर्गी में जो धन आपके पास रहे, उससे मिलने वाले प्रतिमाह के ब्याज से आपका जीवन आराम से चल जाये या आपकी बचत आपके जीवन के लिए उपयोगी हो जाये। जिससे बुढ़ापे में आपका किसी के सामने हाथ न फैलाना पड़े आपको बताने या कहने का मक़सद समझ में आ गया होगा। अपने बुजुर्गी के लिए या शक्ति कमज़ोर होने के समय के लिए आपके पास आवश्यकता अनुसार धन होना चाहिए। आपका तन कमज़ोर हो जाये तो काम चल जायेगा, मगर आपका पॉकेट कमज़ोर होगा तो काम नहीं चलेगा जहाँ तक स्वास्थ की बात है, बढ़ती उम्र में खराब होना स्वाभाविक है। इस काल में दवा के लिए धन की ज़रूरत होगी।

तात्कालिक राहत के लिए अपने पास धन हो

अपने जीवन के सफ़र में कभी अस्वस्थ होना, कभी आकस्मिक किसी की मदद की आवश्यकता पड़ी है। धन की, जन की उपलब्धता होती है। आप ऐसे रिश्ते एक या दो बना कर रखें, जो तत्काल आवश्यकता पड़ने पर काम आये। ध्यान रखें रिश्ते में आपका भाई, पड़ोसी या पट्टीदार न हो क्योंकि सामाजिकता यही कहती है कि भाई पट्टीदार या पड़ोसी आपसे ज्वेलसी रखते है। ईर्ष्या रखते हैं। आपकी प्रगति में बाधा पहुँचाने के लिए सोचते है। यह ...अलग बात है कि वे मदद कर दें, न करें हो सकता है। व्यक्ति के साथ तत्काल धन की व्यवस्था करना पड़े। यह इनसानी सफ़र है।

कब कहाँ किसकी ज़रूरत पड़ जाये कोई नहीं जानता है। इस सोच से आपका तत्काल आपको राहत मिल जायेगी। फिर आपको समय मिल जायेगा। आप समय के अनुसार व्यवस्था कर लेंगे आप काम रुके नहीं चलता रहे। जब काम रुकेगा नहीं तो आपके जीवन के सफ़र में कोई परेशानी नहीं होगी।

लेन-देन की कुछ बातें

इतना ध्यान रखें कि जिससे मदद में यदि धन लेते हैं। तो बिना माँगें समय से वापस करें ताकि आपके प्रति विश्वास बना रहे और रिश्ता भी बना रहे। जब भी धन लें, तब जहाँ आप एक हफ़्ता में बात करते हैं, तब आप 10 दिन की बात करें क्या पता जिस तरह आपको आवश्यकता रही उसी तरह उसको भी आवश्यकता पड़ गयी होगी, इसलिए जब तक आप उसका धन वापस न कर दें, तब तक सम्पर्क में बने रहें ताकि उसकी आकस्मिक आवश्यकता पर आप उसके काम आये। जब वह आपके काम आया है। तो उसका काम क्यों रुके इस बात का ध्यान रखना सम्बन्ध, विश्वास एवं सम्पर्क बना रहे। आपका वचन आपके जीवन की उपयोगिता हमेशा बनी रहे साथ ही आप अपने धन का कुछ अंश अपने जीवन के लिए अवश्य बचा कर रखें।

आवास, शादी, शिक्षा के लिए बचत

गृहस्थ जीवन की शुरुआत करें तो नौकरी या व्यवसाय करके अपने प्राप्त आय से एक दो साल के अन्दर शौक़ पूरा करे। फिर अपने सेवा काल को समझ कर अपने जीवन के मध्य भाग में आते–आते अपना खुद का आवास अवश्य बनायें यह आवास ऐसा हो जो आपको सुविधा एवं सम्पत्ति दोनों एक साथ दे जिससे आपके रहने की आवश्यकता पूरी हो सके। इसके लिए आपको गाँव से हटकर शहर में ही निवास बनाना उचित होगा। यहाँ पर आपको अपनी नौकरी, बच्चों की शिक्षा, सुविधा, सुरक्षा एवं चिकित्सा के लिए आसानी होगी तथा समयानुसार आपको शान्ति या सद्‌भाव का माहौल मिले हाँ, जन्म स्थान जहाँ है, वहाँ कम–से–कम दो कमरे, बाथरूम अवश्य बनायें ताकि कभी जाना हो तो रुक सके। किसी का सहारा न लेना पड़े। हाँ, एक वर्ष में एक चक्कर लगा ही लें। इस समय को आप मनोरंजन का समय समझ ले। अन्य समय पर सुरक्षित करें।

जब आप आवास अपने लिए या अपने बच्चों के लिए बना लेंगे तो ध्यान रहे आवास बनाते समय अपने लिए एक कमरा नीचे ही अवश्य बनायें। जब आपको ऐसा महसूस होने लगा कि आपके बच्चे सयाने हो गये हैं। शादी एवं उच्च शिक्षा के लिए तैयार हो गये तो आपको उसी के अनुरूप कार्य करना पड़ेगा। यह सब आपकी बचत के द्वारा ही सम्भव हो सकेगा। आप यह भी महसूस करेंगे कि अब आप 45 से 50 की उम्र तक पहुँच चुके हैं। या पार कर रहे हैं। यह नौकरी का तीसरा भाग है। यहाँ अपनी आय का केवल 30 प्रतिशत ही बचा पाते हैं।

आपको शहर में ज़मीन लेनी है। तो आप समय का इन्तज़ार न करे बल्कि थोड़ा सा सोच विचार करे कि जो ज़मीन शहर से नज़दीक मिल रही है, उससे यदि पाँच सौ मीटर दूरी पर लें तो शायद क़ीमत में कमी आ जायेगी होगी। आप उस ज़मीन पर मकान बनायेंगे, तब शायद शहर या कस्बा उस स्थान तक पहुँच जायेगा। आपकी जैसी आर्थिक व्यवस्था है, वैसा करें। सरकारी नियम के अनुसार 55 वर्ष की उम्र में छंटनी का प्रकोप भी झेलना पड़ेगा।

जब आपके पिता ने अपने बच्चों के लिए मकान बनाया तो शायद आपको अपने बच्चों के लिए भी मकान बनाने की आवश्यकता होगी। आपको कभी भी अपने बच्चों के लिए अपने भाइयों से मकान की बाबत किसी प्रकार का तनाव न लेना पड़े।

समय से काम करने पर आपको तनाव या परेशानी या घबराहट नहीं होगी। अन्यथा काम किसका रुकता है। सबका चलता है। चलेगा यही समाज है। यही संसार है। सावधानी बरतने का शाब्दिक अर्थ यही है। समय रहते काम हो जाये।

लोन की व्यवस्था

वैसे तो लोन लेना या क़र्ज़ लेना अच्छे कार्य के श्रेणी में नहीं आता है, परन्तु बुरा भी नहीं है। यदि विकास करना है, तो बिना लोन लिये काम भी नहीं चलता। विकास के लिए या बड़े काम के लिए लोन लेना आवश्यक हो जाता है, क्योंकि यदि लोन नहीं लेंगे तो इतने पैसे कहाँ से मिलेंगे जितनी आपको ज़रूरत है। जितने पैसे आपको चाहिए, उतने पैसे आपके मिलने वाले या दोस्त के पास नहीं होंगे न कोई देगा, बल्कि राय अलग से देगा पैसे न मिलने के कारण ज़मीन, मकान लड़की की शादी या बच्चों की पढ़ाई में बाधा आ सकती है।

जितने ऊँचे पूँजीपति हैं। उनके पास भी लोन है। केन्द्र सरकार हो या राज्य सरकार हो लोन पर ही चलती है। बैंक क़र्ज़ के ब्याज पर ही चलते है। आपको विकास करना है। तो आपको लोन लेना आवश्यक है। आप अपनी आमदनी से एक वर्ष, दो वर्ष, तीन वर्ष, चार वर्ष या पाँच वर्ष के लिए एकमुश्त राष्ट्रीय कृत बैंको से लोन लेकर हर वह काम का लेगे जो आप करना चाहते हैं। फिर मासिक क़िस्तों में लोन नियमित राशि देने से चुकता हो जायेगा जो लोन लिया है। समय से चुकाता होने पर आपका सम्मान व भाव बरकरार रहेगा ध्यान रहे बैंक उसी को उधारी देता है, जिससे पैसे मिलने की गारंटी होती है। जैसे ज़मीन जायदाद या स्थायी सरकारी नौकरी के माध्यम से बैंक को विश्वास हो जाता है कि पैसे लोन वापस हो जायेगा यही बैंक का नियम है और सुविधाएँ हैं। यह अलग बात है। बैंक अपने नियमों में समय–समय पर संशोधन करते रहते हैं।

जब भी लोन लें, लोन पर नज़र रखें, इस बात का ध्याल रखें या अपनी आय के कारण कोई परेशानी आये तो भी लोन की किस्त न रुके। इस बात का ध्यान रखे कि यदि पाँच साल का लोन है। तो चार साल में ही चुकता हो जाये, यही ध्यान देने की बात है। इससे दो फ़ायदे होते हैं। एक बैंक का ब्याज कम भरना पड़ता है। दूसरा लोन की चिन्ता से मुक्ति मिल जायेगी, यही सावधानी बतायी गयी है।

सर्व प्रथम जो बैंक की क़िस्त है। उसको देखें वह प्रत्येक माह के पहले सप्ताह में जमा हो जाये। अन्यथा अनावश्यक के ब्याज बढ़ेगा।

2. जब भी आपके खाते में आपकी आवश्यकता से कुछ ज्यादा पैसे की बचत दिखाई दे तो उसे लोन के खाते में ट्रांसफर कर दे यह भले ही रकम छोटी हो मगर अन्तिम समय में वही रकम आपको बड़ी दिखाई देगी।

3. कभी वाहन या अन्य सामान ख़रीदें तो किसी दुकानदार का आप पर विश्वास हो तो उसे नक़द न ख़रीदें, मगर इतनी छोटी आवश्यकता का सामान न हो जो आसानी से आप भुगतान करते हैं। आप अच्छी तरह जानते हैं कि उधारी अच्छी बात नहीं है। समय रहते उसके पैसे लौटा दें।

4. ध्यान रखे ज़मीन या मकान सम्पत्ति दोनों हैं। सोने–चाँदी शौक़ एवं सम्पत्ति हैं। मगर गाड़ी, टीवी या अन्य इलेक्ट्रॉनिक सामान केवल सुविधा है, सम्पत्ति नहीं है।

5. मानव जीवन में मकान, शिक्षा, स्वास्थ आवश्यक है। मकान में पैसा लगने की कोई सीमा नहीं रहती। शिक्षा में निश्चित मात्रा में पैसे लगते हैं।

गाड़ी में निश्चित मात्रा में पैसे खर्च होते है। अब मानव की आय से निर्धारित होता है कि उसकी हैसियत क्या है? कितना लोन लिया जाये कि उसका भुगतान आसानी से किया जाये तथा मानव का रूटीन जीवन भी चलता रहे।

6. चिकित्सा एक प्रकार की बीमारी है। उसके लिए मानव तैयार नहीं रहता है। कहाँ गया कि मानव चिकित्सा, कचहरी और पुलिस पर ख़र्च न करें तो शायद उसका काम आसानी से चलता रहे। परमात्मा अगर बीमारी न दे तो इनसान सही ढंग से सफ़र करें।

7. यदि विकास करना है। तो आपको बैंक लोन से परहेज नहीं करना है। जब आपको ध्यान आयेगा तक लोन लेने का या देने का समय ही याद नहीं रहेगा, इसलिए सावधानी बरतें और समय रहते बैंक लोन लेकर अपने जीवन का कार्य कर लें, मगर ध्यान रखें कि उम्र के पचपन या सत्तावन साल सेवा काल पूरा होने से करीब दो वर्ष पहले तक आप लोन का लेखा जोखा खाता बन्द करा ले ताकि सेवानिवृत्ति के बाद परेशानी न हो

8. ध्यान रहे प्राइवेट बैंक का लोन थोड़ा महँगा पड़ता है, क्योंकि वे कई बार बेईमानी कर जाते हैं।

9. बैंक लोन की बात इसलिए की जायेगी कि यदि आपको पैसे की लम्बी ज़रूरत है। तो आपको पहले इतनी रक़म कौन देगा तथा आख़िर बैंक ही है। जो, आपको जितना चाहे उतने पैसे लोन के रूप में दे सकता है। बिना लोन के विकास सम्भव नहीं हो पाया क्योंकि जितनी आय है, उसमें जीवन का ख़र्च ही चलता है और मामूली सी बचत होती है। उससे विकास कार्य नहीं हो सकता, इसलिए लोन लेना आवश्यक है या उधार लेने के लिए आवश्यक है।

10. यदि आपके पास पैसे फिक्स या एनएससी है। तो आपको इस पैसे पर लोन मिल जायेगा। एक प्रतिशत ब्याज पर आप को लोन मिलेगा, क्योंकि आपको जो जमा राशि है, उस पर बैंक ब्याज देगा और आपके पैसे पर 75 प्रतिशत या उससे अधिक लोन एक प्रतिशत बढ़ाकर लेगा। आप फिक्स को न तुड़वा कर लोन लेगे ताकि पुनः पैसे जमा करके आप मुफ्त में काम कर सकते हैं।

लोन को, दुश्मन को, अपने प्रतिद्वन्द्वी को एक समान देखें उससे मुक्ति पाने की सोचें ताकि बढ़कर आपके गिरेबान को न पकड़ ले मानव जीवन की महत्त्वपूर्ण समस्याएँ दो हैं। पहली भावनात्मक या रिश्ते से दूरी

बनाना जो केवल 5 प्रतिशत होती है। दूसरी समस्या भौतिक समाज में 95 प्रतिशत रही है। यह समस्या नित्य प्रतिदिन, सप्ताह, माह एवं साल होती है, जबकि भवनात्मक समस्या जीवन में कभी–कभी आती है। विचार पहले दें तो 5 प्रतिशत समस्या हल हो जाती है, मगर 95 प्रतिशत समस्या अर्थ की होती है।

रिश्तों को निभाने का तरीका

हमें यह नहीं मालूम कि रिश्तों की पहचान क्या होती है? बस कुछ नहीं कहते। यही कहते हैं कि रिश्ता है। बिना काम के हैं। तो उसे निभाते रहे। मैं मानता हूँ कि रिश्ता है, मगर किसी काम का नहीं है। आप रिश्ता निभाना जानते है। क्या आपके पास रिश्ता है? अक्सर रिश्ता होता नहीं है, जो है उसे निभाया ही नहीं जा सकता। रिश्ता सामाजिक होता है, व्यावहारिक होता है, व्यापारिक होता है, ख़ून का रिश्ता होता भावनात्मक सम्बन्धों का रिश्ता होता है, बोल–चाल का रिश्ता है। बोल–चाल का रिश्ता कब बोल–चाल बन्द हो जाये, भरोसा नहीं है। जो सामाजिक रिश्ते हैं एवं सजातीय रिश्ते हैं, उनसे जोड़कर कहते हैं, अमुख जाति के रिश्ते हैं, मगर केवल मानवीय ही रिश्ता होता है, उस रिश्ते के साथ चलना भी आवश्यक है। जैसे सरकारी नौकरी करने वाले सहकर्मी का रिश्ता, वकीलों का एक समूह का रिश्ता, व्यापारियों का संगठन का रिश्ता, सेवानिवृत्ति के बाद संगठन का रिश्ता निभाना पड़ता है। तो संगठन से बाहर नहीं जा सकते। प्रेम का रिश्ता भावनाओं पर टिका होता है। धार्मिक रिश्ता आस्था पर टिका होता है। पिता, पुत्र, बहन आदि के साथ ख़ून के रिश्ते होते हैं।

हर रिश्ते के टूटने या बने रहने की एक समय सीमा होती है। कोशिश करें कि जब रिश्ते हैं, तो उसे बनायें रखें अगर टूटता है। तो फिर नया रिश्ता जन्म लेता है। स्पष्ट है कि ए यदि बी का पिता है, तो बी ए का पुत्र अवश्य होगा, मगर ए अगर बी से प्यार करता है, तो आवश्यक नहीं कि बी भी ए से प्यार करता हो, कभी–कभी प्यार एक तरफा होता है। ऐसा लॉजिक या तर्क कहता है। जो कहता है, वह कहता है। यही तो सावधानी बरतनी है।

सामाजिक रिश्ते, व्यावहारिक रिश्ते या कोई भी रिश्ता जो ख़ून का नहीं है, वह भावों पर निर्भर करता है अन्यथा समय के थपेड़े में या तो उड़ जाता है या फिर टूट जाता है। रिश्तों के साथ–साथ सामाजिक पदों को भी देखें

कि छोटे पर पर नौकरी करने वाला एक व्यक्ति एक सीनियर की सेवा करने की सोचता है। चाहे नौकरी बचाने के लिए या नौकरी करने के लिए।

हर नौकरी करने वाले की सोच अच्छी है, तो ख़राब भी है कब अच्छी सोच ख़राब हो जाये वक़्त की बातें हैं। गृहस्थ जीवन है। तो नौकरी है। नौकरी में किसी का ट्रांसफ़र ऐसी जगह हो जाये, जहाँ परिवारिक परेशानी सामाजिक परेशानी या किसी कर्मचारी का निलम्बन हो जाये तो सामाजिक बातें सुने परखे ध्यान रखें जब नग्गे हो तो उस पानी की दिसम्बर की ठण्ड की रात की बौछार कष्टदायी होगी अगर आप कपड़े पहने हो तो यही पानी की बौछार कम कष्टदायी होगा। दुख के समय किसी का ताना कष्टदायी होता है, मगर सुख के समय किसी की उपेक्षा का पता ही नहीं चलता है।

अपने रिश्तों को बनायें रखें समय–समय पर अहसास भी करें एवं कराये परखे एवं अपने को महसूस करायें ताकि रिश्ता निभता रहे अन्यथा टूट जाता है।

प्रतिदिन कमाने वालों के लिए सावधानी

अक्सर यह कहते सुना गया है कि साहब रोज़–रोज़ कमाना खाना पड़ता है। जैसे बाल काटने वाले हो प्रतिदिन मजूरी करने वाले हो ठेलिया लगाने वाले हो गोमती रखकर समान बेचने वाले हो ऐसे लोग जो यदि प्रतिदिन न कमायें तो उनका एवं उनके परिवार का भरण पोषण नहीं हो पायेगा जो फूटकर कमाने वाले हैं। कोई स्थायी काम नहीं है। वे प्रतिदिन अपनी मज़दूरी करके घर चलाते हैं। उन्हें भी अपने भविष्य के बारे में सोचना चाहिए।

वे यदि कभी बीमार हो गये तो खाना माँग कर खायेंगे तथा इलाज़ कराने में पैसे अलग से लगेंगे काम नहीं। किया तो आमदनी नहीं। ऐसे ही जीवन उनका चलता है। यहाँ उनके लिए सावधानी के रूप में, रास्ते के रूप में, मार्गदर्शन के रूप में, बात रखी जा रही है। शायद वे इस बात को जान ले पढ़ लें पालन कर लें तो उनकी ख़ुशहाली में वृद्धि हो जाये।

माना कि वे सौ रुपये प्रतिदिन कमाते हैं। दस रुपये अपने भविष्य के लिए बचाते हैं। 10 प्रतिशत हुआ आज के ज़माने में किसी मज़दूरी करने वाले की दैनिक मज़दूरी 300 रुपये से कम की नहीं है। 30 रुपये की बचत करते हैं। जो भविष्य के लिए काम देगा। माह में अगर बीस दिन भी काम करते हैं। तो तीस गुणे बीस बराबर छह सौ रुपये प्रतिमाह हुआ।

माह में छह सौ जमा करते जाये तो हर दूसरे महीने एक हज़ार की एनएससी ख़रीद ले तो साल में छह हज़ार की एनएससी हो जायेगी। जब विपत्तिकाल हो वही एन.एस.सी. को बैंक में देकर करीब 75 प्रतिशत का लोन ले सकते हैं। स्वस्थ होने के बाद लोन की राशि भर सकते हैं।

जब आप गाँव में रहते हैं। प्रतिदिन घर से शहर और शहर से घर आते जाते हैं। तो आपकी आमदनी के कुछ रुपये अपने रुटीन ख़र्च दवा में शिक्षा में, सामान ख़रीदने में फिर मकान शादी की बातें भी सोचनी पड़ती है। तीन सौ रुपये में तीस रुपये भविष्य के लिए तथा तीस रुपये अपनी दवा के लिए तीस रुपया अपने जीवन के उपयोगी सामान के लिए जितना मिलता है। उसी में घर का ख़र्च भी चलाना है। भविष्य के लिए भी बचाना है, ताकि जीवन के किसी पड़ाव पर ज़रूरत पड़े तो दिक्कत न आये ऐसा नहीं है कि किसी को इसकी जानकारी नहीं है, मगर ऐसे ही समय पर सावधानी बरतनी है अपने भविष्य के लिए।

घाटे का बजट क्या है

हर गृहस्थ को घाटे का बजट जानना चाहिए, ताकि आवश्यकता पड़ने पर जीवन में खुशियाँ ला सके। अपनी आवश्यकता पूरी कर सके घाटे के बजट का अर्थ है। उधार लेना, मगर इसका ध्यान रखना है कि जिससे उधार लिया है। उसके प्रति आपकी विश्वासनीयता बनी रहे। यह तब होता है। जब आप किसी काम को समय पर कर लेते हैं और लिये हुए काम को समय पर वापस कर देते हैं।

अब हम घाटे के बजट की बात कर रहे हैं। इसको हर व्यक्ति को जानना ज़रूरी है। इसका उपयोग करें या न करें मगर जानकारी करना आवश्यक है। क्योंकि हर व्यक्ति गृहस्थ जीवन से गुजरता है। जो जीवन के लिए बहुत उपयोगी और ज़रूरी है। विशेष कर उस व्यक्ति के लिए जो अपने जीवन में विकास करना चाहता है।

जैसे आपको भूख लगती है, तो आप एक साथ पूरी रोटी या चावल नहीं खा सकते। क्रमशः ही खायेंगे, मगर ज़रूरत से ज़्यादा भी नहीं खा सकते इतना भोजन करें, जिससे जी सकें। अधिक खाने पर शरीर अस्वथ हो जाता है। दवा की ज़रूरत होती है। जीवन की आवश्यकताएँ यहाँ दर्शायी जा रही है। हो सकता है, शायद आपके उपयोग की हो। इसलिए यह सावधानी बतायी गयी है। आज का आज देखें, जो करना है करे।

कल क्या होगा यह न आप जानते हैं। न हम हाँ, इतना अवश्य है पछतावा रहता है। बीता समय लौट कर नहीं आता है।

अब घाटे के बजट की ओर ध्यान हैं। एक उदाहरण के रूप में आपको याद दिलाते हैं। एक मोटरसाइकिल लेने के लिए आपने मन बनाया और मोटरसाइकिल साठ हज़ार में ख़रीदी जायेगी। आपने प्रतिमाह पाँच हज़ार की बचत की तो आपको लगा कि एक साल में साठ हज़ार रुपये हो गया मगर सामान की क़ीमत एक साल बाद आपकी आय से दस हज़ार रुपये बढ़ गयी। आपको एक साल बाद दस हज़ार रुपये कम पड़ते हैं। दो माह इन्तजार किया आपके पास सत्तर हज़ार रुपये तो आप देखेंगे कि सामान की क़ीमत बहत्तर हज़ार हो गयी नियत समय पर सामान में आपकी आय के जो पैसे आये उससे सामान की क़ीमत बढ़ती नज़र आयी। आपको मोटरसाइकिल अपनी बचत के पैसे से ख़रीदने से वंचित रहे। इसलिए आप जब समय नियत करें मोटरसाइकिल की क़ीमत कमी हुई उसी को किसी बैंक या व्यक्ति से उधार लेकर मोटरसाइकिल ख़रीद लेते हैं। उस पैसे को बाद में देते। इस तरह कम से कम आपके दो हज़ार रुपये बच जाते यही है घाटे का बजट।

सुविधा के लिए कभी भी वाहन नक़द न लें

अब आपको यह बताने का प्रयास किया जायेगा कि कोई भी वाहन नक़द न लें यदि तो ठीक है, नहीं तो उधार लेना मजबूरी भी हुई। माना कि आपके पास नक़द आठ लाख रुपये हैं। उसमें से एक लाख रुपये देकर सात लाख रुपये उधार लेकर वाहन की क़िस्त बनवा लें और अपनी आय के स्रोत से उसकी किस्त देते हैं। वाहन का उपयोग भी करते रहें। ध्यान रखें यह प्रति माह आने वाले धन का हिसाब है। धन न आने वाले के लिए यह नसीहत नहीं है। वाहन को क़िस्त के रूप में प्राप्त करते हैं। तो कुल सात लाख रुपये उधारी हुई तेरह हज़ार रुपये प्रतिमाह क़िस्त जमा हुई। जिसमें से साढ़े छह हज़ार रुपये प्रतिमाह क़िस्त हुई और दूसरे माह की साढे छह हज़ार ब्याज हुआ इसी क्रम में दूसरे माह की क़िस्त छह हज़ार पाँच सौ साठ रुपया हुआ तथा ब्याज छह हज़ार चार सौ चालीस रुपये हुए प्रतिमाह मूल धन बढ़ता जायेगा और ब्याज दर घटता जायेगा अगर आप ने चौरासी माह की क़िस्त बनवायी तो अन्तिम माह में ब्याज दर शून्य केवल मूल धन तेरह हज़ार रुपये हुआ इस तरह कुल आपको दो लाख रुपये ब्याज चुकाना पड़ेगा।

उसी तरह से यदि पैसे को बैंक में जमा कर देते हैं तो आपको मूलधन सात लाख की दर से माना कि 6 प्रतिशत ब्याज दर करीब तीन हज़ार रुपया प्राप्त होगी। 42 हज़ार की बचत होगी।

पहला साल बीता। दूसरा ख़रीदे वाहन की मूल्य करीब सात साल बाद केवल तीन लाख रुपये ही रह जाती है।

प्रति वर्ष जमा धनराशि में हर वर्ष करीब तीन हज़ार से चार हज़ार, पाँच हज़ार या छह हज़ार क्रमशः बढ़ोतरी होगी और आप पायेंगे कि नक़द धनराशि एवं उधारी धनराशि में ब्याजों का अन्तर भारी होगा आपके पास वाहन का मूल्य अलग से बचता है अर्थात आपके पास तीन लाख का अन्तर पड़ता है।

अपने भविष्य के प्रति सजग होना

वर्ष 2004 के बाद सरकारी नौकरी में भर्ती होने वालों के लिए सावधानी के तौर पर यह कहना है कि जब तक आप अपने जॉब में रहेंगे, तब तक तो आपका जीवन अच्छा चलेगा, मगर जैसे ही साठ साल के ऊपर होंगे, यदि सावधानी नहीं रहेगी तो आपको आर्थिक परेशानी का सामना करना पड़ सकता है। एक कहावत है कि आगे की और पीछे की रोटी नहीं खायी जाती है, मगर जब आपके घर में केवल दो रोटी बनती है। तो बिगड़े घर की बात नहीं करनी है। आप सरकारी सेवा में हैं, उसकी बात की जा रही है। जब आप गाँव में कलाकार, साहित्यकार या डॉक्टर है, आप किसान हैं। तो आप अपनी परिस्थिति के अनुसार अपना काम कर लेंगे मगर सावधानी आवश्यक है। चाहे जहाँ हों।

एक बात अवश्य ध्यान रखना जब सेवा काल 14 साल पार करने लगे तो करीब कुछ अंश अपनी आय का एन.एस.सी. में प्रतिमाह लगाते रहना एन.एस.सी. की अवधि समाप्त होने के बाद आप उसका नवीनीकरण कराते रहें। यदि पुराने पैसे में नया पैसे और जोड़ दे तो आपको जीवन के 14 साल तक यानी 74 साल तक प्रतिमाह वेतन के रूप में आय रहेगी जो अन्य आय के साथ जुड़ कर एक बड़ी आय हो जायेगी। जिससे जीवन आसानी से चल जायेगा। यह भी अवश्य है कि ख़र्च करना आसान है। बचाना कठिन है, क्योंकि जितनी आमदनी होती है। उतने से ज़्यादा ख़र्च का रास्ता बन जाता है। इससे स्पष्ट है कि कहीं–न–कहीं कटौती करनी पड़ेगी।

चाहे आवश्यक सेवाओं में या सुविधाओं में या शौक़ में जहाँ जैसी स्थिति हो वहीं कटौती करनी पड़ेगी।

जीवन के अन्तिम काल में आपसे पास लोग तीन प्रश्न करते हैं। पहला आपका स्वास्थ कैसा है। जो अपने बस का है। बनायें या बिगाड़ें समय रहते सावधानी बरती होगी तो कोई परेशानी नहीं होगी यदि समय रहते अपनी सेहत का ध्यान न कर नशे में बिताई होगी तो आपको परेशानी आ सकती है।

दूसरा प्रश्न आपसे पूछा जायेगा, आपका बेटा क्या कर रहा है। आपका बेटा सज्जन, लायक या कहीं कार्यरत है? तो आपकी काफ़ी परेशानी हल हो जायेगी। इस पर भी समय रहते ध्यान देने की ज़रूरत थी।

तीसरा प्रश्न आपकी जीवनचर्या कैसी चल रही है। आपका जीवन अपनों के बीच कैसा है। ये सभी प्रश्न गृहस्थ जीवन में ही सुनिश्चित करने पड़ते है, ताकि जब आपकी आयु साठ साल हो तो आपको तीनों में से किसी प्रकार की परेशानी का सामना न करना पड़े, इसलिए गृहस्थ जीवन की सावधानी की चर्चा की गयी है।

गृहस्थ जीवन में पति–पत्नी का सम्बन्ध कैसा हो अपने माता–पिता को साथ में रखें। हर पति–पत्नी को अपने आपमें सावधानी बरतनी है कि उसका जीवन एक दूसरे के साथ कैसे ख़ुशहाल रहे समंजस्य कैसे बना रहे प्रेम सम्बन्ध बना रहे। एक दूसरे के प्रति सहयोग, समर्पण बना रहे अपनापन एवं त्याग की भावना बनी रहे।

साठ की उम्र में गुस्सा आता है। स्वाभिमान जाग जाता है। मन भटकता है कि बहू या बेटे की ओर जाये या पति की ओर, जहाँ से सुख या शान्ति की उम्मीद लग रही हो। एक बात स्पष्ट कर दूँ कि बेटे या बहू की ओर जाने में कोई दिक्कत नहीं है, मगर जब पूरा जीवन एक साथ बितायी तो क्या बुजुर्गी में अपने पति से अलग रहने की सोच बनने लगी। क्या उनकी बात अब बुरी लगने लगी। क्या उनकी बातों से अब स्वाभिमान जागने लगा अब बच्चों की बातें अच्छी लगने लगीं मगर ध्यान रखें अगर बच्चे अच्छे विचार के होंगे या लायक होंगे तो माता–पिता को अलग देख ही नहीं सकते। बिगड़े की बात नहीं करता हूँ। हाँ, इतना ज़रूर कहूँगा कि पति को छोड़कर कहीं भी भटकना न तो जीवन में सुख प्रदान करेगा, न ही सम्मान देगा न शान्ति या जब आप अपने पति के साथ पूरा गृहस्थ जीवन बिता लिए है। तो साठ साल बाद भी हसते–खेलते, रोते–गाते, गुज़ार ले शायद

आपके हित की बात होगी। उसी तरह गृहस्थ जीवन में ऐसी भूल न करें जो आने वाले समय में पश्चात्ताप के आँसू निकले।

आप जीवन में कुत्ता, बिल्ली, तोता, ख़रगोश पालें मगर अपने माता–पिता को नज़रअन्दाज़ न करें और रिश्तों पर भी ध्यान रखें। आप गृहस्थ जीवन में चल रहे हैं। आपके पद है। आपके पास पैसे हैं। अच्छी बात है। आप कुत्ता पाल रखे हैं। आप खरगोश पाल रखें हैं। आप तोता भी पाल रखें आप बिल्ली भी पाल रखे हैं। उस पालतू जानवर को एक स्थान दे रखे हैं। उसकी प्रतिदिन क्रिया कर्म करने के लिए एक नौकर भी पाल रखे हैं या ख़ुद ही करते हैं। टहलाना भोजन की व्यस्था देखना उनकी पसन्द की चीज़ें ख़रीदते हैं तथा उसकी सफ़ाई के विषय में ध्यान रखते हैं। शायद यह आपका शौक़ है। होना भी चाहिए क्योंकि आपके पास पैसा है। आपके पास पद है। आपके पास शौक़ है। तो उसे पूरी करना भी चाहिए यहाँ यह कहना चाहूँगा कि अपने माता–पिता को नज़रअन्दाज़ न करें साथ ही आपके रिश्तों में कोई अंसहाय न हो, तब ऐसा करना है। यदि है तो आपको उस रिश्ते पर भी ध्यान देना है। त्योहार में या कोई अपने निजी कार्यक्रम में इसमें थोड़ा और बातें जोड़ ले शायद आपको अच्छा न लगे आपको पसन्द न आये ऐसा भी नहीं है। मगर पसन्द करना चाहिए तब पसन्द नहीं आयेगा आप अप्रैल से मार्च तक एक साल का वित्तीय ख़र्च जो पालतू जानवर पर लगाते है। उसके एक चौथाई ख़र्च आप उन लोगों पर लगाने की सोचे जो शायद आपको इस लायक बनाया है या यदि वे लोग नहीं है। तो अपने आप अपने रिश्तों में झाँ कर देखें कि क्या कोई आपके जान–पहचान का आपके रिश्तों में लगने वाला हो या आपका अपना सम्बन्धी हो जिसे शायद इस पालतू जानवर से भी ज़्यादा ज़रूरत आपके पैसे की है। आपसे ज़्यादा ज़रूरत आपके सहयोग की है। मगर आप उससे अपेक्षा करते हैं।

इनसान है तो आपका सम्मान करें आपको धन्यवाद करें। हाँ, हो सकता है। आप सम्मान के भूखे हैं। कौन नहीं सम्मान का भूखा है। मगर क्या आप पालतू जानवर से धन्यवाद पाते हैं। सम्मान पाते हैं। अहसान पाते हैं। तो फिर आप उसी तरह उनको भी यही सोच कर कुछ मदद करें। आपने एक वर्ष के आय का एक चौथाई भाग जो आप जानवर पर या किसी जीव पर शौक़ के लिए ख़र्च करते है या समय ख़र्च करते हैं। आपके पास इतनी क्षमता हो तब की बात बतायी जाती है। अन्यथा जब आप अभाव में हो तब की बात नहीं बतायी जाती है।

आपकी मर्ज़ी आपकी शौक़ आपकी आवश्यकता आपसे बेहतर कौन जानता है। बस यही सावधानी बरतनी है। समय रहते आपने शायद मेरी बातों को गौर कर ले तो शायद हर अपनो में से किसी बेबस व असहाय व मजबूर की ज़िन्दगी सँभल जाये। हमें विश्वास है कि हर इनसान में कोई न कोई ऐसा होगा जिसके परिचित या पहचान के या दूर के या नज़दीक के या सहारा देने वाले या आशा करने वाले या अपेक्षा करने वाले कोई न कोई अवश्य होगा और आपके जीव शौक़ के ख़र्च में से एक चौथाई ख़र्चे या समय तो वह चाह रहा है, ताकि जीव से भी बदतर जीवन जी ले जीवन इनसान जैसे बन जाये। यही रिश्ता निभाना या रिश्ता का होना मायने रखता है।

तनाव या दवाव

मानव में हर वक़्त दवाव बना रहता है। दवाव आने वाली परेशानी से मुक्ति नहीं मिल जाती, तब तक आदमी या व्यक्ति उसी में अपना मन लगाये रहता है। जैसे बाथरूम, शौच प्रक्रिया तथा अर्थ की आवश्यकता इन तीनों का दवाव आपको चैन से रहने नहीं देती है। जब तक समस्या का निस्तारण नहीं हो जाता दवाव बना रहेगा और तनाव इतना बढ़ जाता है कि आदमी या व्यक्ति परेशान हो जाता है। बाथरूम या शौच तो समय के साथ अपने आप शरीर से निकल ही जायेगा और स्थान नहीं देखेंगा परन्तु अर्थ की कमी आदमी को जीवन शून्य बना देगा जिससे आदमी का हर सामाजिक कार्य आवश्यकता का काम रोक देगा और उसी कमी को दूर करने के लिए नौकरी व्यवसाय कृषि कार्य यहाँ तक कि इनसान अपराध करके भी अपनी आर्थिक कमी पूरी करने का प्रयास करता है।

अर्थ के कारण छात्र का फार्म भरना रह जाता है। परीक्षा देना रह जाता है। पढ़ाई रुक जाती है। किसी विज्ञापन की अतिम तिथि निकल जाती है और छात्र फार्म नहीं भर पाता है। क्योंकि पैसा नहीं है। किसी तरह से व्यवस्था हो जाती है। अगर विज्ञापन के अनुसार वह फार्म भर दे। परीक्षा की तैयारी शुरू कर दे तो शायद न तनाव रहेगा न भविष्य ख़राब होने का डर रहेगा। तैयारी में दबाव बहुत मायने रखता है। पढ़ने के बजाय पूरा ध्यान तनाव में ही चला जाता है। बाथरूम या शौच में तो मिनट, सेकेंड का दबाव मुक्ति से पहले रहता है, मगर अर्थ में दिन, सप्ताह एवं महीने का दबाव रहता है। समय से मुक्ति मिल जायेगी, तो तनाव नहीं रहेगा है।

अर्थ की समस्या कभी–कभी आती है। यह नहीं कहता कि यह दबाव सबके साथ होता है, मगर किसी के साथ न हो इस बात से इनकार भी नहीं कर सकते क्योंकि सफ़र सबको करना है। सबको इस प्रक्रिया से गुज़रना है। किसके हिस्सा में क्या आता है। वक़्त की बातें हैं।

लड़के कहते हैं कि शौक़ था शौक़ इतना न रहे कि कभी मोटरसाइकिल कार रहे और शौक़ पूरी करते–करते पैदल चलने पर मजबूर हो जायें। साइकिल रखने लायक भी न रह जायें। यही सावधानी बरतनी है। ध्यान रहे कि जिसका शौक़ जो है चाहे मोटरसाइकिल हो, कार हो। शौक़ का क्या यह तो बढ़ती है। मगर शौक़ पूरा करने का साधन अर्थ है। अर्थ पाने के तरीक़े सीमित है। जैसी आय, वैसा शौक़ करनी चाहिए यही सावधानी बरतनी चाहिए।

आवश्यकता, उपयोगिता, सुविधा, चाहत, विलासिता कई प्रकार की है। आवश्यकता है। तो आप अवश्य समान ले। सुविधा हो तो अवश्य सामान ले उपयोगिता हो तो अवश्य समान ले, मगर विलासिता के लिए आय का साधन अवश्य देख लें। विलासिता ज़्यादा दिन नहीं रहती है। इसका ध्यान अवश्य रखें।

आप प्रतियोगी विद्यार्थी हैं। आपको मोबाइल चाहिए। आवश्यकता है, उपयोगिता है, मगर विलासता नहीं होनी चाहिए। एक लड़का अपने पिता से कहता है कि सौ रुपये बचाऊँगा तो एक साल में बारह सौ की बचत हो जायेगी। पाँच साल में छह हज़ार रुपये की बचत होगी। पिता ने एकमुश्त रुपये बेटे को दिये और बेटे ने खाते में जमा किया, ताकि समय से, आवश्यकता पूरी कर सके, उपयोग कर सके। लड़का कहता है कि पिता जी एप्पल का एक मोबाइल ले लें। उसकी क़ीमत मात्र तीस हज़ार रुपये होगी। पिता को बुरा लगा कि जब सौ रुपये बचाने की बात करने वाला लड़का इकट्ठा तीस हज़ार रुपये का मोबाइल ख़रीदने की बात करने लगा क्यों? पिता एप्पल का मोबाइल ख़रीदने की इज़ाज़त देगा, न इतने रुपये ख़र्च करने की आवश्यकता है, न उपयोगिता है। जो ख़र्च पाँच हज़ार, सात हज़ार, दस हज़ार कर सकता है, वह इतना ख़र्च क्यों करें? मगर सोचता है कि बच्चे का दिल न टूटे और अपनी परेशानी बता कर धीरे–धीरे दिया। रुपये वापस कर लेता है, ताकि बेटे को महसूस न हो और विलासिता में पैसे भी न ख़र्च हो। बेटे का शौक़ पूरा करना है, तो पिता का भी शौक़ है

कि बेटा अच्छा पढ़ने में हो तथा अच्छी डिग्री प्राप्त करें, अच्छा पद प्राप्त करें। पिता की डॉट को बुरा न मान कर नसीहतें अपने ज्ञान में जोड़ कर वृद्धि करे यही सावधानी है। समय के साथ सावधानी है।

आवश्यकता, उपयोगिता और ख़र्च

ध्यान रखें मानव ऐक ऐसा जीव है। जो स्वाभिमानी अहं स्वार्थी एवं सरल स्वभाव का है। स्वार्थ तो हर जीव में है। अहं भी जीव में है, नहीं तो एक दूसरे से लड़ते क्यों या भागते क्यों, मगर मानव जीवन का अलग रूप है। वह दिखाई देता है या प्रदर्शित किया जाता है। वह किसी का अहसान भी नहीं लेना चाहता परन्तु वह अहसान लेता भी है। जताना भी नहीं चाहता परिस्थिति बराबर नहीं रहती। उतार एवं चढ़ाव ज़िन्दगी का हिस्सा है। कभी कोई शिशु हुआ, कभी जवान हुआ, कभी बूढ़ा हुआ मानव का जीवन है। हादसा बीमारी से बचे रहें तो जीवन चलता है। मानव कम–से–कम 90 वर्ष तक जीता है। स्वाभाविक है। वह साठ साल तक तो आय अर्जित करता है। जिसे गृहस्थ जीवन कहते हैं। उससे अधिक तक आय एकत्रित कर सकता है। फिर आय अर्जन की क्षमता या भाव दोनों समाप्त हो जाते हैं। अगर किसी की अल्पायु में मृत्यु नहीं हुई तो वह सफ़र करना पड़ता है। आय के साधन शून्य के करीब हो जाता है और व्यय के साधन बना ही रहता है। जब तक जीवन है।

अब यह कहना है कि आवश्यकता अधिक है, उपयोगिता भी है तथा अब आवश्यकता और उपयोगिता के लिए ख़र्च की आवश्यकता है, ख़र्च रुचि के अनुसार उपयोगिता के अनुसार होता है। आप किसी को निमन्त्रण है तो वह आपका निमन्त्रण स्वीकार करे या न करे यह उस पर निर्भर है। यदि वह निमन्त्रण में आयेगा। हाँ, तो आपकी आय क्या है? आपकी उपयोगिता क्या है? अर्थशास्त्र यही कहता है कि आवश्यकताएँ अधिक हैं, परन्तु आय के साधन सीमित है। आप ख़र्च को देखें उसकी उपयोगिता को देखें अपनी रुचि को देखें। उस रिश्ते को देखें, जिस पर ख़र्च करने को तैयार हैं। इस तरह आप देखेंगे कि किसी पुस्तक को ख़रीदने के लिए कोई व्यक्ति उस पर आने वाले ख़र्च को देखता है। फिर उसकी उपयोगिता को देखता है। उसकी आवश्यकता को देखता है। उसमें अपनी रुचि को देखता है। तब जाकर पुस्तक की क़ीमत का भुगतान करता है।

यदि आपसे आपकी किसी की उपयोगिता है, स्वार्थ है, रुचि है, तो आपसे सम्बन्ध बनाने का प्रयास करेगा। आपके पास आने का प्रयास करेगा। अन्यथा आपसे दूरी बनाने का प्रयास करेगा।

आपको सावधानी बरतनी है। आपको समझना है, जिसको आप निमन्त्रण दे रहे हैं। आप किसी को पैसे दे रहे हैं, जिसकी आप मदद कर रहे हैं, उसको आपके निमन्त्रण की, आपके मदद की, आपके पैसे की ज़रूरत है, तो उसे स्वीकार करेगा अन्यथा उसे नज़रअन्दाज़ करेगा, उपेक्षा करेगा या कूड़े के ढेर में डालने जैसा व्यवहार करेगा।

हर व्यक्ति का अपना विचार है। शायद वह विचार उसका रहा होगा मगर आपका क्या विचार है? क्या आप किसी ऐसे स्थान पर जाते हैं? जहाँ आस्था की कोई बात नहीं है? आप जिसमें आस्था रखते हैं। उसकी पूजा करते हैं। उसे अपना ईश्वर या अल्लाह या उसके दूत के रूप में स्वीकार करते है? अपने हमदर्द या मददगार के रूप में मानते हैं। तो समझ ले आपका पहला भगवान माता–पिता और दूसरा भगवान पैसा है। पैसे के लिए अपने बच्चे के लिए हर माता–पिता न जाने क्या करता है।

पुरुष अपने गृहस्थ जीवन का सफ़र करता है। तो जीवन चलाने के लिए अपनी उपयोगिता के लिए, जो ख़र्च करता है, वह अपनी आय में से करता है, जितनी आय है। उसी के अनुरूप ख़र्च करता है। अपनी ज़िम्मेदारी निभाने के लिए लड़की की शादी उपयोगिता एवं रुचि है। स्वार्थ में डिग्री लेना आवश्यकता उपयेगिता और नौकरी पाना आवश्यकता है। उससे अपने ख़र्च के लिए पैसे पाना आवश्यकता है। मगर नौकरी वेतन के अलावा अन्य आय सोचना विलासिता या दुरुपयोग है। आपको चार पहिया वाहन आवश्यकता है, मगर अपनी आय से अधिक की क़ीमती गाड़ी ख़रीदना विलासता है। गृहस्थ जीवन में अपने उपयोग की हर वस्तु खरीदना आवश्यक है। मगर वह वही चीज़ें खरीदे जो ज़रूरी हों।

यही सावधानी बरतनी है। यही अपने आपको समझना है कि गृहस्थ जीवन को अपनी आय से आवश्यकता समयानुसार बनाये रखें ताकि आपका जीवन अच्छी तरह से चल सके। कही ऐसा न हो कि क्या करें समय से ध्यान नहीं दिया नहीं तो आज परेशानी नहीं होती या आज कमी नहीं होती ऐसा नहीं है कि आप समय से कर नहीं सकते बल्कि करना नहीं चाहा।

मोबाइल पर सावधानी

परिवार में जितने सदस्य हैं, मोबाइल की संख्या उतनी है या उससे ज़्यादा है। अब आपकी आय का करीब 10 प्रतिशत भाग मोबाइल की ख़रीदारी, रिचार्ज या मरम्मत पर ख़र्च होता है तथा जीवन का करीब 20 प्रतिशत समय हर सदस्य अपने मोबाइल पर देता है, जिसके कारण न सिर्फ़ पैसा ख़र्चा होता है। इसके लिए समय में कटौती होती है। एक मंज़िल पर रहने वाले दूसरे मंज़िल पर रह रहे परिवार के सदस्य से मोबाइल सम्पर्क करते हैं। दूरियाँ बढ़ती हैं। पैसे ख़र्च होते है। शरीर का भी अंग क्षति के रूप में है। माना कि आपको आवश्यकता है, मगर आवश्यकता अनुसार आप मोबाइल का प्रयोग करें। अब आप फेस बुक वाट्सअप, ट्यूटर पर एक सीमा से अधिक समय लगाते हैं। यदि आप आधे घण्टे सुबह–शाम मोबाइल में देते है, तो चल जायेगा, मगर आप घण्टों मोबाइल को समय देते हैं। जो आपकी सेहत के लिए, परिवार के लिए, ठीक नहीं है। जब मोबाइल नहीं चला था, तब भी किसी का कोई काम नही रुकता था।

प्रतियोगी छात्रों को यही कहूँगा कि शौक़ है। एक घण्टा, दो घण्टा, तीन घण्टा सुन लें, देख लें बात कर लें मगर यह क्या पूरे दिन कान में लीड डाले रहते हैं। यहाँ तक सोते समय मोबाइल का लीड डाल कर, टहलते समय लीड डाल कर, पढ़ते समय लीड डाल कर जब देखें कान नहीं दीवार की खूँटी हो गयी है। जब आप किसी अँगूली कपड़े से चली जायेगी आप आपने कानों का अपने आँखों का प्रयोग आवश्यकता अनुसार कम्प्यूटर वाले समानों पर प्रयोग करें। समय से ज़्यादा अनावश्यक उपयोग करेंगे तो आपके कान और आँखें खराब हो जायेंगी। काल में आप अपने आपको कान से आँख से अस्वस्थ नज़र आयेंगे सावधानी बरतें और किसी चीज़ का उपयोग करें।

अच्छा स्वास्थ

मानव जीवन का हर काम तब होता है, जब वह स्वस्थ रहे। परिवार के सदस्य सस्वस्थ रहे तो पैसे भी बचेंगे। भोजन भी ठीक से पचेगा रिश्ता भी अच्छी तरह से निभेगा। यही एक ऐसी सम्पत्ति है, जो ख़ुद की है, इसमें किसी की कोई हिस्सेदारी नहीं है। स्वास्थ अच्छा है। तो वैवाहिक जीवन भी अच्छा चलेगा गृहस्थ जीवन का सफ़र भी अच्छा चलेगा रिश्ता भी अच्छा

निभेगा नौकरी भी अच्छी चलेगी तथा आप ख़ुश हाल रहेंगे। किसी उम्र तक आराम से सफ़र करेंगे मगर यह क्या समय से सावधानी नहीं बरती समय पर ध्यान नहीं दिया जिसके कारण आपका स्वास्थ ख़राब हो गया।

आप स्वस्थ रहेंगे तो आपका तन तो मज़बूत रहेगा। आपके पास धन भी बचा रहेगा। यह बीमारी जीवन के उस फटे झोले के समान है। चाहे जितने रुपये रखें कभी भी नहीं भरेगा और जब कभी झोला आपके हाथ कुछ नहीं आयेगा। इसलिए स्वास्थ्य के प्रतिविशेष सावधानी बरतनी है।

लड़की की शादी की ज़िम्मेदारी

हर माता–पिता को यह अहसास होने लगा कि उसकी लड़की अब शादी करने योग्य हो गयी है। उसकी शिक्षा पूरी हो गयी है। अब उसकी उम्र भी हो गयी है। यदि समय रहते शादी नहीं किया जाये तो उसकी उम्र और अधिक हो जायेगी। हर माता–पिता की यह नैतिक, सामाजिक ज़िम्मेदारी बनती है। यह अलग बात है कि समय अब बदला है, मगर ज़िम्मेदारी तो ज़िम्मेदारी है। वह अपने पुत्री की समयानुसार शादी कर दे, मगर सबसे बड़ी अड़चन आती है कि लड़के की शादी तो समयानुसार करना चाहेगा, मगर जब तक वह जॉब में नहीं आता है, तब तक लड़की वाले उस लड़के की ओर निग़ाह नहीं रखते आप लड़की के पिता हैं। तो क्या आप चाहेंगे कि लड़का अभी परीक्षा की तैयारी कर रहा है। आप अपनी बेटी की शादी कर दें। नहीं करना चाहिए ऐसा अहसास है। मगर लड़की की शिक्षा पूरी हो गयी उम्र पच्चीस के पार होने लगे तो लड़की की शादी कर दें। लड़का तीस वर्ष का होगा जब लड़की की शादी करने के लिए नौकरी वाले के यहाँ जायेंगे, तो निश्चित है कि लड़के वाला कार लम्बी रक़म आदि की बात करेगा और लड़के का पिता चाहेगा कि लड़की का पिता ख़ूब ढेर सा दहेज ज़मीन या मकान लड़के को दे, ताकि लड़के वाले का मान–सम्मान रहेगा शादी के लिए ख़र्च नियत नहीं है। संयोग या अवसर के अनुसार लड़की की शादी में ख़र्च लगता है। जैसे कोराना काल 2020 में न बाजा, न नाच न बराती बस शादी हो गयी।

बडी अजीब बात है। जब लड़का पढ़ रहा था प्रतियोगिता की तैयारी कर रहा था, तब लड़के को कोई लड़की वाला नाम तक नहीं पूछता था। जैसे ही लड़का किसी सरकारी जॉब में आ गया उसका का भाव आसमान छूने लगा। जहाँ कोई पूछता नहीं था और जॉब पाते ही पूछने वालों की

संख्या में इतनी बढ़ोतरी हो गयी कि लड़का और लड़के के पिता कन्फ्यूज हो गये कि किस लड़की वाले के यहाँ शादी करें, ताकि लड़की सुन्दर व पैसे वाली हो जिस तरह मार्केट में सभी लोगों के लिए कपड़े होते हैं और अपनी हैसियत के हिसाब से खरीदते हैं। पचास हज़ार कमाने वाले को दो लाख रुपये की क़ीमत वाला कपड़ा पसन्द आयेगा। उसी तरह से चाहे लड़की वाला कितना भी आर्थिक दृष्टि कमज़ोर हो मगर लड़का उच्च पद वाला ही पसन्द आयेगा, जब लड़के वाले के डिमांड सुना तो पसीना आ गया क्योंकि लड़के अब रिश्ता नहीं ढूँढ़ते हैं। बल्कि कमाऊ वीबी ढूँढ़ता है। पैसे वाली बीबी ढूँढ़ता है। लड़की वाला रिश्ता नहीं दामाद ख़रीदता है। जैसे कोई समान ख़रीदता है। लड़के वाले से बोलता है कि कितना लोगे और लड़का का पिता अपने लिए बहू नहीं बल्कि अपने लड़के के लिए के लिए एक औरत रूपी सामान ख़रीदता है और फिर शादी तय हो जाती है। जब रिश्ता नहीं ख़रीदा मानव रूपी सामान ख़रीदा तो भविष्य में भावना, हमदर्दी या समर्पण सामान में कहाँ से आयेगा। जब तीनों शब्द का समावेश रिश्ते में नहीं रहेगा, तो आगे भविष्य में क्या परेशानी होगी वह तो वक़्त बताता है।

जब शादी तय हो गयी और लड़की के पिता का सारा धन ख़र्च हो जाता है। तब लड़की के मन में लड़के के पिता या परिवारीजन के विरुद्ध नफ़रत एवं गुस्सा के साथ–साथ अपने माता–पिता के प्रति हमदर्दी का भाव आता है एवं एक समय ऐसा आता है कि लड़की अपनी ससुराल में अपने पति के साथ तो रहती है, मगर घर में अशान्ति का माहौल उत्पन्न होता है और लड़की के द्वारा सास, ससुर, ननद, देवर के प्रति अपना भाव न होकर गुस्सा के साथ कटु का व्यवहार होता है, जिसके कारण लड़का या लड़की के बीच मनमुटाव, परिवारों में तनाव का माहौल बन जाता है कि लड़की के मन में यह भाव आता है। काश, यदि लड़की नहीं होती तो पिता के ख़ून–पसीने की कमाई नहीं जाती।

अब लड़की का पिता यह सोचता है कि पहले ग़रीबी थी। आर्थिक अभाव था, तो परिवार सकुशल था, मगर अब परिवार अशान्त हो गया। परिवार पहले कम परेशानी में था, तब सही था, परन्तु अब परिवार दुख झेल रहा है।

कभी लड़के के पिता बनकर सोचा कभी लड़की का पिता बनकर सोचा जब लड़की के पिता लड़की की शादी करेंगे तो मन से तैयार होंगे,

मगर माँग किये जाने पर ज़्यादा–से–ज़्यादा थोड़ा धन और बढ़ा देंगे क्या लड़की को गुस्सा नहीं आयेगा? कहीं–न–कहीं तो ग़लत हुआ है।

आप अपने रिश्ते को शेयर मार्केट न बनायें, बल्कि रिश्ता बनायें दुल्हन लाये न पैसे लाने वाली दुल्हन समझे, सहमत समझे कि समाज क्या कहता है?

ईर्ष्या से बचें

जब आपका वैवाहिक जीवन प्रारम्भ हो गया तो आपके दाम्पत्य जीवन में, आपके सुखी जीवन में आपके सफ़र में कई रोड़े आयेंगे। आपकी अच्छी सरकारी नौकरी है। आपका सुखी जीवन है। आपके पास सुख सुविधा भी हो गयी है। तो आपसे आपके पट्टीदार आपका पड़ोसी आपका भाई आपके जान पड़चान के लोग आपके व्यक्ति आपके जीवन के कार्य से ईर्ष्या रखेंगे। यहाँ तक आपसे दूरियाँ बनायेंगे जो दूरियाँ आपको बनानी चाहिए, वह दूरी वे बनाने का प्रयास करेंगे। आपकी पहचान, आपका महत्त्व देख कर जलेंगे पर वे आय व्यंग्य भी कसेंगे।

यदि आपको अपना बनाने का प्रयास करेंगे, तो मात्र समय के साथ, स्वार्थ के साथ, अपने जीवन के फ़ायदे के लिए, आपके साथ रहेंगे, वे ऐसा व्यवहार करेंगे कि आपको मालूम होगा कि अपने से ज़्यादा हमदर्दी है। कभी आपने देखा कि आपके पिता ने जो मकान बनाये हैं। कच्चा या पक्का जैसी स्थिति रही होगी। आप जब तक उसमें अपना हक़ नहीं माँगेंगे तब तक आपसे अलग भाव रखेंगे, मगर जब आप अपना हिस्सा जतायेंगे। आपसे विवाद होना स्वाभाविक है। आपके सामने उनकी असली स्थिति प्रदर्शित हो जायेगी। आप भ्रम में रहेंगे। आपको शान्ति से आगे बढ़ना है। आपको जीवन में विकास करना है, तो निश्चित है कि आपको विवादों से दूर रहना पड़ेगा। क्या कोई सोचता है, आपको यह नहीं सोचना है, बल्कि आपको अपने परिवार को प्रगति करना है। आपको अपने लिए एक आवास बनाना है। चाहे भले आज उसकी उपयोगिता न रहे मगर यह निश्चत है कि आपको भविष्य में उसकी उपयोगिता होगी, सम्पत्ति अच्छी हो, उपयोगी हो, यदि आपके पास सम्पत्ति है, तो अच्छी बात है, आप उसका अच्छी तरह उपयोग करना सीखे।

यदि आप ने समय का उचित उपयोग नहीं किया तो समय बीत जाने के बाद कुछ नहीं कर सकते। सिवा पछताने के आँसू बहाने के आपके बढ़ते हुए क़दम से आपके पट्टीदार या गँवई पड़ोसी ईर्ष्या रखते हैं।

यदि यही विकास आप शहर में रह कर करेंगे तो अपना खाना, अपना कमाना, किस जाति के है। किस समुदाय के है। किसी को न जानने की ज़रूरत है, न समझने की आपसे आपसी मतलब नहीं हो पाता है।

शहर के जीवन में अपनापन हो या न हो, मगर आपको ज्वेलसी वाली भावना दिखाई नहीं देगी। अगर रहेगी तो आपसे कोई सम्बन्ध नहीं रहेगा। साथ ही विवाद भी कम ही नज़र आता है, क्योंकि सभी अपने–अपने काम में व्यस्त रहेंगे, क्योंकि शहर में रहने के कारण आधे से अधिक समय तो कमाने में बीत गया और कुछ जीवन बनाने में व्यतीत हुआ मानव एक सामाजिक प्राणी है। जहाँ देहात में एक ही समुदाय के लोग रहते हैं। वहीं शहर में समुदाय नाम की चीज़ देखने को नहीं मिलेगी। अगर मिलेगा तो केवल सम्बन्धों का, रिश्तों का भाव जो बन सकता है, वही मिलेगा।

ज़िम्मेदारी कब किसकी निभाएँ

आपके मन में भाव आयेगा कब, किसको, क्या सावधानी बरतनी चाहिए तो जब आप अपने पुत्र को बड़ा किया अपनी पत्नी की ज़िम्मेदारी निभायी। यह नहीं कहाँ जा सकता कि भाई बन्धु को छोड़ दें, मगर यह भी नहीं कहाँ जा सकता कि आप पकड़े रहें। कभी मजबूरी के साथ चलना पड़ता है। कभी ज़रूरी के साथ चलना पड़ता है। कहा गया कि आप चाहते हुए बेबस है। मदद न करने के लिए न चाहते हुए बेबस है। मदद करने की बात सही है, मगर पहले मदद करनी चाहिए।

ध्यान रहे कि आप अपने सामने वाले से, अपने पास वालों से, अपने परिवारीजन से सामान्य व्यवहार करें। उनके सामने प्रतिदिन न दिखाई देने वाला व्यवहार करे सुख सुविधा का प्रयोग करें, मगर अपने सामने वाले को देखने में लगे कि वह दिख नहीं रहा है। अन्यथा आप ईर्ष्या का शिकार होंगे। हाँ, बराबर मकान, बराबर सुविधा हो तो शायद ईर्ष्या कम होगी।

एक मास्टर थे उनका एक बड़ा भाई था। स्वाभाविक है कि जब कोई का बड़ा भाई होगा तो अवश्य कोई छोटा होगा। एक दिन बड़ा भाई की शिकायत लेकर छोटा भाई प्रशासन के पास पहुँचा और प्रशासन से कहाँ कि बड़ा भाई गाली देता है। प्रशासन अधिकार ने पूछा कि मास्टर साहब आपका बड़ा भाई क्या करता है। मास्टर झट से उत्तर दिया कि बड़ा भाई मज़दूरी करता है और अपने को सरकारी मास्टर बताया तो प्रशासनिक

अधिकारी ने कहाँ, कैसे मास्टर हो बच्चों के जीवन तो सँवारना जानते हो, मगर अपना जीवन, अपने परिवार से बचाना या सँवारना नहीं जानते। तब मास्टर ने कहाँ कि हमें नसीहतें नहीं चाहिए, मेरी एफ.आई.आर. लिखों कि मेरा भाई मुझे गाली देता है। तब अधिकारी ने मास्टर को बैठाया, पानी पिलाया, फिर उसकी बातें ध्यान से सुनीं तो पाया कि मास्टर की समस्या जायज थी। बड़ा भाई मज़दूरी करता है। आर्थिक अभाव में जीता है। सुख–सुविधाओं से वंचित हैं। कच्चे मकान में रहता है। लड़के अभाव में जीवन गुज़र करते हैं, परन्तु छोटा भाई सरकारी नौकरी कर सुविधाओं में एवं सुख में जीता है। पक्के मकान में रहता है। आख़िर बड़े भाई का जलना या ईर्ष्या रखना जायज था। देख–देखकर दुखित होना जायज था और अपना गुस्सा एवं नफ़रत निकालने के लिए सुबह–शाम गाली अपने से भाई को दिया करता था। अधिकारी ने सोचा एफ.आई.आर. तो कभी भी लिख जायेगी, मगर एक इलाज़ करके देख लें, शायद छोटे भाई को समझ में आ जाये। तुरन्त उसने ढाई सौ ग्राम रसगुल्ला मँगाया और अपने स्टाफ के साथ मास्टर साहब के सामने खा गया। मास्टर साहब को पूछा तक नहीं कुछ देर बाद मास्टर साहब से पूछा कि जब हमें रसगुल्ला खा रहे थे, तब मास्टर साहब आपको कैसा लग रहा था। मास्टर साहब ने कहा कि बुरा लगा। तब अधिकारी ने कहा कि जब अपने पैसे से अपने लिए रसगुल्ला मँगाया तब आपको बुरा लगा, जब कि रिश्ते में आप कुछ नहीं लगते। जब आपका बड़ा भाई है। आपके पिता का बड़ा लड़का है। आप उसके सामने सुख–सुविधाओं से लैस रहेंगे, तो आपको देखकर बुरा क्यों नहीं लगेगा? मास्टर बात समझ गये और अपनी ग़लती के लिए माफी माँगते हुए कहा इस ग़लती में सुधार करूँगा। अधिकारी ने कहा अपनी एफ.आई.आर. लेते जायें, तो मास्टर ने कहाँ काहे की एफ.आई.आर.। ग़लती मेरी थी तो सुधार मुझे करना चाहिए न कि बड़े भाई को। परेशान करने की नियत से उसके विरुद्ध एफ.आई.आर. करना चाहिए।

यह सही है कि एक पिता की कई औलादें हैं। यदि एक कमाने जबकि दूसरा नहीं कमाता है, निश्चित है कि न कमाने वाला परेशानी में रहेगा। वह कमाने वाले से ईर्ष्या भी करेगा।

सावधानी बरतने का अर्थ यही होता है कि समय से 'सावधान' रहे आने वाला समय आपका पीड़ा दायक हो सकता है। वह आपको पीड़ा पहुँचा सकता है। ढोकरे खाने के बाद किसी की नसीहत या सुझाव की ज़रूरत नहीं होती।

फिर तो अपने आप ही 'सावधान' हो जायेंगे, सुधर जायेंगे। अब ढोकरें कितनी है? क्या सावधानी लायक रह पाते हैं या पछताने लायक ही बचते है? ध्यान रखें अपनी कमाई या पिता की कमाई दो ही होती है। आप कमाई ग़लत करते हैं या सही करते हैं, मगर पिता की कमाई का उपयोग करें, उपभोग न करें।

स्वास्थ पर ध्यान

अपने स्वास्थ पर समय पर ध्यान न देना आपके लिए पीड़ादायक हो या न हो लेकिन आपके आश्रित को बहुत पीड़ादायक बना देता है। उदाहरण के रूप में प्रस्तुत है। एक व्यक्ति अपने पिता की मौत के बाद सरकारी जॉब पिता की जगह पाया, अब वसीयत में पिता की सम्पत्ति तो मिली। साथ में पिता की नौकरी भी मिली। अब पद के साथ भ्रम का दरवाज़ा खुला और अपने को काबिल तथा पैसा वाला बन बैठा। समय कभी अपने को रोकता नहीं दस साल कब गुज़र गये पता ही नहीं चला बच्चों ने कहाँ पिता जी एक आवास बना लो। कब तक नौकरी में मारे मारे फिरोगे। पिता तो भ्रम में था। शराब और पीने लगा। बताने वाले, समझाने वाले, कहते रहे, मगर यही कहता जब चाहूँगा मकान, दुकान, ख़रीद लूँगा। जब चाहे प्लॉट ख़रीद लूँगा, जब चाहे जो चाहे ख़रीद लूँगा। समय के साथ न चलकर शराब में डूबा रहा ज़िम्मेदारी की जगह तैनात था। पद था, तो पैसे थे कुछ ख़ुद की कमाई, कुछ पाप की कमाई, जिसे आज कल रिश्वत या नम्बर दो की कमाई भी कहते हैं। तन पर ध्यान न देने के कारण शरीर में कई प्रकार की बीमारी बैठ गयी। उसे पीलिया हो गया। शराब छूटी नहीं। इलाज़ के लिए अवकाश इसलिए नहीं लेता था कि कहीं उसके हाथ से कमाई वाला पद न चला जाये ज़िम्मेदारी का पद था। वक़्त आगे और बढ़ा अचानक उसे बेहोशी हालत में बड़े अस्पताल ले जाया गया सोचा था कि पैसे है। तो रोग क्या कर सकता है। आख़िर वही हुआ जो नहीं होना चाहिए एक दो हफ़्ते में लाखो रुपये खर्च हो गये। जब जमा पूँजी। खर्च हो गयी, तो होश आया।

उसे ज्ञान हुआ कि अपने लिए तो रहने का मकान ही नहीं बनाया है। यदि कहीं कुछ हो जाता तो बच्चे कहाँ जाते, मगर अपने सहयोगी से कहा कि अस्पताल से निकलते ही पहले मकान बनवाऊँगा उस ने कहा कि पहले यहाँ से निकलो तो। यह बात उसे बुरा लगी और कहा अब तो ठीक हो गया हूँ।

सहयोगी उठकर बाहर चला गया तीन दिन बाद सूचना मिली कि उस अधिकारी की मौत हो गयी। सुधारने का मौक़ा ही नहीं मिला। माँ भी विधवा और बहू भी विधवा। इस उदाहरण के माध्यम से यही कहना चाहता हूँ जब कोई घटना घट गयी तो बचेंगे तब सुधरेंगे नहीं बचे तो क्या सुधरेंगे। यह नहीं कहता कि सावधानी बरतने पर घटना नहीं घटती, पर उसमें भगवान शायद सुधरने का मौक़ा देते हैं।

सुरक्षा करें

जब गृहस्थ जीवन है। तो आप अपने जीवन में धन बचाते हैं, उससे आभूषण बनवाते हैं। खेत ख़रीदते हैं। लड़का–लड़की पढ़ाते हैं मोटरसाइकिल ख़रीदते हैं, कार या उपयोगी सामान ख़रीदते हैं। आप अपने बनाये सामान की सुरक्षा नहीं करेंगे, तो बनी बनायी चीज़ कोई चोर कहीं–न–कहीं चुराने का प्रयास करेगा। कोई नुकसान करने का प्रयास करता है। आप हेलमेट नहीं लगाते हैं। तो दुर्भाग्यवश अगर दुर्धटना हो जाती है, तो ज़्यादा नुकसान होगा। उसी तरह आभूषण पहन कर किसे दिखाना चाहती हैं। क्या बरात में गयी हैं, घर में है या सुबह टहल रही है? यदि टहल रही हैं तो वहाँ पर आभूषण दिखाने से क्या फ़ायदा और आप ज़रा से नज़रअन्दाज करेंगी तो झपटमार लेकर भाग जायेगा। आपके सामने आपका हार चुरा ले जाये या छीन ले जाये या लूट ले जाये तो आप रोती रह जायेंगी। जैसे किसी सिपाही की नौकरी चली गयी हो। उसके सामने अभियुक्त जो सिपाही के अभिरक्षा में है। और वह देखते ही देखते वहाँ से भाग जाये तो सिपाही की नौकरी चली जायेगी। तो फिर यही कहता है कि क्या करें सावधानी नहीं बरती? अन्यथा ऐसी नौबत नहीं आती सिपाही के सामने उसकी नौकरी गयी। रिश्वत लेने वाले की नौकरी गयी। औरतो की सोने की जंज़ीर गयी। खेत जानवर चर गये प्राकृतिक आपदा की बात नहीं है। यहाँ लापरवाही या सावधानी की बात है।

पति या पत्नी आर्थिक रूप से मज़बूत हों

पति–पत्नी को आर्थिक रूप से मज़बूत होना चाहिए, ताकि जब भी बुरे दिन आयें तो एक दूसरे का साथी बन सके। अब आपकी मर्ज़ी आप कैसे सफ़र करते हैं? सावधानी की ज़रूरत पड़ी। महसूस हुई, बात रखी, मानना या न मानना आपके ऊपर है। ऐसा नहीं कि आप मानते नहीं हैं। मगर उस मानने का क्या फ़ायदा जब वक़्त बीत जाये या अवसर न रह जाये।

गृहस्थ जीवन में पति एवं पत्नी का ऐसा योग होता है। जिससे आने वाली पीढ़ी का आधार होता है, बल्कि इससे स्वयं का जीवन सुखमय या दुखमय होता हैं।

परिवार चलाना आना चाहिए

माना कि किसी स्त्री की शक्ल ठीक नहीं है। माना कि उसका व्यवहार ठीक नहीं है। माना कि उसकी बोलचाल ठीक नहीं है। माना कि उसके अन्दर परिवार चलाने की क्षमता नहीं है। माना कि अच्छा पकवान बनाने वाले गुण नहीं हैं। माना कि उसके पास आय के स्रोत नहीं हैं। उसी तरह से पुरुष उपरोक्त गुणों के साथ शक्ल, व्यवहार, बोल, वचन अच्छा होना जरूरी है इसी से परिवार चलेगा।

पुरुष या स्त्री दोनों में तीन–तीन गुणा होना आवश्यक है। 100 प्रतिशत के जीवन को कुल छह भागों में बाँटा गया है। सौ का सौ प्रतिशत गुण तो किसी व्यक्ति में नहीं हो सकता मगर तीन गुणों का होना जीवन चलने के लिए चाहिए। 3+3=6 हो गया प्रत्येक गुण पर सोलह प्रतिशत का अंक रखा गया है। तीन गुणों को मिलाकर 48+48=96 का गुण हो गया 48 प्रतिशत। यह जीवन जीने के लिए काम चलाऊ है। यदि गुण तीन के बजाये चार–चार हो जाये तो जीवन प्रथम श्रेणी में हो जायेगा और पाँच–पाँच गुण का संयोग हो तो फिर जीवन बढ़िया हो जायेगा। छह के छह गुण किसी इनसान में नहीं हो सकते यदि सुन्दर हैं, तो व्यवहार ख़राब होगा। यदि शक्ल अच्छी नहीं है, तो व्यवहार अच्छा होगा। यदि व्यवहार ख़राब है और सुन्दर भी नहीं है, तो कम कमाता होगा महिला है, तो अच्छा वहाँ भोजन नहीं बना पाती होगी।

यदि छह अवगुणों से किसी स्त्री युक्त हो तो उसका पति मात्र सामाजिक, परिवारिक किसी का भविष्य देखकर अपनी नाव बालू में ही खींच सकता है। यदि ऐसा न हो तो जीवन का न मक़सद रहा, न ख़ुशियाँ, न आशाएँ, न तमन्ना जीवन में साँस तो है, मगर जीवन इसे नहीं कहते। ख़ैर, कौन किन परिस्थिति में अपना गृहस्थ जीवन उससे अच्छा कौन जान सकता है। ऐसे गृहस्थ, जीवन टूटे हुए काँच की तरह, तेल में भीगा नोट की तरह हो जाता है। जैसे किसी कर्मचारी द्वारा अपने सीनियर की बात न मानना या उससे बदतमीजी करना है। नौकरी कब ख़त्म हो जायेगी सीनियर आफ़िसर की नियत या विचार पर निर्भर करता है।

उसी प्रकार ऐसा रिश्ता टूटा रखा है। बस समय निर्धारित नहीं है। चल भी सकता है, नहीं भी चल सकता है।

सावधानी का अर्थ यह नहीं कि जीते जी ज़हर खाना है। हाँ, दूसरे की पीड़ा तब तक अपनायें या सजायें जब तक खुद की स्थायी पीड़ा न बन सके। जब स्थायी पीड़ा होने की उम्मीद हो, तो ऐसे रिश्तों से तो अलग होना ही बेहतर होगा।

अन्तरजातीय शादी

वैवाहिक जीवन शुरू होता है। पारिवारिक जीवन शुरू होता है। लड़की का सम्बन्ध किसी दूसरे समुदाय से लड़के का सम्बन्ध किसी दूसरे समुदाय की लड़की से है। यहाँ लेखक यह कहना चाहता है कि अन्तरजातीय विवाह से मतभेद नहीं, विरोध नहीं, मगर सलाह या सावधानी यह है कि मानव जीवन है, मानव जीवन किन परिस्थितियों में चल रहा है। उससे बेहतर कौन जान सकता है? यह भी सत्य है कि वैज्ञानिक या ज्ञानी का मत है। माता–पिता का पुत्र में जींस 50 प्रतिशत आता है एवं दादी का जींस 25 प्रतिशत आता है। नानी का जिंस 25 प्रतिशत आता है। यदि जीवन की लम्बी पाली खेलनी है। आप अपने जीवन तक ही सीमित नहीं होते हैं। यह जींस तो सभी परिवारों में होता है। मगर धनाढ्य परिवारों को छोड़कर आपको यह सोचना पड़ेगा कि आपकी शादी किस वंश में या किस परिवार में है। आप अपने साथ–साथ अपने पुत्र–पुत्री का जीवन सफल बनाने या परिवार चलाने या उनकी पीढ़ी में जाने की सोचें तो बाकी ध्यान रखना पड़ेगा आपकी अपनी मर्ज़ी है। बड़े लोग कहे जाने वाले धनाढ्य होते हैं। उनका प्रतिशत पाँच या उससे कम है। तो उनका जींस से नहीं धन या पद से सम्बन्ध होता है।

आप कहेंगे प्रेम का सम्बन्ध या अपने पन के सम्बन्ध की बात है। बदलते परिवेश में यह सोच लें, जब तक आप आर्थिक रूप में मज़बूत नहीं होंगे किसी समाज की लड़की या लड़का आपसे शादी की इजाज़त नहीं देता है। प्रेम की डोर आपकी आय के साथ जुड़ा है। नौकरी अच्छी हो, वेतन अच्छा हो, तो लड़की भी तैयार है। उसके माता–पिता भी तैयार हैं। फिर कोई जाति भेद नहीं है। हुआ न आपका आर्थिक सम्बन्ध या आर्थिक रिश्तों का सम्बन्ध फिर प्रेम कहाँ रहा या फिर जाति कहाँ रही, मगर ध्यान रखें,

आप अपने साथ अपने बच्चों की ज़िम्मेदारी निभाना चाहते हैं। यही काम हर माता–पिता का है। कही ऐसा न हो आप अपनी ज़िन्दगी जी लिए और अपने बच्चों की ज़िन्दगी को दुख में डाल दें।

अन्तरजातीय विवाह में सावधानी बरने की बात नहीं कर सकता, बल्कि सावधानी यही है कि आप अपना भविष्य अपनी, ख़ुशियाँ देखें यह सत्य है, मगर अपने साथ–साथ आने वाले बच्चे के बारे में सोचे, जैसे तेज़ रफ़्तार से चलते बाहन को अगर कोई नियन्त्रित करने की कोशिश करता है, उसका सन्तुलन बिगड़ जाता है। साथ ही दुर्घटना भी हो सकती है। यदि दुर्घटना हो गयी तो जीवन थोड़ी देर के लिए ज़रूर प्रभावित होगा। यदि किसी शराबी को शराब पीने से मना किया जात है तो मना करने वाला उसका बहुत बड़ा दुश्मन हो जाता है, मगर जब वही शराबी आर्थिक रूप से कमज़ोर हो जाता है। शारीरिक रूप से कमज़ोर हो जाता है। अल्पायु में ही अपने जीवन से हार मान लेता है। तब उसे पुरानी बातें याद आती हैं या जीवन में पीड़ा होती है। तब न तो सुधरने का अवसर रहता है। न सँभलने का अवसर रहता है। पछताने का अवसर रहता है। समय, अवसर, सब हाथ से निकल जाता है। बस आपसे यही कहना है कि समय रहते जागिए समय रहते 'सावधान' हो जाइए अन्यथा क्षति होने पर तो सभी सजग होते हैं, 'सावधान' होते हैं।

प्रेम होना और शादी होना अलग–अलग है। क्योंकि शादी करना दूर तक का सफ़र है। यह अलग बात है कि कौन कितना भटकता है? यह भी सच है। अगर भटकाव आ गया और समय रहते ध्यान नहीं दिया गया तो जो जीवन आपका ख़ुशहाल था, लम्बा था, वह सिमट कर दुखों में या पीड़ा। उदाहरण–एक लड़का सरकारी जॉब में उसका किसी विजातीय लड़की से प्रेम हो गया। घर वालों ने सहमति नहीं दी रिश्तेदारों ने साथ दिया घर वालों ने मृत समझ कर सभी रिश्ते तोड़ लिये। कुछ साल निकल गये लड़का पिता बना, एक ज़िम्मेदार पिता की तरह लड़की की शादी करना चाहा, मगर वही रीति–रिवाज जवान लड़की का पिता होने के नाते असफल रहा घर वालों ने उसे मृत घोषित किया रिश्तेदार साथ छोड़ गये आख़िर लड़का पिता बना, अपने आपको डेड बॉडी कहने लगा तब उस व्यक्ति को अपने किये पर पछतावा हुआ और शादी कराने वाले रिश्तेदार को गाली देता रहा। जिसने साथ दिया गलती स्वयं की और दोष दूसरे को देता रहा।

पत्नी भी कमाती है, मगर अपने आपको अलग–थलक मान कर जीवन जी रहा है।

जब माता–पिता ने आपके लिए अपनी ज़िन्दगी, अपनी ख़ुशियाँ, अपने सुख कुर्बान कर तो आपको भी सफ़र में यह सोचना है कि पिता की सोच या पिता का सुख कहीं आप अपने थोड़े सुख के लिए समय की ज्वाला में तो नहीं जला रहे हैं। आपको क्या करना है? इस सम्बन्ध में शादी–विवाह के मामले में, कोई सावधानी की बात नहीं बतायी जा रही है, बल्कि परिस्थितियाँ आपके सामने रखी गयी है। आप अपनी ख़ुशी को ध्यान रखें यह आपका हक़ है, मगर आपकी ख़ुशी में किसी की ख़ुशी दफ़न न हो जाये, यह भी ध्यान रखना है।

आने वाली पीढ़ी का आप आधार हैं

पति–पत्नी का वैवाहिक जीवन केवल सुन्दर जीवन ही नहीं है, बल्कि आने वाली पीढ़ी का आधार है। एक ऐसी नींव है, जिस पर कई मंजिला इमारतें बनायी जा सकती है। यदि नींव ही ख़राब हो तो इमारत जल्द धराशायी हो जायेगी। पति–पत्नी एक दूसरे का साथी, सहयोगी एवं सलाहाकार हैं। एक साथी एवं हमसफ़र भी है। सही जीवन जहाँ माता–पिता के कर्ज़ा को भर कर पारिवारिक जीवन में अपने भार को उतारता है। वहीं अपने भविष्य के लिए, अपने बालकों की अच्छी परवरिश करके अपने भविष्य को सुरक्षित करने की नींव रखता है। यदि इन रिश्तों में माता–पिता के अलावा कोई रिश्ता है। तो अपने नानी–नाना की भी थोड़ी देखभाल करता है, तो अपनी माता को खुशियाँ देता है। अपने गृहस्थ जीवन को सफल बनाता है। साथ ही पत्नी के माता–पिता की भी देख भाल करता है। आप समझ गये होंगे कि पति–पत्नी का जीवन, गृहस्थ का जीवन कितना सार्थक, उपयोगी एवं ज़िम्मेदार होता है। साथ ही अपने जीवन की आर्थिक स्रोत का आधार भी बनता है, जो जीवन की उस घड़ी में जब शरीर असहाय या साठ साल से ऊपर होता है, तो आर्थिक स्रोत मज़बूत करता है। अपने शिशु या बालक को या अपनी आने वाली पीढ़ी को शिक्षा–दीक्षा देकर योग्य बनाने का प्रयास करता है। अपने जीवन में उसे स्वतन्त्र चलने के योग्य बनाता है।

हर बालक को अपने माता की शक्ल और सूरत मिलती है। माता–पिता की सम्पत्ति मिलती है एवं माता–पिता से सामाजिक जीवन में सम्मान एवं

सुरक्षा मिलती है। माता–पिता के कारण बालक को वैवाहिक जीवन भी मिलता है। माता–पिता के कारण ये सब मिलते हैं। अगर मिलता नहीं तो ख़ुद का व्यवहार नहीं मिलता। यह ख़ुद का अपना होता है। माता–पिता के साथ, अपने रिश्तों के साथ, सम्मान पाना है। अपनी सम्पत्ति बनाना है। अपने सुख के लिए ऐसा कार्य करना है। जिससे आपका गृहस्थ जीवन अच्छा बन सके। अच्छा चल सकें। सम्पत्ति बनाने या बचाने के लिए अच्छा काम करे सम्मान पाने के लिए अच्छा काम करना होगा इसके लिए कड़ी मेहनत करनी पड़ेगी। याद रखें यदि परिवार में हैं या परिवार साथ में है। तो आपको महाभारत नहीं, रामायण लिखनी पड़ेगी। आपको महापुरुषों में डॉ. भीमराव आम्बेडकर की कहानी पड़नी पड़ेगी। आपको बुद्ध के जीवन से सबक लेना पड़ेगा। साथ ही साथ आप जिस धर्म के हैं। उस धर्म के महापुरुष की संघर्ष गाथा ये सब आपको त्याग, सर्पण एवं संघर्ष से साथ जीवन जीने के लिए सिखायेंगे।

यदि आपकी पत्नी का व्यवहार ठीक नहीं है, तो पुत्र के प्रति आपके परिवार के त्याग का अहसास न होगा। पिता पुत्र या अपनी पत्नी के लिए डराऊ चीज़ बन गया तो ऐसा अहसास जब उस व्यक्ति को होता है तो उसकी पीड़ा बढ़ जाती हैं। उसकी पीड़ा असय हो जाती है। हम पीड़ा का अन्दाज़ा केवल वही व्यक्ति लगाता है, जिसको पीड़ा मिलती है। गृहस्थ जीवन है। अपने आप को पति के रूप में स्थापित करके अपने बच्चों के लिए काम करते हैं। अपनी पत्नी के लिए काम करते है। वहीं पुत्र या पत्नी यह कहे कि उसको देख कर डर सा लगता है। तो पिता को समझना चाहिए। कहीं–न–कहीं उसकी कमी है। उसे पिता के रूप में, सहारा के रूप में, अपने पुत्र के सामने स्थापित करना चाहिए या पति के रूप में, जीवन साथी के रूप में, अपने को पत्नी के सामने स्थापित करना चाहिए, ताकि जीवन अच्छी तरह चल सके। अपने आपको यह कहीं महसूस नहीं करना चाहिए कि दूसरे की ग़लती है, बल्कि यह सोचना चाहिए कहीं–न–कहीं उसकी ग़लती है। चाहे परिस्थितिवश या मजबूरी बस ऐसा भाव आ गया तो उस भाव को दूर करना चाहिए।

यहाँ यह कहना है कि परिवार, गृहस्थ जीवन आने वाली पीढ़ी का आधार है। जो बुजुर्गी में सहारा होती है। यह जीवन अच्छा चले एक दूसरे के अन्दर कमी नहीं निकालना चाहिए, क्योंकि रिश्ते को मजबूत बनाना है। न कि कमज़ोर हर इनसान में कमी होती है। कमी निकालने के लिए

प्रतिपक्षी काफ़ी है। पुत्र बनकर, पति बनकर, पत्नी बनकर एक दूसरे की कमी निकालने के बजाय जहाँ कुछ त्रुटि मिले, उसे सुधार करना चाहिए, न कि कमी ढूँढ़ना चाहिए। रिश्तों का मायने है। जो बड़े हैं उनका आदर होना चाहिए। रिश्तों के अनुसार सम्मान होना चाहिए। इसी को गृहस्थ जीवन या पारिवारिक जीवन कहते हैं। अगर रिश्ता अच्छा हो अपनापन हो, प्यार हो, त्याग हो, समर्पण हो यह एक अदृश्य ताक़त बनता है, जो परेशानी में, अभाव में, एक सहारा बनकर आता है।

रिश्ता ऐसा हो कि साथ रहे, तो अच्छा लगे। दूर रहे तो कमी महसूस हो, तो समझो रिश्ता अच्छा चल रहा है। जिस तरह से परिवार का सदस्य कोई काम करता है, अच्छा भोजन बनाता है और आप चुपचाप खाना खा लेते हैं। आप एक शब्द नहीं बोलते, जिसके कारण आपकी पत्नी, बेटी को ऐसा आभास होता है कि मेहनत बेकार गयी। खाना पसन्द नहीं किया अगर आपने खाना खाते समय केवल अच्छा खाना बना है। ऐसा शब्द कह दिया समझो कई घण्टे की मेहनत सफल हो गयी मगर आप मानव है। जब आप कोई काम कर के आते हैं। आपका साहब या आपका बॉस या आपके परिवार के लोग काम को अच्छा कहते हैं। तो आपको कैसा लगता है। उसी तरह परिवार में भी कुछ–न–कुछ अच्छा बोल दीजिए तो काम करने वाले व्यक्ति खुश हो जाता है।

रिश्ता होना अलग बात है। रिश्ता निभाना अलग है। परिवार में– सहानुभूति एक दूसरे को जोड़ता है और उपेक्षा का रिश्ता भी एक दूसरे को अलग करता है। सफ़र है तो चलेगा, आसानी से चलेगा ज़बरदस्ती चलेगा, खुशहाल चलेगा जैसा आप चलाना चाहें चलाये यह आपके विचारों पर है। सावधानी रखना या बताना यह लेखक के रूप में कर्तव्य समझा या सामाजिक उत्तरदायित्व यह आपके जीवन के लिए उपयोगी लगा, इसलिए आप कोशिश करें चाहे जितना गुस्सा आये अपने परिवार को अहसास न होने दें, आपका एक गुस्सा आपके जीवन को ख़राब कर सकता है। आपका एक कटु शब्द आपके रिश्तों को तोड़कर रख सकता है। यही सावधानी चाहिए।

उम्र का क्या? यह तो बढ़ेगी

यह सत्य है कि जब आप शिशु थे, लड़कपन आया आप जवान हुए और आप गृहस्थ जीवन में प्रवेश कर गये। साथ ही आपका गृहस्थ काफ़ी पार

कर गया तो निश्चित है। आपका बुढ़ापा आयेगा अगर सामाजिक, प्राकृतिक आपदाओं से बचे रहेंगे तो निश्चित है। आपके बूढ़ा होने का समय आयेगा। आपको अपने बालक के साथ साथ रहना पड़ सकता है। सहारा लेना पड़ सकता है। फिर न कहना कि बेटा समय नहीं दे पाता है। बेटा सम्मान नहीं देता है। बेटा अब पॉकेट ख़र्च नहीं दे पाता है।

अपने जीवन में एक बात तो सोच ही लेना कि आर्थिक रूप से अपने आप को मजबूत रखना। बेटा पर नहीं सहारा बनना। जब आप साठ साल के ऊपर के हो गये तो सरकारी सेवा के योग्य भी नहीं रह गये। आपको सामाजिक जीवन में अपनी क़ीमत 100 प्रतिशत से घटा कर 40 प्रतिशत पर ला दी जीने के लिए कम–से–कम 33 प्रतिशत क्षमता तो चाहिए ही आपका जीवन पासिंग मार्क होना चाहिए और यह है। आप असफल नहीं है। यह गृहस्थ जीवन में ही सोचना पड़ेगा जब आप पचास वर्ष लगे तब वृद्धा जीवन भी आयेगा। सत्तर साल तक जीवन, फिर अस्सी साल तक लड़खड़ाते जीवन और उससे ऊपर का जीवन का क्या भरोसा? समय–समय की बात है। जब आप साठ साल से ऊपर हो जायेंगे तो आपके जीवन के लिए कुछ न कुछ ख़र्च तो चाहिए तो इसके लिए पहले सोचेंगे। अचानक कैसे समस्या दूर होगी। परेशानी को देर में समझेंगे तो वक़्त हाथ से निकल जायेगा और आपके पास पछताने के अलावा कोई चारा नहीं रहेगा।

कहने वाले यही करेंगे क्या लेकर आये थे, क्या लेकर जाओगे, यह महल अटारी किस काम के साथ नहीं जायेगा। यह सही कहा गया है। मगर कहने वाले से यही प्रश्न करूँगा कि मैंने माना कि उनकी बातें कितनी सत्य है। जब लेकर नहीं आये तो जब तक जीवन चलेगा किसकी कमाई खायेंगे और ज़िन्दा रहा तो कितने दिन तक कोई खिलायेगा। हर हालत में आपको कमाना है। लेकर जाने कि बात दूर है। आप पर इतना क़र्ज़ हो जायेगा कि यदि आप कुछ कमाकर रखें हैं तो कर्ज़ उतारने के लिए काफ़ी नहीं होगा। अब महल अटारी किस काम के जब आये थे तो महल या अटारी लेकर नहीं आये थे जब तक जीओगे आप धूप, छाँव, बरसात से बचेंगे कैसे और छोड़कर जाओगे तो इतना नहीं छोड़कर जा रहे कि आपके छोड़े से किसी अन्य का जीवन गुज़र जायेगा। उपरोक्त बातें क्या लेकर आये थे। क्या लेकर जाओगे महल अटारी यही रह जायेगी। खोखली निरर्थक गयी है। यही कामचोरों कि आलसी निशानी है। मेहनत करने से

बचने वालों की कहावतें यही सावधानी है। बरतती है या सोच है। क्या पैदा होते धन इकट्ठा किया जा सकता हैं या छत बना नहीं जब आपके पूर्वज आपको छाया दी है। तो आपको भी अपनी पीढ़ी के लिए कुछ सहारा देना पड़ेगा।

जीवन में व्यवहार ठीक हो

हर गृहस्थ को, हर युवा को, हर व्यक्ति को, जिसके पास ज़िम्मेदारी हो जिसके पास पद हो उसको अपने मन से काम करना चाहिए और अपने अधिकार का प्रयोग करना चाहिए अपना व्यवहार सोच समझ कर करना चाहिए। आप ऐसा नहीं कर पाते इसके कई कारण है। आपका पड़ोसी,आपका रिश्तेदार, आपका अधीनस्थ आपको बिना माँगे राय देता है। अपनी सोच देता है और उसके विचार या उसके मन से कोई कार्य करते हैं। जबकि आपके अधीनस्थ, आपके चाहने वाले, आपसे उम्मीद करने वालों से ऐसा व्यवहार नहीं होता। जब आप अपने पद के अनुसार दूसरे की सोच से कोई कार्य कर देते हैं। तो अपनी सोच थोपने वाला, अपने विचार से काम कराने वाला यही कहता फिरता है कि उसके पास विवेक कहाँ था। उसकी सोच कहाँ थी। उसको बिना मतलब का पद मिल गया है। सोच देने वाला राय जाहिर करता है कि आपका अधीनस्थ जिस काम को कराया, उस काम से प्रभावित रहने वाले व्यक्ति से किसी–न–किसी प्रकार से ईर्ष्या करता थी और समय आ गया जिससे ईर्ष्या रखने वाले से अपनी ईर्ष्या, नफ़रत निकालने का और वह समय से निकाल लिया, आरोप लगा आप पर।

आप काम करने वाले अधिकारी हैं। यदि आपको आवश्यकता है तो आप विचार लें, आपकाम करें, अपने विचार से ताकि कभी ग़लत हो जाये तो आपको पछताना न पड़े। अपने ऊपर आरोप लगता है। तो आपको आरोप में यह न सोचना पड़े। काश मैं अमुक की बात नहीं मानता तो ऐसा नहीं होता। जब आपके पास डिग्री है, पद है। उम्र का अनुभव है, तो फिर यह ज़िम्मेदारी आप स्वयं निभायें।

आप जब पिता हैं, पति है, आपके अलावा आपके कई भाई है। आप अपने पिता से या माता से यह कहते हैं कि हमें पिता जी कहाँ मानते हैं। हमें माता जी कहाँ मानती है, यह भ्रम उम्र के साथ समाप्त हो जाना चाहिए। जब तक आप नाबालिक थे, जब तक यह सोचना ठीक रहा होगा, परन्तु जब आपकी शादी हो गयी है, यह सोचना व्यर्थ हैं।

जब आप राजकीय पद पर नहीं थे तब यह भाव सही था, सोचना सही था मगर जब आप ख़ुद ऐसे पड़ाव पर पहुँच गये हैं फिर आपको यह बात न तो शोभा देती है, न ही आपके लिए कोई मायने रखती है।

रिश्तों के मायने जाने

रिश्तों के मायने जानना आवश्यक है। उदाहरण के रूप में–

कनक कनक ते सौ गुनी मादकता अधिकाय।
वा खाये बौराय जग पाये या बौराय।

किसी कवि का कथन

सर कहे सर ही सुने सर गये सर के पास।
वे सर सर में गये सर हो गये उदास।।

किसी कवि का कथन

क्रोध गुस्सा नफ़रत चिढ़ हर मानव में होय
कहाँ किसका करें प्रयोग ज्ञान भरा सब कोय।

स्वयं का

मैं प्रथम दोहे कनक का अर्थ सोना व कनक का अर्थ धतूरा होता है। दोनों शब्द मानव के लिए है। सोना ज़्यादा पाने पर मनुष्य बौरा जायेगा जनकी जनकि धतूरा खाने पर भी बौरा जायेगा।

दूसरे दोहे में सर का अर्थ मेंढक, साँप पानी है मेंढक बोलेगा तो साँप उसे पकड़ने के लिए जायेगा। साँप को रेखकर मेढ़क पानी में चला जायेगा इससे साँप उदास हो जायेगा। पास जायेगा और साँप को देखकर मेंढक पानी में चला जायेगा तो साँप उदास हो जायेगा।

तीसरे दोहे का अर्थ क्रोध, गुस्सा एक ही अर्थ में आता है, मगर नफ़रत और चिढ़ आदमी से आदमी के बीच दूरियाँ बनाता है। मानव परिवार में गुस्सा या क्रोध तो कर सकता है। मगर नफ़रत या चिढ़ किसी ख़ास व्यक्ति से, किसी ख़ास कारण से करता है। पिता अपने पुत्र पर क्रोध या गुस्सा कर सकता है। पति अपनी पत्नी पर क्रोध या गुस्सा कर सकता है। यह भी हो सकता है। किसी ख़ास कारण से रिश्तों में नफ़रत व चिढ़ भी हो सकती है। जब रिश्तों का नाज़ायज प्रयोग लड़का या पत्नी करने लगे तो ऐसी स्थिति आती है।

धन का उपयोग करने के बजाय दुरुपयोग करने लगे तो हर पिता या पति अपने पुत्र से, अपनी पत्नी से नफ़रत या गुस्सा या चिढ़ करने लगेगा।

मानव जीवन है। वैवाहिक जीवन है। कभी अपने पुत्र पर, कभी अपनी पत्नी पर, गुस्सा करना स्वाभाविक है, मगर यह उसके हित में न कि उसके क्षति में सोचता है।

ध्यान रखें रिश्तों को समझें उसके हित की बात सोचें न कि आप अपने परिवार के दुश्मन है।

कोई नफ़रत करता है तो अब आपको स्पष्ट हो गया होगा। जैसे एक स्त्री के पास चार पुरुष खड़े हैं। किसी की माँ हो सकती है। किसी की पत्नी हो सकती है। किसी कि बहन हो सकती है। किसी की बहू हो सकती है। उसी तरह पुरुष किसी का बेटा, किसी का पति, किसी का नाती, किसी का ससुर हो सकता है। पुरुष या स्त्री के वैवाहिक जीवन में, सांस्कृतिक जीवन में धार्मिक जीवन में, कर्तव्य करना है। ऐसा न हो कि अर्थ का अनर्थ हो जाये। जैसे एक दो तीन चार–पाँच एक क्रम में है, मगर उसकी गिनती उल्टी या बीच का उठाकर आगे पीछे कर दिया जाये तो अर्थ में बढ़ोतरी या कमी हो सकती है। ग़लत को 'लगत' या 'गतल' लिख दिया जाये तो शब्दों के उलट–पलट से अर्थ का अनर्थ हो जायेगा। एक शब्द अर्थयुक्त है। तो दूसरा एवं तीसरा शब्द बिना अर्थ या बिना भाव के रह जाता है। उसी प्रकार रिश्तों का अर्थ लगातार मानें अपने साथ वाले के साथ हमेशा तैयार रहना है। रिश्ता है, एक दूसरे की मदद करना ही रिश्ता है। सम्पर्क करना ही रिश्ता है।

रिश्तों का कब, कहाँ प्रयोग करना है? ख़ुद की योग्यता पर निर्भर है। जब पैर को या लात को या गोड को समयानुसार अलग–अलग नाम से प्रयोग होता है। जब सम्मान देना हो तो चरण का प्रयोग करेंगे। मगर जब किसी को मारना या प्रताड़ित करना है। तो वही चरण लात बन जाता है। कोई नहीं कहता कि चरण प्रहार करेंगे।

अब रिश्तों का अर्थ क्या है। रिश्ता होना या निभाना स्पष्ट हो गया कि रिश्ता होना या निभाना अलग–अलग है। अब मानव को सावधानी रखनी है। किस रिश्ते को कैसे निभाया जाता है।

रिश्ता मानव जीवन में जो पाया जाता है। उसका जीवन से बहुत गहरा सम्बन्ध होता है। पिता का पुत्री के साथ रिश्ता या पुत्र के साथ रिश्ता। बेटी है। तो निश्चित है। किसी की पत्नी, किसी की बहन, किसी की सास,

किसी की बहू है। जहाँ पर जिस रिश्ते में हैं, उसी रिश्ते में उसके साथ व्यवहार होगा रिश्ते को निभायेगा। सर्व प्रथम पुत्र के प्रति पिता का व्यवहार ऐसा होना चाहिए कि किसी भी हालत में पिता को पुत्र के सामने किसी भी प्रकार से असहाय या कमज़ोर नहीं साबित होना चाहिए। उसे पुत्र को ऐसा दिखाना चाहिए कि वह मज़बूत है। चाहे किसी क्षेत्र में हो पुत्र को अपना काम करना चाहिए न कि पुत्र के सामने ऐसा बनना चाहिए जिससे पुत्र का मनोबल न गिर जाये।

गृहस्थ जीवन का सफ़र करते हुए आप इतनी लम्बी अवधि पार कर गये हैं। कि अब आपको नसीहतें देने के बजाय आपसे लोग नसीहत लेने योग्य समझने लगे है। आप अपने पुत्र को मार्गदर्शक के रूप में साबित हों कमज़ोर या असहाय न साबित हों जहाँ तक लम्बा सफ़र होता है, तो वैचारिक मत भिन्नता आ ही जाती है, मगर आप पति–पत्नी मिलकर उसे दूर करें अन्यथा तो जीवन है। कब क्या किसको मिलेगा वक़्त ही बतायेगा।

दूसरा, आपकी समस्या। दूर करने आयेगा पहले आपको अपमानित करेगा, फिर आपकी बात सुनेगा यदि यह बात आपका पुत्र या पुत्री सुनाती है। तो वह अपने आपको ग्लानि महसूस करेगा। साथ ही आपके प्रति श्रद्धा या सम्मान का भाव नहीं बनायेगा। आपका सफ़र इतना लम्बा हो गया कि आपको पारिवारिक रिश्ते के साथ–साथ सामाजिक रिश्ते निभाते पड़ते राजनीतिक व्यावहारिक अपनेपन का रिश्ता होता है। ध्यान रखें अपनेपन के रिश्ते में आप भले अपनी पत्नी से प्यार करें या न करें मगर रिश्ते तो पति–पत्नी के होंगे ही कभी कुछ काम अपने लिए किया जाता है, कभी दूसरे के लिए भी किया जाता है।

पत्नी–पति या पुत्र किसी पार्टी में रहे, मगर आत्मीय रिश्ते बने रहे राजनीतिक रिश्ते रोड़ा न बन सके।

हर व्यक्ति को सावधानी बरतनी चाहिए। सतर्क रहना चाहिए। सचेत रहना चाहिए, ताकि उसके पारिवारिक जीवन में किसी प्रकार की कोई परेशानी न हो पाये। गृहस्थ जीवन का सफ़र भी चलता रहे।

बिना कारण शादी में देर न करें

लोग शादी करने में बिना वजह या बिना कारण के देर करते हैं। इसका परिणाम यह होता है कि समय चलता रहा आपकी उम्र चलती रही, मगर शादी। बिना कारण के देर हो गयी, जिसके कारण परिणाम स्वरूप आपको

अनावश्यक परेशानी उठानी पड़ी जैसे आपने नौकरी या व्यवसाय करके अपना जीवन यापन करने लगे। फिर आर्य ने अनावश्यक शादी में देरी कर दी। तीस साल में आप अपने व्यवसाय या नौकरी में आ गये और पैंतीस साल तक आप अपने परिवार से या किसी कारण से दूर रहे आपने शादी का मन बनाया। गृहस्थ जीवन सोची सोचते–सोचते आपको दो साल और लग गया आपने सैंतीस–अड़तीस में शादी यदि आपका जीवन सही चला और पिता या ज़िम्मेदार सामाजिक व्यक्ति बनें तो आपके बच्चे आपकी 60 साल की उम्र तक पूरी तरह नहीं शिक्षत हो पायेंगी और आप अपनी सामाजिक ज़िम्मेदारी नहीं निभा पायेंगे फिर आपको तनाव या उलझन झेलनी पड़ेगी। आप सोचेंगे कि कहीं–न–कहीं असावधानी बरती। आप तीस साल गृहस्थ जीवन को शुरू कर दें, ताकि आप समय से अपनी ज़िम्मेदारी निभा सकें। और आपना जीवन तनावमुक्त या सही व्यतीत कर सके। बस यही सावधानी बरतनी है। मैं मानता हूँ कि यह काम संरक्षक का है। हर गार्ज़ियन के लिए यह सावधानी कही गयी है। यह अलग बात है कि आज के युवा वर्ग अपने संरक्षक की बात न तो सुनते हैं। न मानते है। कोई ज़रूरी नहीं कि हर बात मानी जाये, मगर सामाजिक बातें ध्यान से सुनकर विचार तो किया जा सकता है। अनुभव समय कराता है, ज्ञान पुस्तकें कराती हैं।

सम्पत्ति बनना चाहें तो

अक्सर गृहस्थ जीवन जीने वाले में अपने बल पर निर्भर होकर सोचे या विचार करें हर व्यक्ति को एक अवसर मिलता है। जब वह जो चाहे ख़रीद सके। या बना सके। यदि गृहस्थ जीवन वाले पॉकेट गवाही नहीं देता है। तो उसका साथी, उसका हमदर्द या उसका व्यवहारी या उसका मित्र सहयोग करता है। या प्रोत्साहित करता है। जीवन में खुद का मकान बनाने का सौभाग्य समझें या आवश्यकता समझे। दोनों आवश्यक है। ज़मीन लेने का अवसर आता है। तब आप कहते हैं। आवश्यकता नहीं है। मगर जब अवसर ख़त्म हो जाता है, तब कहते है। क्या करें भाग्य में नहीं था। अपनी कमियों को भाग्य भरोसे छोड़कर अपना काम पूरा कर देते हैं। आप अपनी कमी या अपनी लापरवाही नहीं साबित करते, न स्वीकार करते हैं। फिर पछतावा करते हैं। आख़िर इसके अलावा कुछ कर भी नहीं सकते अब आपको अवसर मिलने वाला नहीं है। चाहे समय हो, चाहे उम्र हो, फिर कहते हैं, काश ऐसा कर लेते तब न नहीं किये तो नहीं किये जो समय बचा है, उसमें करें।

सावधानी बरतने के रूप में, ध्यान दिलाने के रूप में, यही कहाँ जा सकता है कि ज़मीन मकान या शादी के रूप में ख़र्च रुपये बजट से अधिक होते हैं। ऐसा माना जाता है। जब भी ज़मीन की ख़रीदारी का मामला हो अगर आपके पास अवसर आता है। कभी तो चुके कि ज़मीन ले या न ले ज़मीन आपको मिले और आपके पास पैसे हों तो देर न करें। जो पैसे बैंक में है। उससे आप जमीन खरीद लें तो ज्यादा फ़ायदे में रहेगें बाद में ज़्यादा देकर जायेगी। अब प्रश्न है कि ज़मीन का रेट ज़्यादा हो सकता है या कम, मगर तत्कालीन समय में रेट महँगा हो सकता है। ऐसा लगता है, मगर आपने महँगा देखकर उसे छोड़ दिया तो इसे मानवीय त्रुटि कहेंगे पहले वैसी ज़मीन मिलेगी भी तो महँगी मिलेगी।

ज़मीन ख़रीदने की तीन आवश्यकताएँ हैं। पहला मकान या व्यवसाय के लिए निवेश के उद्देश्य से किसी चीज़ को ख़रीदने का भाव बन जाये तो रास्ता अपने आप निकलना शुरू हो जाता है। अब आप सोचेंगे कि जब सभी लोग ख़रीदने का भाव बनायेंगे तो ख़रीदा कहाँ जायेगा शायद आप सच कहते हैं। आपका अपना विचार होगा आप यह जानने का प्रयास नहीं करते कि सभी एक जैसे न कभी बने हैं, न बनेंगे। किसी को भूखे रह कर जीवन बिताना पड़ता है। तो कोई व्रत रह कर जीवन बिताता है। कोई अस्वथ होने के कारण खाना मना है तो कोई स्वास्थ्य लाभ के लिए भूखे सभी है। मृत्यु तो आनी है। मरने के तरीक़े अलग–अलग हैं। कोई आत्महत्या करता है किसी की, हत्या कर दी जाती है, पानी में डूब जाता है, किसी की दुर्घटना हो जाती है, तो कोई बीमारी के कारण मर जाता है, बस तरीक़े अलग–अलग है।

सबकी रोज़ी–रोटी चल रही है। घर वालों ने कहा, छोटा घर है। देहात में कहा शहर में रहना है कोई कहता है कि सभी सदस्य बाहर रहेंगे तो घर में कौन रहेगा और एक परिवार में एक आदमी, एक पुत्र, एक भाई, नौकरी से इस्तीफा दे देता है। यह सच है कि कल के विषय में कुछ नहीं सोचा और समय बीता तो सब अपने–अपने देखने लगे, फिर इस्तीफा देने वाला भी अलग–थलग पड़ गया और कहाँ कि बड़ी भूल की अगर अमुक की बात नहीं मानते तो परेशानी आप वह काम करें जो समय पर पछतावा की बात न आये कि अपने आपको कोसा नहीं समय के साथ सफ़र पूरा करें यही गृहस्थ जीवन है। भटकाव आयेगा, मगर आपको अपनी राह से भटकना नहीं है। गिद्ध की तरह दूर दृष्टि रखना है।

यदि कोई कहता है। कहीं लिखा है। कोई निर्देश देता है, तो सुनें देखें और अपने जीवन परख करने के बाद काम करें जीवन को चलना है, तो आपको अपना विवेक लगाना होगा।

किसी वस्तु की परख है? गृहस्थ जीवन में किसी ने आपको पानी में डूबाने के लिए पूरी कोशिश आप अपने बचाव में पूरी कोशिश करते हैं तब जाकर सुख का भोग करते है। उसी तरह आप अपने हर काम को करें और पूरी ताक़त लगायें।

हो सकता है आपका बेटा या भाई या दोस्त जीवन में कुछ पाना चाहता है, तो एक बार नहीं मिला तो कोई बात नहीं है, क्योंकि किसी काम में पहली बार में सफलता नहीं मिलती है। आपने अपनी पूरी ज़िम्मेदारी से या लगन से काम नहीं किया। यही गृहस्थ जीवन का सूत्र है।

सावधानी बरतनी चाहिए

आप यह न सोचें आज का दिन बीत गया। कल सोचा जायेगा कल आप हों न हों कहीं जा न सके। आपको घर से बाहर न निकलने दिया जाये आप लाइन में खड़े हो गये तो शायद सोचे जिस स्थान पर है। कब तक नम्बर आयेगा और कई दिन बाद नम्बर आयेगा। आप अपने को देखें कि जहाँ खड़े वह स्थान बीच में हैं या आगे है या पीछे। अर्थात किसी से आगे है। तो किसी से पीछे भी हो सकते हैं। पेट के लिए रोटी तो आवश्यक है। यह उन लोगों के लिए कहाँ गया है। जो गृहस्थ में जी रहे हैं। मगर जीवन ऐसे जीते हैं। जैसे समय हमेशा उनके हाथ में होता है या शासन प्रशासन उनके हाथ में होता है। जैसे देश चलाने के लिए को ऐसा निर्णय लेना पड़ता है कि जो हर मानव के हित में हो या न हो देशहित में हो।

जैसे 8 नवम्बर, 2016 में देशहित में एक हज़ार एवं पाँच सौ के नोट जो प्रचलन में थे, वे बन्द हो गये। देशहित में लिया गया फैसला कितने लोगों के लिए परेशानी का कारण बना। लोगों को नकदी के लिए बैंक में लाइन लगाने पड़े। सहयोग करें या न करें मगर तानाशाही नहीं। चली पुलिस या सरकारी कर्मचारी की तानाशाही नहीं चली।

आप जो सोचते हैं, वह तो कर नहीं सकते क्योंकि यह कहावत सत्य है कि मानव सिर्फ़ योजना बनाता है। क्रियान्वयन करना उस परम पिता दुनिया के हाथ में है। 2020 में कोरोना वायरस सबको उनके घरों में बन्द कर दिया।

कारण यह बीमारी छुआछूत से फैल रही थी मगर यह भी कहाँ था कि आपके बचाव का मेरे पास इलाज़ नहीं है। तो स्पष्ट हो गया आपको एवं अपने परिवार के इलाज़ के रूप में दूरियाँ तो बनानी पड़ेगी मगर दूरियाँ तब बनायेंगे जब ज़िन्दा रहेंगे भोजन की व्यवस्था तो होनी ही चाहिए। आप जब मौज–मस्ती करेंगे या कल का ख़याल नहीं करेंगे तो आपको परेशानी होगी और भूख इनसान को क्या नहीं कराती है। भीख माँगना यदि भीख कोई दे तब न उधार माँगना, मगर जब कोई दे तब न चोरी करना, जब किसी के घर में कुछ रहे तब न लूटना जिसके पास से चोरी करेंगे, लूट, डकैती करेंगे तो उसको छूना ही पड़ेगा। अपनी जान बचाने के चक्कर में आपको बीमारी दे सकता है या ले सकता है। कोरोना एक छूत की बीमारी है। तो परेशानी होनी ही होनी काम बन्द हो गया। प्राइवेट कम्पनियाँ बन्द हो गयी फिर आपको मजबूरी में पीड़ा सहना पड़ेगा, इसलिए यह कहाँ जा रहा है। आप किसी भी विषम परिस्थिति में आप आपराधिक जीवन की ओर मुख न करें। यदि आप बीमारी से बचे तो क़ानूनी शिकंजा कसेगा या प्रशासन आपके विरोध में हो जायेगा। समाज आपसे नफ़रत करने लगेगा यही पहले 'सावधान' हो जाते तो पीड़ा कम होती या नहीं होती मगर अब खोने के बाद 'सावधान' तो होना ही है। ऐसे ही बीमारी एवं आपदा से बचने के लिए अपने आपको 'सावधान' कम–से–कम तीन माह का भोजन की व्यवस्था कर लें।

दिहाड़ी मज़दूर हैं और पीते भी हैं। मैं मानता हूँ कि यह एक दिन में नहीं हो सकता मगर कोई भी परेशानी रोज़–रोज़ नहीं आती छह माह, साल भर बाद ही आती है। इस आपदा ने सिखा दिया तो सीखे वैसे कहाँ आप 'सावधान' होने वाले हैं। ख़ैर, यह आपदा ऐसी नहीं है कि आपको अवसर नहीं मिले। अवसर पाने के लिए अपने आप आपको बचाये रखेंगे तो अवसर सर्तक रहने का मिलेगा। फिर आपदा या परेशानी आ सकती है। यही कहना है सावधानी यहीं बरतनी है।

नौकरशाह ने अपना स्तर गिराया क्या?

प्रत्येक अधिकारी पहले छात्र रहता है। चाहे वह इंजीनियरिंग का छात्र रहा हो, चाहे वह एम.बी.बी.एस. का छात्र रहा हो वह बी.ए. बी.एस.सी. या अन्य जब अध्ययन करता रहा तब हमेशा अपने से सीनियर का सम्मान करता रहा

तथा किसी सीनियर ने अपने जूनियर का कभी कुछ नहीं खाया न खाने के लिए प्रताड़ित किया न माँगा अकादमी का नियम शायद आज भी है। मगर जैसे ही वह नौकरी पेशे में आता है। वह चाहे जिस पद हो अपने जूनियर से खाने की वस्तु उसके पैसे से मँगा अपनी शान समझने लगता है। यही नहीं खाने के अलावा कोई भी जीवन की उपयोगी वस्तु मँगाने में भी निस्संकोच करता है। यह आदत सबमें नहीं है, मगर बहुतों में है। यह प्रक्रिया हर सरकारी सीनियर अफ़सर की वह भी क्लास वन की या क्लास टू की बातें हैं। वह चाहे न्यायिक सेवा में हो चाहे सिविल सेवा में हो या पुलिस में हो, अपना स्तर नीचे गिरा दिया जब अकादमिक में रहते थे तो घर से ख़र्चा पाते थे कमाते नहीं थे। फिर भी जीवन अच्छा जीते थे। अपने से जूनियर के पैसे से नहीं खाते थे, मगर अब जूनियर के पैसे से ही खाते हैं। तब न सरकारी सुविधा थी तब आप अकादमिक व्यवस्थाएँ लागू करते थे परन्तु जैसे ही सरकारी पदों पर पहुँचे अपने अधीनस्थ का खाने का शौक़ पाल लिया। इससे आपकी छवि निखरी नहीं, बल्कि गिरी क्योंकि पहली बार अधीनस्थ शौक़ से कहता है कि साहब चाय पीजिए, दूसरी बार कहेगा साहब चाह पीयेंगे, तीसरी बार चुप रहेगा और आप चाय मंगाने के लिए करेंगे तो कहेगा ठीक है। तीसरी बार के बाद कतरा कर चला जायेगा और कहेगा पता नहीं क्या इनको वेतन ज़्यादा मिलता है। सुविधा शुल्क भी ज़्यादा लेते हैं और खाते हैं। अपने अधीनस्थ कर्मचोरियों का अपने अधीनस्थ कमचारी के सामने अपना स्तर इतना नीचे क्यों गिरा दिया और आपकी छवि निखरने के बजाय गिरती गयी। कुछ लोग इतना गिरा लेते हैं कि ऐसा लगता है कि उनसे नीचे कोई स्थान ही नहीं है। कुछ लोग स्तर गिराते है। थोड़ी नीचे से ऊपर ही रहती है। यही खोज करने का विषय है। या सोचने का विषय है।

अपने लिए भी एक कक्ष बनायें

जब आप अपने बच्चों के लिए मकान एवं दुकान बनाते हैं, तो क्या आप यह भाव बनाते हैं कि अपने लिए भी उसी मकान में एक कमरा हो जाये आप शायद यह भूल रहे हैं कि एक वक़्त आपका ऐसा आयेगा जब आप सीढ़ियों पर चढ़ नहीं पायेंगे या चलने में दिक्कत आयेगी। तब आपको अपने ही मकान में एक अलग ऐसे स्थान पर रख दिया जायेगा, जहाँ आपका कुत्ता

या वाहन रहते हैं, क्योंकि आपने मकान बनाते समय वाहन खड़ा करने के लिए गै़राज बनाया। अपने पालतू जानवर का ख़याल रखा, आप अपने अतिथियों का ख़याल रखा टूटे–फूटे सामान रखने का ख़याल रखा, मगर जिस मकान को आपने बनाया है, उसमें अपने का ध्यान नहीं रखा।

आपके जीवन चलाने के लिए बुजुर्गी में पैसे हो गये आय के स्रोत हो गये, मगर जब आपको अपने रहने के लिए ज़रूरत पड़ी तो स्थान नहीं मिला मकान में अजनबी हो गये अपने लिए तो मकान बनाया ही नहीं काश मकान बनाते समय एक ऐसा कमरा बना देते जो अतिथि के साथ मुझे भी काम आता। तो ध्यान रखें सावधानी रखें मकान बनायें, बढ़िया बनायें सुविधायुक्त बनायें मगर अपने लिए एक कमरा अवश्य बना लें, जो आपके अन्तिम जीवन काल में उपयोगी हो जाये। वैसे वह अतिथि कक्ष के लिए उपयोग करते रहे। वह भी नीचे के में पर ही बनायें ताकि सीढ़िया न चढ़नी। पड़े यही सावधानी करने की बात है। वैसे आप बुद्धिमान है। आपको बताने की ज़रूरत नहीं है। आपकी बुद्धिमानी में एक कड़ी जुड़ जायेगी तो शायद अच्छा रहेगा अगर फ़ायदा नहीं करेगा तो विश्वास है कि नुकसान नहीं करेगा।

अर्थ का महत्त्व

जीवन में आपको शायद जानकारी हो गयी होगी कि धन का कितना महत्त्व है। सुबह से शाम तक, सोमवार से रविवार तक जनवरी से दिसम्बर तक हर काम के लिए धन की आवश्यकता है। चाहे जिस युग की बात करें रोटी, कपड़ा, मकान, ज़मीन, शादी, दवा हर चीज़ों में मानव को धन की आवश्यकता है। अर्थहीन जीवन निरर्थक हो जाता है। इसीलिए 'सावधान' किया जाता है। धन का महत्त्व समझे अपने आपको महत्त्वपूर्ण बनाये रखे।

यह सच है। जब उम्र है। तो चलेगी आपका जीवन है। तो उम्र अस्सी साल ही। जीवन में उतार चढ़ाव आयेगा ही।

समय उपयोगी है

यह ध्यान रखने की ज़रूरत है कि वर्तमान सबसे बढ़िया या उपयोगी एवं महत्त्वपूर्ण है। अपने जीवन को वर्तमान में जीना सीखिए, क्योंकि भूत बीत चुका है। अच्छा था या बुरा था वापस आने वाला नहीं है। चाहे जिस पद का व्यक्ति हो भविष्य को कोई जानता नहीं कि कैसा होगा या रहेगा?

उपयोग के लिए मिलेगा या नहीं यह जीवन रहेगा या नहीं फिर भी उम्मीद मनुष्य करता है। जीवन में करना भी चाहिए मगर यह सोचकर नहीं चलना चाहिए कि भविष्य अच्छा हो, इसलिए वर्तमान का आप ध्यान रखें भविष्य के कारण वर्तमान ख़राब न हो और वर्तमान के कारण भविष्य न ख़राब होने दें। यही ध्यान रखने की ज़रूरत है। यह भी ध्यान रखने की ज़रूरत है कि आप भूत काल की सोचकर भूत काल में मिलने वाली पीड़ा से दुखित हैं, बल्कि उससे सीखे इतिहास हमेशा प्रेरणा देता है। ऐसा भाव होना चाहिए यह पीड़ा आपका वर्तमान, आपकी खुशियाँ, आपका सुख की बातों पर बलिदान न हो, आपका भूत तो ख़राब हुआ आपका वर्तमान अच्छा होते हुए आपने स्वयं ख़राब कर दिया आपका भविष्य कैसा होगा। वह तो वक़्त ही बतायेगा आपका भूत निश्चत ही ख़राब रहा होगा उस काल की परिस्थिति भिन्न रही होगी।

आप बालक, प्रतियोगी छात्र, युवा अवस्था, गृहस्थ जीवन जीते–जीते जब बुजुर्ग आते हैं। आप सत्तर से ऊपर हो गये, हो जाते अपने जीवन में विभिन्न उम्र में विभिन्न विभागों पाठशाला, शिक्षा विभाग, विद्युत विभाग, ट्रैफिक, आर.टी.ओ., पुलिस विभाग, इनकम टेक्स ऑफ़िस, रोज़वेज, रेलवे, आबकारी एवं राजस्व विभाग के लोगों से सामना करना पड़ा होगा। विभाग में तैनात लोग अच्छे मिले तो तनावमुक्त काम हुआ, मगर बुरे मिले तो झेलनी पड़ी लोग अच्छे या बुरे तो रहते ही है, जो हर जगह तैनात होते हैं। उनके बीच से आप अपना सफ़र पूरा कर आये कितनी सरकारें गुज़रीं, कितने नेता गुज़रे सब के सब अच्छे बुरे साबित हुए से कभी पैसा लेकर काम नहीं किया कभी बिना पैसा का काम किया आपका जीवन जैसे–तैसे कभी किसी बात को लेकर न्यायालय का चक्कर लगाना पड़ा, तो कभी उच्च न्यायालय का, कभी उच्चतम न्यायालय के चक्कर लगाये, तब न्याय मिला।

इसी सफ़र में काम, क्रोध, स्वार्थ, लालच, ईमानदारी, चरित्रहीनता कामुकता, पार्टीबन्दी के साथ, जो जहाँ, जैसे, सिस्टम बना, तो उसको किसी ने तोड़ने या सुधार करने का प्रयास नहीं किया। यदि किसी ने तोड़ने या सुधार करने का प्रयास किया। सिस्टम के आगे स्वयं हार कर देश से दुनिया से चला गया मगर जिसने ज़िद कर दी वह इतिहास बना कर चला गया।

मानव को इस बात का ध्यान रखना है कि जो भी शक्तियाँ हैं, ताक़त हैं, नाम में नहीं है, बल्कि़ स्थान एवं पद में निहित है। जब जो जिस पद, पर उस स्थान पर पहुँचता है। वह उस पद एवं शक्तियों का प्रयोग करता है। नाम बदलते ही शातियाँ दूसरे नाम में परिवर्तित हो जाती है। इसलिए मानव को यह ध्यान रखना है कि वह अपने स्थान को, पद को, अपना न समझे (अहम् न पालें) बस जीवन चले तो चलाता रहे यही सावधानी बरतनी है। मगर अपने प्राप्त पद से सही ढंग से काम करें, जिससे उसका जीवन तो ठीक ढग से चलेगा साथ ही लोगों का जीवन भी सही ढंग से चलने लगेगा।

पेंशन न होने पर सावधानी

ध्यान रखें विचार रखें कि जो नौकरी वाले हैं, उनको अपने जीवन में कुछ ऐसे कार्य के प्रति सचेत रहना है। 'सावधान' होना है, ताकि आने वाले कल परेशानी न हो समय से ध्यान रखेंगे सावधानी रखेंगे, तो परेशानी कम होगी या नगण्य होगी चूँकि पुरानी पेंशन समाप्त होने के कारण आपको साठ साल की उम्र में पेंशन मिलेगी, मगर कम मिलेगी। सरकार अपनी आय से पेंशन न देकर आपके द्वारा जो पैसे जमा किये जाते हैं, उसी के अनुरूप आपको धनराशि मिलेगी हो सकता है। उस समय काल में आपके लिए पर्याप्त न हो सावधानी बरतते रहेंगे तो अपने आप तैयार रहेंगे तो अलग से विकल्प बना लेंगे। ध्यान रहे जीवन में आपको निम्न लिखित काम करना पड़ेगा। सफ़र के काम के अतिरिक्त अन्य काम करना पड़ेगा जीवन के अन्तिम पड़ाव में एक रकम जीवन निर्वाह के लिए चाहिए। लड़का–लड़की की उच्च शिक्षा के लिए धन चाहिए अपने जीवन में, अपने लिए आवास बनाना चाहिए कि शादी के लिए धन चाहिए अपने सुख सुविधा के लिए साधन के साथ कुछ ज़मीन भी चाहिए।

यह निश्चित है कि लड़का–लड़की की शादी, मकान एवं उच्च शिक्षा के लिए धनराशि की आवश्यकता पड़ती है। जो समय के हिसाब से शायद कम भी पड़ सकता है या नहीं भी।

जब आपकी सेवा मात्र दस से चौदह साल की रह जाये तो आप प्रतिमाह एक एन.एस.सी. करायें जो भी रक़म मिलेगी वह आप उसे नक़द

धनराशि भी समझें और समय पर नवीनीकरण करा ले, ताकि जब आपकी उम्र साठ साल पूरा हो तो आवश्यकता पड़ने पर 50 एवं 40 प्रतिशत सेवा के अन्त में पाँच साल में 30 प्रतिशत की आसानी से बचत कर सकते हैं। जो जीवन में आवश्यक कार्य को पूरा कर सकता है। जो मानव जीवन के लिए आवश्यक है। जब आपके पास एन.एस.सी. रहेगी तो आपको जब भी आवश्यकता पड़ेगी, तो उसका उपयोग कर लेंगे।

हर व्यक्ति पैसे बचाता है, मगर कभी–कभी वह भ्रम में जीकर अपने समय को गँवा देता है और जानते हुए भी अनजान बना रहता है, जिसके कारण उसका समय निकल जाता है। याद आता है। जब काफ़ी समय बीत जाता है, फिर वही कहता है कि समय रहते ध्यान नहीं दिया। आप 'सावधान' है, मगर समय से 'सावधान' होना है। समय से ध्यान देना है। सब ऐसे लोग नहीं है। कुछ लोग हैं जो अपने भविष्य के प्रति सचेत रहते हैं। इससे उन्हें कभी भी दिक्क़त नहीं आती। उनके बच्चों की शादी भी समय पर होती है। अपने लिए आवास की अच्छी व्यवस्था कर लेते हैं और अन्तिम समय की ठीक करता है, कम पेंशन होने के बावजूद।

खण्ड-चार

पेंशन या सेवानिवृत्ति काल

अध्याय-नौ

सेवाकाल कहें या पेंशन के बाद सतर्कता या सचेत होना या सावधानी बरतना

60 से 65 साल के बीच

समस्या का हल

हीन भावना का हल आपके सामने रखा जा रहा है। शायद आप महसूस करें और 'सावधान' हो जाये।

1. हर पेंशनर को यह भाव रखना कि उसका जब समय था तब 'सावधान' हो जाना चाहिए। अपनी नौकरी काल में मकान बनवा लेना चाहिए, ताकि आप मकान मालिक के रूप में अपने आपको स्थापित कर सके। दूसरी अपने बच्चों को उचित शिक्षा दिलानी चाहिए तथा उन्हें इस योग्य बनना चाहिए, ताकि वे आपको एक योग्य पिता, एक योग्य संरक्षक एवं एक योग्य अभिभावक मान कर चलें अपने पैरों पर जब चाहे खड़े हो जायें।

यह सोचे कि जब पिता ने या संरक्षक ने बनाया, वह कल होगा। यह करने के बजाय अपने काम करने में लगे रहेंगे तथा आपको ख़ुशहाली देगा और योग्यता अनुसार लड़का या लड़की की शादी कर दें, ताकि आपकी पेंशन से आपका खर्च चलता रहे। अनके सामने हाथ न फैलाना पड़े।

सेवानिवृत्त होने के बाद भी इतने पैसे पाता है कि जितना सेवारत रहते हुए छोटा कर्मचारी पैसे पाता है, मगर सामाजिक मान्यता यह है कि जो सेवानिवृत्त हो गया, उसका मूल्य शून्य हो गया। जो सरकारी पद पर बना हुआ है, उसका महत्त्व बना है, क्योंकि उसके पास राजकीय ताक़त है।

भले पैसा नहीं मिलता, मगर काम तो है। सेवानिवृत्त व्यक्ति अधमरा क्यों होता है। क्या अपनी उपयोगिता नहीं बना रखी है। पैसे हैं मगर उसे शून्य समझा जाता है। जिसके पास पैसे हैं, उसे मूल्यवान समझा जाता है। यह सामाजिक सोच है। यही विचार है। ऐसा इसलिए कि सेवानिवृत्ति अधिकारी हीनभावना में जीने लगता है कि वह किसी काम का नहीं है, जब कि 95 प्रतिशत काम पैसे से होते हैं। तो अपनी योग्यता इतनी तो बनाये रखें, मगर वह अपने आप में सिमट कर रह जाता है। ऐसा भी नहीं है कि उसकी उपयोगिता नहीं है, मगर बोलकर कहकर अपनी योग्यता नगण्य कर देता है। जीवन की यही सोच जो आपके विरुद्ध हो जाती है। यही सामाजिक रिश्ता है। व्यावहारिक रिश्ता है। ध्यान रखें कि कभी हीन भावना का जन्म न होने पाये।

60 साल से ऊपर वृद्धों दो ग्रुप हैं। ए–यह ग्रुप उत्पादक ग्रुप है। पेंशन या एकमुश्त मासिक धन जीवन निर्वाह के लिए मिलता है। बी/ग्रुप अन उत्पादक ग्रुप हैं, जिसको किसी प्रकार का धन प्राप्त नहीं होता है। तो 60 साल के बाद बी ग्रुप को परेशानी का सामना करना पड़ता है। यदि सावधानी नहीं बरती है तो।

आपकी उम्र साठ साल से पैंसठ साल के बीच हो गयी है। यदि आप किसान होते तो उम्र की सीमा नहीं होती। आप कलाकार होते तो उम्र की सीमा नहीं होती। आप साहित्यकार होते तो उम्र की सीमा नहीं होती। आप डॉक्टर होते तो उम्र की सीमा नहीं होती, मगर आप सरकारी सेवा में हैं। तो आपकी सेवा काल सीमित है। यह उम्र की सीमा न्यायिक विभाग में, शिक्षा विभाग में शायद पैंसठ साल ही मानी जाती है। शिक्षा विभाग में भी अलग निर्धारित किया गया है, मगर इन विभागों को छोड़कर शेष विभाग में आपकी उम्र सीमा साठ साल ही है। आप सरकारी सेवा के अयोग्य हैं। आपकी मानसिकता ऐसी बन गयी है कि आप हर काम से अयोग्य अपने आप समझते हैं। 'सावधान' रहें, ध्यान रखें ऐसा हर व्यक्ति नहीं करते हैं, जो लोग ऐसा सोचते हैं या करते हैं नासमझी के कारण ही करते हैं। शायद आप किसी का मार्गदर्शक बन सकते हैं। यदि आप काम करते हैं या कराते हैं तो आपका जीवन सही ढंग से चलता है और आप उपयोगी बने रहते हैं। यदि आप काम नहीं करते हैं तो कम उम्र ही क्यों न हो आप अनपयोगी हो जायेंगे।

कभी–कभी यह भ्रम होता है कि पानी की बोतल ख़रीदी और पानी पीने के बाद बोतल आपने फेंक हो सकता है। आपके लिए उपयोगी न हो, मगर कबाड़ी वाला उसे बेचकर कुछ पैसे ज़रूर कमा लेगा और कबाड़ी से ख़रीदने वाला पुनः उसका प्रयोग करके सामान बना लिया।

यह कहना है कि जब व्यक्ति साठ साल की हो जाता है। अपनी आयु पूरी कर लेता है। उसके बेटे के लिए नहीं राजकीय सेवाओं के लिए भले निष्प्रयोज्य हुआ, मगर अपनी आय से किसी के लिए जीवन साधन बनता है, तो किसी के लिए जीवन आधार बनता है।

बच्चे को खिलाने के लिए ही व्यक्ति उसे गोद में लेता है और उस की बात, व्यवहार एवं चाल सब अच्छा लगता है। साथ ही उसके मूत्र तथा शौच से भी इतनी घृणा नहीं होती कि उसको तुरन्त उतार फेंके। बालक आपके जीवन में मनोरंजन का साधन होता है। जब नवजात पैदा होता है, तो औरतें कहती हैं अपनी माँ पर गया है। अपने पिता पर गया है। अपने नाना पर गया अपनी नानी पर गया है, अपनी मौसी पर गया है। कहीं बालक शरारती हो गया तो वही औरतें यही कहती है, पता नहीं यह बालक किस पर गया है? यह कहें बालक या शिशु के सबसे नज़दीक दादी या दादा रहते हैं, क्योंकि नौकरी करने वाले तो अपने कामों में व्यस्त रहते हैं। जहाँ लम्बे सफ़र में कई रिश्ते बनते गये तो अब पचपन की उम्र में वही रिश्ते या तो ख़त्म होते गये या टूटते गये, रिश्ता के नाम पर ख़ुद का जीवन एवं पत्नी का साथ होता है तथा नये रिश्ते के रूप में पुत्र–पुत्री का जन्म हो चुका है। अब उनके रिश्ते बनने लगे हैं, जब आपके पुत्र के रिश्ते बनने लगे तो समझें आपका रिश्ता नगण्य होने लगा सामाजिक यही प्रकिया चलती रहती है। जो सदियों से चलती आ रही है।

अपने जीवन के अन्तिम काल में सामाजिक रिश्ते के कारण लोगों से तीन प्रश्न बार–बार पहला आपका स्वास्थ कैसा है। दूसरा प्रश्न आपका लड़का क्या कर रहा है? तीसरा प्रश्न आपकी जीवनचर्या कैसी चल रही है? ये बातें पहले भी लिखी जा चुकी हैं।

आपसे चौथा प्रश्न न तो कोई पूछेगा, न शायद चौथा प्रश्न आपके जीवन में दिखाई देता है। कोई नहीं पूछता आपने क्या बनाया क्या जीवन में पाया? क्योंकि जहाँ तक बनाने की बात है। वह लड़कों सौंप दिया जहाँ तक पाने की बात है, वह आपके जीवन में दिखाई देता है।

यदि आपके लड़का–लड़की हैं। तो आपके हाल–चाल दर्द, दवा की व्यवस्था कर हैं। आप कमायें या न कमायें माता–पिता से दादा–दादी होने वाले होंगे, अगर सांस्कारिक नहीं हुए तो आपकी बात नहीं सुनेंगे यदि आपके बच्चे की आय अच्छी तो ठीक है। अन्यथा आपके लिए तनाव, परेशानी का कारण बनेगा आपकी बात कम मानेंगे तथा उन्हें दूसरे की बातें अच्छी लगेंगी सलाह अच्छी लगेगी विशेष कर जो आपसे ईर्ष्या रखते हैं, उनसे उनकी अच्छी पटेगी। उनसे उठक बैठक अच्छी लगेगी, इसलिए के अन्तिम पड़ाव में आपको यह सोचना है कि कहीं–न–कहीं अपने जीवन के तीन या चार घण्टे व्यतीत करने के लिए व्यवस्था करनी पड़ेगी।

पास रहने पर क़ीमत का ज्ञान नहीं होता

आप जानें या न जानें जो चीज़ पास रहती है। उसकी क़ीमत का पता नहीं चलता चाहे रिश्ता हो, चाहे पैसे हो या समय हो या अवसर हो, चाहे उम्र मगर जब सभी समाप्त हो जाता हैं। तो उसकी क़ीमत मालूम होती है। खोने के बाद ही सब कुछ की क़ीमत होती है। समय, अवसर, उम्र पद, रिश्ता तथा पैसे सब रहते हुए क्या पाते हैं। क्या उपयोग करते है, यह आप पर निर्भर है। खोने के बाद पाने का सवाल ही नहीं रहता है कि आप खोयी चीज़ से कुछ पा सके। फिर आपको परेशानी, मुश्किलें, स्वयं को झेलनी पड़ेगी तब आपके पास पश्चात्ताप के आँसू ही रह जायेंगे।

आस्था

आस्था है, होनी चाहिए मानव जीवन है। आवश्यकता है, मगर श्रद्धा हो, परन्तु क्या भूखे रह कर आस्था पर ध्यान केन्द्रित कर सकते हैं। क्या अभाव में रह कर आस्था पर मन केन्द्रित कर लेंगे? क्या मजबूरी में रह कर आस्था में विश्वास कर सकेंगे? क्या क़र्ज़ में रहेंगे तो ध्यान लग पायेगा भूख पहले हैं। आस्था तो है, मगर अभाव पहले है। आस्था है, मगर परेशानी पहले है। अब आप कहेंगे कि धनवान भी आस्था रखते हैं, तो ग़रीब क्यों नहीं आस्था रखें। सही कहा, धनवान अपनी भूख मिटाने की व्यवस्था करके आस्था करते है। धनवान के पास पर्याप्त साधन होता है। धनवान आदमी के बच्चे भूखे नहीं रहते मजबूरी में नहीं रहते।

आप जिस आस्था में लगे हैं और दस दिन लगा दो सौ रुपय ख़र्च हुए हमसे आपको रुपये क़र्ज़ लेकर घर चलाना पड़ेगा। आस्था में दूसरे से रुपये लेकर ख़र्च किये अपनी कमाई का अपनी मेहनत के पैसे ख़र्च करें। दस दिन में मात्र सौ रुपये रोज कमाते तो एक हज़ार रुपये हुए दो सौ रुपये कमाते तो दो हज़ार रुपये और यदि पाँच सौ रुपये प्रतिदिन कमाते, तो पाँच हज़ार रुपये हुए कुछ लोग इतनी आस्था की बात करते थे कि यदि किसी से मिलने जाना हो तो कहते थे कि अपनी आस्था के मालिक की सेवा कैसे होगी लोग कैसे उनकी पूजा से रह जायेंगे।

एक सत्य घटना यहाँ पेश कर रहा हूँ कि जनवरी में चीन के वुहान शहर से निकले कोरोना वायरस के कारण लोग मरने लगे। तो विभिन्न देशों से आये लोग अपने–अपने देश जान बचाने के लिए भागे और देखते ही देखते फरवरी, 2020 आ गयी। मार्च आते–आते लोगों में भय एवं डर इतना भर गया कि लोगों में अपनों के बीच दूरियाँ बनने लगी। कोरोना वायरस बचने के लिए मार्च, अप्रैल, मई माह में लॉक डाउन भारत में लगाना पड़ा जिसके कारण सभी प्रकार की आर्थिक गतिविधियाँ बन्द हो गयीं। मज़दूर लोग भूखे मरने लगे। भूखे लोगों को अपनी जान बचाने के लिए हज़ारों किमी तक पैदल चलने को मजबूर होना पड़ा ऐसा माना जाने लगा मगर उन्हें यह नहीं पता बीमारियाँ तो आयीं मगर आपके जीवन में नहीं आयीं पूरा का पूरा देश डर गया अपने–अपने बचाव की केवल सोचकर रहा है। अब तो एक मानव दूसरे मानव की मदद करने में भी डरता है। रही महामारियों की बात ये तो आती ही रहती हैं। कभी सौ वर्ष पर कभी क्षेत्र में, कभी किसी देश में, इस अवधि में आस्था के मालिकों के दरवाज़े बन्द मिले। इसीलिए तो कहाँ गया आस्था है। होनी भी चाहिए, मगर सबसे पहले भूख की पूर्ति हो फिर आस्था पर नज़र जाये।

रिश्तों पर चर्चा

अक्सर देखा जाता है कि लड़के की शादी तब होती है, जब वह किसी जॉब में लग जाता है और यह होना भी चाहिए एक उदाहरण यहाँ प्रस्तुत है। एक बार एक आदमी अपने घर पर नहीं था। उस आदमी की आदत थी सत्य बोलने की और रिश्तों में सत्य बोलना कटु होता है। जब तक समझ में आये तक रिश्ता टूट जाता है। उस आदमी के पुत्र की, पुत्री की शादी

पड़ी और उस व्यक्ति को नज़रअन्दाज़ कर दिया गया और जब लड़की के दादा तथाकथित व्यक्ति को जानकारी हुई तो शादी होने के बाद यह बात लड़के के पिता से कही कि आपको जानकारी हुई कि नहीं लड़की को पेट है। जब लड़के के पिता को यह जानकारी हुई कि लड़की को पेट है। तो बहुत नाराज़ हुआ। बहुत गुस्से में हुआ यह जानकारी आपको है। जब आदमी नाराज़ होता है या गुस्सा करता है। तो इस अवधि में लिया गया निर्णय अव्यावहारिक व ख़राब होता है। शायद किसी के अहित के लिए भी हो सकता है। बिगड़ते माहौल में उसी बुजुर्ग को बुलाया गया जो लड़की का दादा था और उन्होंने कहाँ मैंने कहा है। क्या ग़लत कहा लड़का का पेट है। लड़की के पास भी पेट है। अपना जीवन कैसे चलाता है? अपना पेट कैसे भरता है। मगर अब शादी करके जा रहा है तो उसे अपने पेट भरने के साथ लड़की का भी पेट भरना पड़ेगा? यह बात सुनकर लड़के के पिता ने कहा, हम ने तो कुछ और ही समझ लिया था तब दादा ने कहा आप क्या समझते है? आपका व्यक्तिगत मामला है, अपनी खुद की सोच थी, मगर सत्य सत्य होता है। चलो अब तो समझ गये अब अपना रिश्ता निभा लीजिए।

हर लड़का या लड़की अपना जीवन खुशी से जीना चाहता है। यही गृहस्थ जीवन है, मगर क्या कुछ शादी थोपी जाती है। ज़बरदस्ती की जाती है। रिश्ता बन गया आपसे, जिसे निभाना है। आप क्यों भ्रम में है? यहाँ भ्रम की बात करें, रिश्ता ज़बरदस्ती सौंपने का अर्थ लड़की लड़के लायक नहीं रहते मैंने माना कि लड़की ख़ूबसूरत नहीं है, तो किसकी देन है? लड़की की सूरत उसके माता–पिता पर गयी है। अब लड़की की सीरत, व्यवहार खुद का है। एक बार सूरत देखकर मोहित हो जायेंगे। कुछ पल आकर्षित हो जायेंगे, मगर जब उसका व्यवहार उसका कार्य, आपके प्रति अच्छा नहीं रहेगा तो आपका भ्रम टूट जायेगा। आपको अपने सफ़र में अपने जीवन में, सुख या आकर्षण चाहिए, जीवन आपको जीना है। जैसे चाहे जीयें। जैसे चाहे गृहस्थी चलायें। हमें यही कहना है कि दोनों चीज़ें एक साथ नहीं मिलती है। सुन्दरता या व्यवहार अब आप जानें दोनों पत्नी एवं पति के बीच बनी दूरियों के साथ–साथ आपके सम्पर्क से शिशु का जन्म हो जाता है। तो उसका दोष तो नहीं है। आपको तो उसे जीवन की वह खुशी देनी पड़ेगी, जो आपकी ज़िम्मेदारी और आवश्यकता है। अर्थात जीवन जीने के तरीक़े अपनाने पड़े तो अपनाएँ मगर आपस में दूरियाँ न बनायें।

शादी के मामले में मानवीय भावना

अगर कोई व्यक्ति बेटा की शादी करने चलेगा तो ऐसे बात करेगा जैसे वह पूरे जग का मालिक हो और लड़की वाला या उसका गुलाम है या उसके दिये पर खाता है। जब लड़की की शादी करने जायेगा तो ऐसे लगेगा कि वह सबसे ग़रीब असहाय व निहायत कमज़ोर है। सबकी बात तो नहीं की जाती हैं, परन्तु कुछ लोग ऐसे हैं।

लड़का केवल सरकारी नौकरी पा ली तो फिर उस का भाव एवं लड़के के पिता का भाव देखने लायक है, मगर लड़की चाहे जितनी भी डिग्री लेरखी हो चाहे, जितनी सुन्दर हो चाहे जिस पद पर नौकरी करती हो, उसको कोई महत्त्व नहीं दिया जाता है।

अब शुभचिन्तक, समाजसेवक या लेखक के रूप में हर मानव से यही कहूँगा कि जब भी आप लड़के वाले बनकर बात करते हैं, तब जो व्यवहार करना है, बड़े शौक़ से करें, मगर यही सोचें कि काश यदि लड़की का पिता होता तो सामाजिक समस्या अपने आप हल हो जायेगी। यह सच है कि सामाजिक व्यवस्था के साथ आप रिश्ते का, सम्बन्धों का, व्यवहारों का, रिश्ता करने जा रहे है। कोई सामान नहीं ख़रीदने जा रहे हैं। यह भी सत्य है कि जब आप लड़की वाले से कोई माँग करते हैं। तो ऐसा नहीं है कि आपको लड़की वाला देना नहीं चाहता, आपने माँग कर अपनी हैसियत तो दिखा दी। साथ ही आपने जीवन में मात्र कुछ प्रतिशत ही पा पाये मगर सबसे ज़्यादा नुकसान कर गये। लड़की की निगाह में जो आपके प्रति सम्मान का था। आप अपने नाम के आगे लालची एवं अपने पुत्र को बेचने वाले बन गये। आपकी बहू पिता की पीड़ा का अहसास करके आपको कोसती रहेगी और आप हमेशा के लिए एक रिश्ता खो दिया अब आपको भविष्य में क्या मिलेगा वक़्त ही बतायेगा।

अब आपके घर में जो बहू आयी। आपने उसके पिता की वह कमाई लेने का प्रयास किया, जो वह कभी सोचा भी नहीं था आपने लड़की के पिता को अनजाने में वह पीड़ा दी, जो आपको अहसास भी नहीं हुआ और आपकी दी पीड़ा पिता बनकर, लड़की का अभिभावक बनकर सहता रहा यदि समय से नहीं सचेत होंगे या सावधानी नहीं बरतेंगे तो आपका ग़रूर, आपका धमण्ड, आपकी ग़लत सोच आपका जीवन शायद सुखमय न बन सके। ख़ैर, यह भविष्य में आपके सामने आयेगा।

सबसे अहम सवाल यह उठता है कि जीवन में लड़की की शादी बड़ा काम होता है। अक्सर पचास की उम्र जाते–जाते हर की लड़की सयानी हो जाती है या सयानी होने के करीब हो जाती है। केवल कुछ प्रतिशत, छोड़कर, आपकी उम्र जब पचास साल से ऊपर हो गयी, तो आपके बच्चे भी बीस साल से ऊपर के हो गये। आप करेंगे कौन सी नयी बात है। सबके साथ यही होता है। क्या सब परेशानी सहते हैं। तो आप भी परेशानी सहना चाहते है। रिश्ता सोचते ढूँढ़ते आपकी उम्र तेज गति से भागने लगती है। आपकी उम्र पचपन साल हो गयी आपकी बेटी की उम्र पचीस साल हो गयी और यह क्रम जीवन की वास्तविकता के विषय में जानते जानते लड़की की उम्र करीब तीस साल होने वाली है। जब लड़के की शादी की उम्र होती है। तब लड़की की शादी की उम्र हो गयी तब तक आपका साठ साल पूरा हो गया और आपकी सेवानिवृत्ति का दिन मुकर्रर हो गया समय से अपने काम को अंजाम दे। शायद यह आपके सेहत के लिए लाभदायक है। आप समय से प्रयास करेंगे, समय से काम होगा। यदि समय से प्रयास नहीं करेंगे, तो काम कैसे समय से होगा।

लोगों की भावनाएँ सोच, स्वार्थ बढ़ती जा रही है। पाने की इच्छा बहुत है। देने के लिए मन में विचार कम बनता है। हर मानव पारिवारिक जीवन या सामाजिक जीवन के विषय में उससे अच्छा कौन जानता है? हमें तो यही कहना है कि समय से सावधानी बरते शायद आपका जीवन सही ढंग से चले।

गृहस्थों को अपने बच्चों के प्रति 'सावधान' होना

हर व्यक्ति को इस बात का ध्यान रखना कि बच्चों को दो मानसिकता से आगे बढ़ाना। पहली मानसिकता यदि क्षमता हो तो सरकारी नौकरी करें या पाने का प्रयास करें दूसरी मानसिकता यह बनानी कि सरकारी नौकरी न मिले तो प्राइवेट नौकरी या बिजनेस कर सकें, क्योंकि सरकारी नौकरी भविष्य में समाप्ति की ओर बढ़ रही है। एक कहावत याद करें कि एक टयूबवेल से पानी जा रहा है। तो खेत में पहुँचने के लिए बिजली होना आवश्यक है। जिससे ट्यूबवेल चल सके। जो वर्तमान सरकार है, वह किसी न किसी मानसिकता से ग्रसित होने के कारण सरकारी पद को कम करने या समाप्त करने का प्रयास कर रही है। जिसके कारण चाहे सवर्ण के लड़के हो चाहे ग़रीब सवर्ण के लड़के हो, चाहे पिछड़े वर्ग के लड़के हों

चाहे विलियम्स जाति या अनुसूचित जाति के लड़के हो या अनुसूचित जाति के लड़के हो सभी चाहते हैं कि सरकारी पद पर आसीन हो मगर सरकार जब सरकारी पद को प्राइवेट में बदल देगी तो किस बात का आरक्षण, किस बात का ज्ञापन, किस बात की सुविधा हाल में छत्तीसगढ़ में पुलिस विभाग से 10 हज़ार पद प्राइवेट सेक्टर को देने की घोषणा की अब आप ही बताये कि जब पद ही नहीं रहेगा तो आप किस अधिकार से माँग करेंगे, अब वक़्त बतायेगा कि प्राइवेट में किसको कितनी जगह मिल पायेगी बिजली नहीं ट्यूबवेल सुनसान पड़ा है। कैसे खेत सींचेंगे इसलिए राजनीतिक पार्टियाँ कैसे आती है। कहाँ से आती है। किसको क्या सुविधा देती है, इसलिए आप अपने बच्चों को 'सावधान' करें ताकि समय–समय से अपने सफ़र में आगे बढ़ सके। ऐसा नहीं है कि सबका सब प्राइवेट हो जायेगा, मगर पद कम ज़रूर हो जायेंगे कम पद में संघर्ष ज़्यादा हो जायेगा।

अपने आप बीमारी ख़रीदी

आपको मेरी बात बड़ी अजीब लगेगी कि क्या कोई व्यक्ति कभी बीमारी ख़रीदता है। तो आपको बता दे शायद आप अपनी निगाह से सत्य कहते हैं। मगर शरीर में बीमारी डालने का तर्क दे रहा हूँ। शायद इस तर्क को नज़रअन्दाज़ नहीं कर सकते।

1. शरीर को आप कितना कष्ट देते हैं। माना कि आप अपने निवास स्थान से करीब 100 किलोमीटर अधिक की दूरी तय कर नौकरी पर पहुँचते है। प्रतिदिन आपको अपने काम पर जाना है। आप सरकारी काम करते हैं। आप जाने के लिए निजी साधन का प्रयोग करें या सार्वजनिक साधन का मगर हर हालत में दो घण्टा पहले निकलना पड़ता होगा। आप कुछ नाश्ता बिना समय के या बिना भूख के करते हैं और शाम को आठ या नौ बजे रात को वापस आते हैं। प्रतिदिन दो सौ या डेढ़ सौ किमी का सफ़र तय करते हैं। इस दौरान न तो आपको समय से भोजन मिलता है और नहीं आराम। ज्यादा धन भी खर्च होता है। जवानी तो इसका अनुभव नहीं होता। 50 साल के बाद इसका पता चलता हैं।

2. जब आपकाम करते हैं। तो निश्चित है कि आपको सात घण्टे सोना चाहिए। कम–से–कम एक घण्टा मनोरंजन हेतु टीवी या समाचार पत्र देखना चाहिए तथा कम–से–कम चालीस मिनट अपने स्वास्थ के लिए

टहलना या व्यायाम करना चाहिए तो क्या आप इस उपरोक्त अवधि में सभी चीज़े पूरी कर लेते हैं। ठीक ढंग से सो पाते हैं ठीक ढंग से मनोरंजन कर पाते है? ठीक ढंग से टहल पाते हैं। अपने जीवन को एक मशीन की तरह बना लिया है। आप उसमें तेल या मोबिल आयल डालें और चलाते रहे, मानव आप कहाँ रहे। आप अपने जीवन को कैसे देखेंगे? आप ठीक से न सो पायेंगे और न अन्य काम कर पायेंगे। इससे आपमें चिढ़–चिढ़पन आ जाएगा। आप बात–बात पर गुस्सा करेंगे।

3. समय से भोजन लेना। हल्दी दूध लेना, भोजन में सलाद लेना, भोजन में तेलयुक्त समाग्री से परहेज करना। प्रतिदिन या कुछ दिन में नीबू लेना, सप्ताह में कम–से–कम एक या दो फल ले पाते हैं, जो जीवन को मज़बूत एवं आवश्यक वस्तु की मात्रा की पूर्ति करता है। खाना खाने के बाद आधे घण्टे का समय मिलता है। जिससे पानी का सेवन कर पाते हैं। आप प्रतिदिन पाँच लीटर पानी का उपयोग कर पाते हैं?

4. खाने के बाद क्या आप सौ क़दम चल पाते हैं? साथ ही अपने शौक़ के रूप में शराब, बीड़ी, सिगरेट या सुर्ती का प्रयोग नहीं करते। अपने आपको जब नशे के सामान से तन को भर देंगे तो आज नहीं कल नहीं परसों वह की हुई सामग्री आपके तन को कमज़ोर करेगी। कभी लीवर ख़राब होगा कभी पाचन ख़राब होगा। तन तो आपने नशे के हाथों बेच दिया क्या आपने बीमारी नहीं ख़रीदी? हाँ, बिना नशा के भी तन जर्जर होता है, बीमारी होती है, मगर वह अपवाद में होती है।

बीमारी ख़रीदने से बचे

आपको जो भी उपरोक्त बातें बतायी गयी हैं। उनमें जो ख़रीदी है, उसे बेच दे जो उपयोग नहीं करते हैं, उसका प्रयोग करना शुरू करें। जैसे प्रतिदिन लम्बा सफ़र से बचे अब आपको रास्ता निकालना है। आप प्रतिदिन सात घण्टे सोने का प्रयास करें। प्रतिदिन आप हल्दी के साथ दूध, सलाद या फल का सेवन करें तथा आप प्रतिदिन चालीस मिनट अपने स्वास्थ के लिए दे। साथ ही स्वास्थ को देखते हुए आप नशे का प्रयोग करना बन्द कर दें किसी प्रकार का नशा न करें। आप महसूस करेंगे कि आपके पास बीमारी प्रतिशत में कुछ अंश ही रह जायेगी। आपका धन और तन दोनों बचे रहेंगे। हमें विश्वास है कि आप अस्वस्थ होने पर कई परेशानी में फँसते हैं।

अस्वस्थ होने पर क्या–क्या परेशानी होती हैं? पहले आपका मानसिक तनाव बढ़ता है। आपको अपना समय डॉक्टर के लिए निकालना पड़ता है। डॉक्टर का इन्तजार करना पड़ता है। अपने पैसे की दवा या फ़ीस का हिसाब रखना पड़ता है। खाने–पीने में परहेज करना पड़ता है। परिचित को जानकारी होने पर बिन माँगे सलाह देते हैं।

यही कहना है। सावधानी बरतें और स्वस्थ रहें। अपने स्वास्थ के प्रति सजग रहें। यही कहा गया है।

जीवन में कई ऐसे काम आते हैं, जहाँ आवश्यकता पड़ने से अपने स्वयं के अलावा सहयोगी या मित्रों की आवश्यकता होती है। यह सच है कि जब आपके पास आय के साधन हैं या अर्थ के स्रोत होंगे तब आपके पास मित्रों की संख्या कम नहीं होगी, मगर जब आपके पास धन नहीं रहेगी, तो आपके पास मित्रों की संख्या नगण्य हो जायेगी या यह कहिए कि कम हो जायेगी आप जब समाज में हैं तो मित्रों का मिलना या बिछुड़ना बना रहेगा। इस बात का ध्यान रखें कि आर्थिक मज़बूती बनी रहे।

मानव को कब, कौन-से धन की आवश्यकता होती है?

मानव जीवन में आवश्यकता की बात करते हैं। बीमारी छोटी हो या बड़ी या एक्सीडेंट हो। ज़मीन का बैनामा या मकान की बैनामा, विवाह, लड़की की शादी तीनों काल में मित्रों की आवश्यकता पड़ती है, जो आपको धन की व्यवस्था कर दे कभी–कभी उच्च शिक्षा में भी फ़ीस से कम पैसे रहने पर पैसे की आवश्यकता पड़ती हो तब आपके मित्र या सहयोगी आपकी सहायता कर दें मित्र या सहयोगी सही मिले, विश्वास पात्र मिले, इसकी परख होनी चाहिए, ताकि समय पर आप असफल या तनाव में न रहे वैसे ध्यान रखें कि काम किसी का नहीं रुकता है। किसी का काम आसानी से होता है। किसी का काम तनाव में, यही अन्तर है।

जवानी में कमाया, बुढ़ापे में काम आयेगा, मगर उपरोक्त तीनों काम तो जवानी में ही करने पड़ेंगे उसी तरह रिश्तों की ज़रूरत मुसीबत में काम आयेगी, जो वक़्त पर काम आये, जो वक़्त पर सहयोग दे, समझो वही हमदर्द है, परन्तु जब आपके पास मित्रों की संख्या गिनाने के लिए दर्जनों है। वक़्त पर कौन, किस रूप में मिलता है। यही वक़्त की बातें हैं।

बीमारी में पैसे के सहयोग के साथ–साथ मानव का भी सहयोग चाहिए। जब मित्रों की सूची बनायेंगे तो शायद संख्या में दो या तीन ही मिल पायेंगे अन्यथा तो सभी कहने के लिए होंगे।

मित्र या व्यवहारी बनने के तरीके

मित्र या व्यवहारी बनाये रखने के लिए या मित्र या व्यवहारी के लिए निम्न बातें अवश्य ध्यान रखें।

1. मित्र या व्यवहारी के सामने या पीछे कभी भी आलोचना न करें या मित्र व्यवहारियों की कमज़ोरियों का न बखान करें, बल्कि उसके अच्छे व्यवहार की चर्चा करें। अच्छाइयों की करें कमी या अच्छाई तो हर इनसान में होती है। कुछ में कम तो कुछ में ज़्यादा।

2. कभी मित्र या व्यवहारी की आस्था के विरुद्ध न बोले, क्योंकि हो सकता है। आपका मित्र आपकी आस्था से भिन्न हो। धर्म रखता हो एक दूसरे की आस्था या धर्म अलग–अलग हो। एक दूसरे की आस्था का सम्मान करे।

3. आपस में कभी किसी बात पर बहस न करें। जिस विषय पर बात कर रहे है। यदि आपको उसकी बात उचित नहीं लगती तो नज़रअन्दाज़ कर दें मगर बहस न करें। मित्र या व्यवहारी का रिश्ता बना है। उसमें थोड़ा सा विश्वास, त्याग, समर्पण और जोड़ लें तो आपका मित्रवत व्यवहार, रिश्ता और मज़बूत हो जायेगा। विषम परिस्थिति के अलावा सफ़र कट जायेगा। साथ में बोल चाल की भाषा संयमित हो, मगर कटाक्ष न हो या ताना मारने वाला न हो। यही सावधानी रिश्तों को बनाये रखने या बचाये रखने के लिए है।

बैनामा बीमारी या विवाह में कभी कोई काम न आये जो आपके रिश्ते में आता है। तो बुरा मत मानना, हो सकता है उसके पास तत्काल पैसे नहीं हो या उसकी कोई मजबूरी हो, मगर आश्वासन देकर मुकरे तो उसको विश्वासघात कहना होगा। आप रिश्तों को बनाये रखने का प्रयास करना अपनी ओर से रिश्ता न तोड़ना। यही सावधानी बरतना है। आगे जैसा आपका दिल करें या मन करें आप वैसा करना है। क्योंकि सलाह देना अलग बात है। सावधानी बरतना अलग बात है। भाव से भावना का जन्म होता है, मगर अभाव से भावना टूट जाती है। रिश्ता ख़त्म हो जाता है।

रिश्ता होना एवं निभाना अलग-अलग पहलू है

यह सहज सा लगता है कि रिश्ता होना एवं निभाना अलग–अलग पहलू हैं। क्योंकि आप याद करें सोचें कि आपके पास अब तक कितने रिश्ते आये और कितना रिश्ता बचे हैं, जो बचे हैं, वे कैसे बचे जो रिश्ता था समय से आप उस रिश्ते को निभा नहीं पाये। आख़िर क्यों? कैसे निभा नहीं पाये? क्या कारण था कि आप रिश्ता होते हुए भी नहीं निभा पाये हैं? रिश्ता कई प्रकार के होते हैं। एक जान–पहचान का रिश्ता, एक उम्मीदों एवं अपेक्षाओं का रिश्ता, एक व्यवहार का रिश्त, एक ख़ून का रिश्ता, एक भावनाओं का रिश्ता, एक स्वार्थ एवं अपनापन का रिश्ता, कोई न कोई रिश्ता बनता है। आप सोचे कि किस रिश्ते में कौन से तरीक़े से निभाये जाते हैं।

जीवन के सफ़र में आप देखेंगे कि विपत्ति काल में विपरीत परिस्थिति, परेशानी, कमज़ोरी, आवश्यकता होने पर रिश्ते की ज़रूरत होती है। हर रिश्ते से अपेक्षाएँ की जाती हैं कि आपके परेशानी, मुसीबत में सहयोगी बने। जैसे बीमारी में धन की आवश्यकता है। परेशानी में, असहाय अवस्था में निभाना आवश्यक है और आदमी यह उम्मीद भी करता है कि उसे परेशानी हुई है। तो उसकी मदद किसी को करनी चाहिए। मानव स्वभाव होता है अब कौन आपकी अपेक्षा पर खरा उतरता है। वक़्त की बात है। एक सा दिन बराबर नहीं रहता इसलिए यह ध्यान रखना चाहिए कि उसे किसी जुड़ने वाले या पहचान वाले व्यक्ति की परेशानी में जो हो सके। अवश्य मदद करें, ताकि परेशानी में पड़ा व्यक्ति को सहारा मिल सके। यह भी ध्यान रखें कि जो बीमार है, उसको संक्रामक बीमारी तो नहीं है। उससे दूरी बना कर रखें ताकि स्वयं को ख़तरा न हो मगर क्या करें हर आदमी का रिश्ता अपने आप में परिणाम निकाल लेता है। उसकी लम्बी पहचान, लम्बा अनुभव भी असफल होता है। 'जिस समय आदमी परेशान होता है, उस समय आप चाह कर भी मदद नहीं कर सके। तो आप परेशान न हो। हो सकता है कि आपकी स्थिति उस समय मदद कर सकने लायक नहीं है। मगर आप उससे सम्पर्क तोड़ देते हैं। जो ग़लत हो जायेगा। क्योंकि हो सकता है। आपसे उम्मीदें हों मगर जब आप सम्पर्क में रहेंगे तो आपका सम्बन्ध या आपका रिश्ता ख़राब नहीं हो पायेगा। यह सच है। इनसान है। एक बराबर सबको समझता है। चने के चक्कर में कंकड़ न खा लें मगर कहीं कंकड़ी के चक्कर में चना न खाना छोड़े दें। यह इनसान की अलग–अलग पहचान के तरीक़े हैं।

मानव स्वभाव है। अपेक्षाएँ बन ही जाती हैं। इससे यह नहीं कहा जा सकता कि अपेक्षा करना मानव की ग़लती होती है। आप इनसान हैं तो अपना पन का भाव या अपेक्षाएँ या उम्मीदें अपनी जान–पहचान से नहीं बनेगी अपने रिश्तों नाते से नहीं बनेगी, अपने व्यवहारी से नहीं बनेगी तो आख़िर किससे बनेगी अब आप कहेंगे कि यह ग़लत हो गया रिश्ता होना ग़लत नहीं हो सकता तो अपेक्षाएँ कैसे ग़लत हो गयीं। रिश्ता होना ग़लत नहीं है, तो निभाना ग़लत कैसे हो गया पहचान करना ग़लत हो सकता है। पहचान करना सीखे।

यह सत्य है कि लेन–देन आप अपने दो या तीन या चार तक ही सीमित रखें, ताकि यदि एक किसी परेशानी में पड़े तो दूसरा मिले। अगर दूसरा नहीं तो तीसरा या चौथा मिले। किसी भी प्रकार से चारों के चारों असफल नहीं हो सकते कभी–कभी आपके जान–पहचान वाले आपसे मदद नहीं करते है। या रिश्तों में लगने वाले की मदद नहीं करते है। आख़िर क्यों, क्या आप उसे पहचानते नहीं या उसके द्वारा मदद में लिया। धन वापस नहीं करते या आपकी स्थिति उस समय मदद करने लायक नहीं है। कुछ भी हो सकता है।

यहाँ सावधानी के रूप में, सलाह के रूप में, मश्विरा के रूप में, हमदर्दी के रूप में यही कहाँ जा सकता है कि कोई परेशानी में हो तो अपने रिश्तों के अनुसार, व्यवहारी के अनुसार, अपनी आवश्यकता के अनुसार, अपनी उपस्थिति अवश्य दर्ज करायें। आपके वैवाहिक जीवन में, व्यापारिक जीवन में, एक उद्देश्य बनायें जो दूर रहना चाहता है, उससे दूर रहे या जो नज़दीक आना चाहता है, उससे नज़दीक रहे। कोई ज़रूरी नहीं है कि आपका हर रिश्ता चल सके मगर जो रिश्ता है, उसे निभाना चाहिए।

रिश्तों की या अपनों की पहचान कब कैसे

रिश्तों की या अपनों की पहचान विषम परिस्थिति में वैसे तीन तरीक़े बताया गये हैं। जब आपको अपनी आवश्यकता या मजबूरी या ज़रूरी ख़र्च के लिए धन की ज़रूरत होती है। दूसरी जब किसी करण से असहाय हो जाये जैसे आकस्मिक घटना के कारण तन अपंग हो जाये या जीवन के अन्तिम सफ़र में जब शरीर असहाय या बीमारी के कारण अपनी नित्य क्रिया करना बन्द कर दे तो इन परिस्थिति में अपनों की पहचान होती है।

ऐसी अपेक्षाएँ नहीं करना चाहिए, लेकित मानव जीवन अपेक्षाओं की कड़ी है। जब किसी से जुड़ेंगे तो भाव होगा कौन–सा भाव होगा यह वक़्त की बातें हैं, तो जब रिश्ता टूटेगा तो भावों का अभाव होगा मानव जीवन है। जब जुड़ता है। तो उसकी विपरीत स्थितियों में अपेक्षाएँ बन जाना मानव स्वभाव है तथा इसी पर संसार का सम्बन्ध बना है। जब किसी की अपेक्षा, उपयोगिता, आवश्यकता, रुचि या स्वार्थ ही नहीं रहेगा तो फिर लोग कैसे आपसे जुड़ेंगे। हाँ, इतना भी न जुड़े कि अलग होने के बजाये टूट जाये, इसलिए यह कोई ज़रूरी नहीं है कि आप जिससे जुड़े हों वह भी आपसे उतना ही जुड़ा हो कभी एक तरफ़ा भाव आता है। कभी अपनी आवश्यकता तक भाव रहता है। लोग ग़लत फहमी का शिकार हो जाते है। जो न सिर्फ़ आवश्यक है, बल्कि जीवन के लिए ज़रूरी है। समय से 'सावधान' हो जायें या अपना विकल्प ढूँढ़ लें। अब तक जो परेशानी हुई सो हुई मगर अब आने वाले वक़्त में न हो, यह रिश्तों का रंग, अपनो का रंग, समय–समय पर बदलता रहता है।

दूसरों के लिए नेक काम अवश्य करें

जीवन में यह अवश्य सोचे कि क्या जिस कुएँ का प्रयोग किया, वह कुआँ पारिवारिक या सामाजिक था। किसी ने तो बनाया होगा। जिस स्कूल का प्रयोग किया वह सरकारी था या किसी ने बनाया था। जिस धर्मशाला या तालाब उपयोग किया है। वह सामाजिक था या सरकारी जिस पेड़ के फल खाये थे, वह सरकारी था या व्यक्तिगत तो एक सोच बनानी चाहिए कि जब कोई आपने अच्छा काम किया तो उसका किसी ने उपयोग किया होगा कहावत है कि कुछ काम कर जाइए जिसे लोग याद करें। कुछ लिख जायें जिसको लोग पढ़ते रहें।

यह सत्य है कि क्या दिये हैं कि आपकी बात मानें या क्या किये कि आपके बताये रास्ते पर चले कि यह भी सत्य है। जीवन में जब अपनी आवश्यकता की कटौती करेंगे। शायद किसी की मदद कर पायेंगे भौगोलिक ताना–बाना ही ऐसा है कि कहीं नदी है। तो कहीं पहाड़ है। कही समतल ज़मीन है, तो कही ऊँची ज़मीन है। कहीं ख़निज सम्पदा है, तो कही खाद्य पदार्थ का भण्डार है। कहीं दर्द है तो कहीं दवा मिलती है। कही आवश्यकता है किसी चीज़ की पैदा कोई चीज़ होती है। समाज में भिन्न–भिन्न लोग है,

भिन्न–भिन्न परिवार है, ग़रीब हैं, तो धनी भी हैं। कहीं खाये बिना आदमी मरता है, तो कही खा–खा कर मरता है। कही पर्याप्त है, तो कही अपर्याप्त है। वैसे नेक काम के लिए बहुत बाधाएँ, अवरोध, विरोध, संघर्ष हैं।

अब आपको 'सावधान' करने का उद्देश्य या मक़सद गया कि जीवन में लम्बा सफ़र तय करना पड़ता है। जीवन में घटनाएँ, दुर्घटनाएँ अवश्य होगी यदि सावधानी बरतेंगे तो घटनाओं को भले रोक पायें या नहीं रोक पाये मगर भारी क्षति से अपने आपको बचा सकते हैं, जिससे पछतावा नहीं होगा मानव अपना काम करें तो जीवन में मुश्किलें कम होंगी मगर वह अपना काम कम दूसरे के काम को ज़्यादा करता देखता या टोकता है। धीरे–धीरे जीवन का सफ़र ख़त्म हो जाता है। कुछ की राह आसान होती है तो कुछ की राह कठिन बाद में यही कहता है कि अमुक उम्र में या अमुक समय में या अमुक लोगों से सावधानी बरती होती तो शायद यह परेशानी नहीं होती।

भ्रम न पालें

इनसान को भ्रम पालने की आदत है या भ्रम में रहने की आदत है। एक बार एक जवान व्यक्ति ने एक सन्त से कहा कि मैं शादी करके ग़लती नहीं करूँगा ताकि जीवन ख़ुशहाल रहे तब सन्त ने कहा कि शायद आपके माता–पिता की ग़लती का आप परिणाम हैं समाज में जनशक्ति या परिवार बढ़ाना आवश्यक नहीं ज़रूरी भी है। जानवर की कोई उम्र नहीं होती, क्योंकि जानवर कभी अपनी मौत नहीं मरता। किसी की मौत होती है तो कोई किसी का भोजन बनता है। यही पशु जीवन है, मगर मानव यदि किसी हादसा या दुर्घटना का शिकार नहीं हुआ, तो उसकी उम्र करीब सौ साल तक तो बनती है। इससे ऊपर या इससे नीचे जैसी स्थिति बनती है, मगर जब वह 50 साल की उम्र पार कर लेता है, तब शरीर को एक नौकर की एक सहयोगी की एक हमदर्द की ज़रूरत पड़ती है, अपनी बात कहने के लिए अपना काम कराने के लिए, परन्तु जब वह 70 साल से ऊपर हो जाता है। तब अपने को असहाय या बीमारी में या विषम परिस्थिति में महसूस करता है तब तक इतनी देर हो जाती है कि न शादी कर सकता है, न परिवार बढ़ा सकता है फिर एक रिश्ता व्यक्ति का रह जाता है। शेष रिश्तों से वंचित हो जाता है, न पिता बनता है, न दामाद बनता है, न जीजा बनता है, न किसी का दादा बनता है, न नाना बनता है। वही हाल किसी लड़की का होता है।

जब वह शादी नहीं करती है। तो सभी रिश्तों से वंचित हो जाती है। तमाम एसे रिश्ते हैं जो अपने आपसे वंचित वह कर लेती है। फिर अपनी गलतियों को, अपनी परेशानियों को, किसी से कह ही नहीं सकती क्योंकि कोई रिश्ता नहीं है। केवल पश्चात्ताप ही करता है।

जीवन की आवश्यकता की पूर्ति के लिए बिजली बिल भरने के लिए उस विभाग के कार्यालय तें जाना पड़ता है, उसी तरह हाउस टैक्स पानी बिल, गैस बिल आदि भरने के लिए उनके कार्यालय जाना पड़ता है। शरीर में समय के अनुसार क्षमता रही नहीं जीवन चलाना ज़रूरी है फिर अपने कार्य को याद कर पछतावा रह जाता है। तमाम विभाग में परेशानियों से निपटाने के लिए स्वयं जायें या किसी अन्य का सहारा ले समय रहते सावधानी बरते। समय या अवसर ख़त्म होने के बाद आप सिवाय पश्चात्ताप करने के अलावा कुछ नहीं कर सकते तब न तो भ्रम रहता है, न अवसर, सिवाय पछताने के।

इस उम्र में अब कोई दोस्त नहीं बनता। हाँ, जो रहते है। धीरे–धीरे समाप्त हो जाते हैं। आपकी उम्र 60 साल हो गयी तो यह निश्चित है। आपके पिता की उम्र करीब 80 साल या ऊपर हो गयी होगी आपके पिता का रिश्ता आपके नये बने रिश्ते आपके मित्र दोस्त सब समाप्त हो गये होंगे या समाप्ति की ओर जा रहे होंगे। आपका अगर नया दोस्त कोई नहीं बनता है। आपने शादी की होगी लड़का या लड़की ने जन्म लिया होगा तो आपका नाती, पोता, आपकी उम्र में व्यवहारी बनकर आते हैं। अगर कोई भ्रम पाले तो उसकी बात अलग है। मात्र व्यवहारी बनते या बिगड़ते हैं। पुराने दोस्त है, वे बचे रहें तो उनको बचाकर रखना चाहिए। यह दोस्ती या भावना काँच की चादर की तरह है। ज़रा–सी लापरवाही हुई कि यह टूट कर बिखर जायेगा। सिवाय यह चुभने के किसी काम का नहीं रह जाता है। इसीलिए इस टूटे काँच के टुकड़े से बचकर चलता है। दोस्ती टूटने पर भाव ख़त्म होने पर, उन यादों से बचना पड़ता है, जो सुख एवं सुकून देता है, अगर कोई अच्छा कारीगर मिलता है, तो काँच के टुकड़े को किसी केस में रखकर उपयोगी बना सकता है। आपके पुत्र का लड़का या लड़की मित्र जैसे बन जाते हैं। वह इसलिए बनते हैं कि अबोध बालक को देखने के लिए माता–पिता को फुर्सत ही नहीं रहती है और बुजुर्ग या दादी का समय नहीं कटता, तो निश्चित है कि दोनों एक दूसरे के अभाव को दूर करते है।

आपसी ताल मेल हो ही जाता है, अगर आपने किसी को समेट कर रखा है, तो शायद बातचीत करने का तरीक़ा बनाये रखें इसलिए इस उम्र में दोस्त कोई बनता नहीं और अगर पुराने लोग होंगे तो अपने आप में परेशान होंगे तो जो दोस्ती रही, वह भी अपने बेटे–बहू के कारण बनते एवं बिगड़ते रहेंगे। यही सावधानी के रूप में देखना है कि आप किस काल, किस परिस्थिति में चल रहे हैं। आपसे बेहतर कौन जानता है।

जीवन का यही सच है कि जब आपके पास आय के अच्छे स्रोत हैं। तथा काम एवं स्वास्थ है। तो आपका मूल्य 100 प्रतिशत है। आपके नौकरी में जीवन में परिवार में क़ीमत है। मगर जैसे ही आप सेवानिवृत्ति होते हैं। तो आप का मूल्य लोगों की सोच के अनुसार या अपनी सोच के अनुसार क़ीमत शून्य प्रतिशत पर आ जाती है। लोगों की सोच के अनुसार न आपके पास पद है, न पैसा है, जब कि ऐसा नहीं है, आपके पास पर्याप्त पैसे हैं। ऐसा माना जाता है। आप लोगों की उम्मीद या अपेक्षा या विश्वास लायक नहीं रहते मात्र आप प्लास्टिक की टूटी कुर्सी के समान हो जाते हैं, जो घर की नहीं स्टोर की शोभा बढ़ाने के लायक बचते हैं। ऐसा माना जाता है। फिर किसी कबाड़ी के हाथ बेचकर कुछ पैसे पाने की उम्मीद रहती है। यह समाज कहता है न कि लेखक अपने मन से कह रहा है। आप अपने सेवा काल में अपने कार्य को पूरा करने का प्रयास करें। यही सावधानी कही गयी है। जिस तरह भवन की लाइफ मात्र सौ साल रहती है। भले ही उसमें आप कई हज़ार साल रहें। अंग्रेज़ों के बनाये भवन की मरम्मत होती रहे तो वह सैकड़ों साल चलती है। क्योंकि वह सरकारी पैसे से नहीं बनी थी बल्कि सरकार अपने पैसे से अपने उपयोग के लिए बनाती थी। ठेका देना या ठेके पर काम करना या कराना अलग–अलग है। जैसे आगरा का ताज महल कई सौ साल पहले बना है, मगर आज भी उसकी स्थिति ठीक है।

जिस तरह 'गब्बर दी बैंक' में एक खलनायक का डायलाग है कि जो मेरे काम का नहीं है, उसका दुनिया में कोई काम नहीं है। उसी तरह समाज परिवार भी यही कहता है, जो उसके काम का नहीं है, वह समाज में रहे या जाये उसकी परवाह नहीं करता।

इसलिए जीवन को उपयोगी बनाये रखें किसी के लिए लाभदायक बनाएँ रखें अपनी क़ीमत बनाये रखें अपना महत्त्व बनाये रखें ताकि समाज में आपकी उपयोगिता बनी रहे। यही सावधानी बरतनी है। यही कहना है।

समाज में आप हैं तो आपके रिश्ते होंगे आपके ख़ूनी सम्बन्ध होंगे। हर का इन्तजार है। तो उसको जीवन में कभी–न–कभी आपकी ज़रूरत होगी आप जानते हैं। मानव जीवन कि करीब 95 प्रतिशत काम पैसे से होते हैं, जैसे रूटीन जीवन के अलावा शादी, बीमारी आदि में लोग आपसे अपेक्षा करते हैं। जो स्वाभाविक है और आप यह कह देते हैं कि अब सेवानिवृत्ति हो गये है। आप कह क्यों रहे हैं। आपको तो अमुक व्यक्ति पहले से ही जानता है। रही उसकी समस्या को देखने की हैं यदि उसकी समस्या जुनून है, छानबीन कर ले, जान ले तो पूरा न सही, आधा न सही, कुछ अंश तो आप दे सकते हैं। तो देने का काम करें हो सकता है। वह वापस नहीं कर सकता या देना नहीं चाहता। कोई बात नहीं है, मगर यदि आप कुछ अंश अपनी आवश्यकता या परेशानी देखकर दे देते हैं। तो कुछ उसकी परेशानी कम करने में मदद मिल सकती है। आपके पास देने के लिए कुछ नहीं है, तो प्रयास तो करें भी आपका मूल्य कुछ : प्रतिशत तो बढ़ गया। समाज में और परिवार में जो आप का मूल्य है। यह अलग बात है। कोई मूल्यवान समझें या न समझें।

सेवानिवृत्ति के बाद आप अपना मूल्य गिरा देते हैं। हीन भावना करके आप काम कर नहीं सकते, मगर काम कराने लायक है। आप पचास प्रतिशत अपने मूल्य को गिराने में स्वयं ज़िम्मेदार हैं और पचास प्रतिशत समाज आपका मूल्य गिरा देता है। किसी के दुख–सुख में शामिल न होने या किसी की मदद न करने के कारण आप स्वयं ही ऐसा करते हैं। जैसे उपरोक्त पक्तियों में लिखा जा चुका है कि मैं माना कि आपके पास पद नहीं है। आपके पास समय तो है। आपके पास धन है। धन से कुछ अंश किसी की फ़ीस, दवा या विवाह में मदद करें। अपने आपका मूल्य शून्य से 30 प्रतिशत या 20 प्रतिशत उठ जायेगा। शून्य प्रतिशत से 40 प्रतिशत में आ जायेगा तो जीवन अपने आप अच्छा कट जायेगा। यही सावधानी बरतें, ध्यान रखें।

दुश्मनी कोई पाले, आप क्यों सोचें

गृहस्थ जीवन में आपकी प्रगति देखकर ख़ुशी देखकर पिता को छोड़कर माता को छोड़कर ईर्ष्या रखने वालों की कमी नहीं है, मगर आप क्यों उनकी तरह बन रहे हैं। आपको जीवन में इतना भय नहीं होना चाहिए।

कि आप किसी की जान ले सकते हैं या कोई आपकी जान ले सकता है। तो सावधानी रखें आपके अच्छे दिन में बुरा दिन समाहित हो गया है। यह काल या समय अपने आप तेज़ हवा की तरह गुज़र जायेगा माना जाता है कि कभी–कभी निर्दोश व्यक्ति भी अनायास बिना अपराध किये फँस जाता है। मगर कभी–कभी ऐसा होता है। मानवीय जीवन है। जब आपके परिवार में बबूल के पेड़ लगाये गये। तो काँटा तो किसी को चुभेगा ही। चाहे रिश्ता होने के नाते या पड़ोसी होने के नाते या सम्पर्की होने के नाते। जैसे किसी जगह आग लगती है, तो उस घर को जला देती है, जो बिल्कुल दूर होता है, क्योंकि अग्नि की आँच तो दूर–दूर तक जाती है। कभी–कभी इसी भ्रम की वजह से या मानवीय भूल की वजह से हो जाता है। आप धीरज एवं धैर्य से काम करेंगे तो वह काला भी निकल जायेगा, मगर आवेश में या अधीर होकर दिन को न समझकर उसी दल–दल में फँस जायेंगे तो फिर आपमें और उस मूर्ख में अन्तर ही क्या रहेगा। अपने को अपने परिवार को दल–दल से बचाने के लिए प्रयास करना यही सावधानी है।

परिवार में, समाज में भ्रम की स्थिति

सरकारी कर्मचारी जब सेवानिवृत्त होता है, तो उसको पास बचा फंड मिलता है। यदि जो फंड बचा हो सबसे बड़ा फंड जीपीएफ होता है। उसकी धनराशि एकमुश्त होती है। वह सिवाय उसके कोई नहीं जानता, मगर यदि वह धनराशि सेवा काल में ही ख़त्म हो जाती है। तो सेवानिवृत्ति के बाद उसे कुछ नहीं मिलता और धन जग जाहिर है। लोगों को मिलने वाली धनराशि में बढ़ोतरी कर देती है। मगर यह सिवाय सेवानिवृत्ति के के अलावा किसी को पता नहीं होता हैं।

आपके परिवारी जन जैसे पत्नी या पुत्र संग में रहते हैं। यह भ्रम तब होता है। जब किसी की बातें सुनते हैं। यह चाहें न चाहें मगर भ्रम की दवा नहीं होती भ्रम की दवा अब तक नहीं बनी यदि भ्रम दूर करना हो तो आप खाते की जानकारी कर सकते हैं, मगर भ्रम तो भ्रम है, जो समय के साथ जा भी सकता है, कभी–कभी भ्रम की स्थिति इतनी ख़राब होती है कि अपने आगोश में रिश्ता अपनापन या सम्बन्ध सब ले लेता है। तब भ्रम दूर होने से क्या फ़ायदा। भ्रम न पालें, बल्कि भ्रम हो जाये तो दूर करने का प्रयास करें। यह आपकी अपनी मर्ज़ी है। क्योंकि भ्रम में कोई फ़ायदा नहीं होता। सिवाय अपने से, अपनी को दूर होने से बचाने में ही सावधानी बरतनी होगी।

रिश्तों की श्रेणी बनाये

पारिवारिक रिश्तों में कई प्रकार का बदलाव आया करता है। जैसे नौकरी काल, सेवा काल की समाप्ति के बाद रिश्तों सम्बन्धों में बदलाव करता है। 60 साल के बाद, सरकारी सेवा काल के बाद, रिश्ते नहीं बनते। साथ ही जो रिश्ते हैं, उनका विश्वास भी समाप्त हो जाता है, यह ध्यान रखे।

पहला रिश्ता ख़ून का है। साथ ही सामाजिक सम्बन्ध का वह केवल आपको पता है। आपकी कमी देखता है। अपने व्यवहारों को अपने कार्य काल की ओर नहीं झाँकता है।

दूसरा दोस्तों का है। मात्र एक दो ही बचते हैं।
तीसरा व्यवहारों का है। जो नगण्य सा हो जाता है।

चौथा सम्पर्कों का है। जो बस सम्पर्क कर सकते हैं, मगर कोई व्यवहार, कोई दुख–सुख में मददगार नहीं रहते। आपको अपने जीवन में यह ध्यान रख कर आगे बढ़ना चाहिए अन्यथा आप परेशान हो जायेंगे।

उम्र के अनुसार दोस्त बनते या बिगड़ते हैं। आपकी उम्र क्या है। आप देखें और आपसे कम उम्र की दोस्ती नहीं हो पायेगी आपके उम्र के लोग जो दोस्त बने है। वह समय के साथ कम होते जायेंगे और आप अपने जीवन काल में ही पायेंगे कि जब आपकी उम्र 60 साल की या इससे ऊपर हो गयी तो आपके दोस्त नाम की चीज़ रह ही नहीं सकती। कहने की बात अलग है। एक रिश्ता बनता है। यदि घर में बच्चा या शिशु है, तो नाती–पोता, दादा–दादी के रिश्ते हो सकते हैं।

पिता की वसीयत अच्छी लगती है, नसीहतें नहीं

अक्सर देखने में यही आता है कि समय–समय पर पिता अपने पुत्र को नसीहतें देता रहता है। मगर नसीहतें किसी पुत्र को अच्छी नहीं लगती क्योंकि यही समझता है कि पिता बकवास करते हैं। इनका समय कुछ और था अब नव युवक का समय कुछ और है। इस बात का ध्यान नहीं रहता है कि पिता के पास, अपने बढ़े बुजुर्गों के पास स्कूल का ज्ञान भले न हो मगर उनकी एक–एक दिन एक–एक सप्ताह एक–एक महीना एवं एक–एक साल में आयी विषम परिस्थति का सामना करने का अनुभव है। जो गृहस्त जीवन में बहुत उपयोगी होता है। जब पुत्र से पिता की उम्र 40

या इससे अधिक हो गयी तो कुछ न कुछ उनके अनुभव है। आप किसी का ज्ञान या अनुभव ले या न ले मगर उसे सुन ले हो सकता है कि आपके जीवन में काम आये। क्योंकि यह भी कहाँ गया है, अगर दुश्मन भी आपसे बात करना चाहता है, तो सुन ज़रूर लें। जब आप जवान है तो निश्चित है, आप बाल्य काल में रहे होंगे। निश्चित है आप बढ़े–बूढ़े, बुजुर्ग होंगे। आप जब बुजुर्ग होंगे तो अपने आपकी अपेक्षा करेंगे। तब शायद नसीहते आपके काम आयेंगी। हाँ, इतना ज़रूर कहूँगा कि कोई माता–पिता अपने बच्चे को ग़लत नसीहत नहीं देना चाहता अपवाद को छोड़ दिया जाये तो पिता यदि मरता है, तो पुत्र को वसीयत मिल ही जाती है, मगर नसीहत तो पिता की मौत के साथ चली जाती है। नसीहत आपने ली नहीं वसीयत पर खुश रहे आप पिता की कमी निकालते रहे अपना गुस्सा समय के साथ जताते रहे।

आप बजाय पिता की कमी निकालने के अपनी कमी निकाल कर सुधार करते तो शायद आपके जीवन में जो कमी थी उसमें सुधार आ जाता, क्योंकि पिता की कमी निकालने में आपका समय नष्ट हो रहा है, मगर कुछ मिलने वाला नहीं है, क्योंकि माता–पिता की तो बीत आयी और समय के साथ बीत जायेगी। उनकी कमी निकाल कर ही क्या करेंगे। अब तो सुधार होने वाला नहीं है, न उनके पास अवसर होता है, मगर आपको अपनी कमी निकाल कर सुधार करना है। आपके पास समय भी है, अवसर भी है। उसका उपयोग कर सकेंगे।

हाँ, इतना ज़रूर कहूँगा कि नसीहतें आपके बाद में काम आयेगी, जो लिया नहीं वसीयत आपने तत्काल ले लिया, जो समय के साथ ख़र्च हो गयी क्योंकि आपने आय के स्रोत बढ़ाया नहीं, जब ज़रूरत पड़ी तो वसीयत नहीं बची और नसीहत आपके पास रही नहीं तो पछताने के अलावा कुछ नहीं रहेगा। समय के साथ दोनों आपके पास नहीं रही। यही मानव को सावधानी बरतनी है कि नसीहतें प्राप्त कर ले बसीयत बचा कर रखें, जो समय पर काम आये।

गुस्सा स्वाभिमान, अपमान अलग–अलग है। जब गुस्सा आये, ये तब की बातें हैं।

मानव हैं, तो आपको गुस्सा आयेगा। आप स्वाभिमानी होंगे तो स्वाभिमान की रक्षा करने की ज़रूरत होगी इनसान में अपमान को भी झेलना पड़ता है। जब आप गुस्सा करेंगे तो निश्चित है अपने परिवार पर, जिसको आप

सहारा या सहयोग देते हैं। गुस्सा आपके शरीर का तापमान बहुत हाई हो जाता है। गुस्सा आधा पागल का रूप माना जाता है, जिसमें अच्छा या बुरा समझ नहीं आता यदि सभी सदस्य गुस्सैल होंगे तो फिर कुछ ही पल में पूरा का पूरा परिवार तहस नहस हो जायेगा गुस्सा स्वाभाविक है। मगर ज़्यादा नहीं यह गुस्सा उसी तरह से बढ़ता जाता है। जैसे किसी स्टोप या चूल्हे पर आग जला कर पानी या दूध उबलने के लिए रखा है। जब तापमान बढ़ने लगा तो उस पर रखा सामान उबलने लगता है। उस उबले सामान का तापमान कम करने के लिए आप कोई न कोई उपाय करते है, ताकि तापमान कम हो जाये पकने वाला सामान जल न जाये। पानी का छींटा मारते हैं या आँच कम करते हैं। उसी तरह परिवार में जब अचानक गुस्से के कारण साममान बढ़ने लगे तो किसी न किसी सदस्य को तापमान कम करने के लिए कुछ करना चाहिए।

जिस तरह हमने कहाँ कि गुस्सा आधा पागलपन का दौरा है। गुस्से में आदमी यह नहीं समझ पाता कि क्या कह रहा है। जब गुस्सा ख़त्म होता है, तो गुस्से के दौरान हुई क्षति का अनुमान लगाता है। गुस्सा आता है। करना भी चाहिए, मगर यह ध्यान रखना होगा कि कोई गुस्सा कम करने के तरीक़े जानता हो, अन्यथा गुस्सा परिवार को रिश्ते को तार–तार कर देता है। उसका वजूद या अस्तित्व, ख़त्म कर देता है। गुस्से को कम करने के तरीक़े कुछ यहाँ पेश हैं। जब जिस पर गुस्सा करता है, तो कहीं–न–कहीं उसकी भृगुटियाँ पर गुस्सा आता है तो जिस पर गुस्सा किया जाता है, आप देखें होंगे ज़्यादातर गुस्सा अपने छोटों या निर्बल पर आता है, जब कि अपने बढ़ों पर आया गुस्सा स्वतः शान्त करना पड़ता है, क्योंकि नुकसान का भय होता है। जब सीनियर गुस्सा करें तो अधीनस्थ या कमज़ोर व्यक्ति अगर वहाँ से हट जाने से काम चले तो हट कर काम चला ले या अपनी त्रुटि को स्वीकार कर ले या गुस्सा करने वाले के सामने माफ़ी माँग ले। गुस्सा करने वाले व्यक्ति को एकान्त में छोड़ दें या ठण्डा पानी पीने को दे।

अपमान में मिला गुस्सा पालें या रोकें

जब स्वाभिमानी व्यक्ति गुस्से में आता है या व्यक्ति का अपमान होता है, तब गुस्सा आता है, उस समय आया गुस्सा को पालना चाहिए, अपने आपको रोकना चाहिए, ताकि समय के साथ यह स्वाभिमान की रक्षा कर सके या

अपमान को वापस कर दे, यदि उसी समय आपने गुस्सा निकाल दिया तो ध्यान रखें न अपमान को वापस कर सकेंगे, न स्वाभिमान की रक्षा कर सकेंगे।

ध्यान रखें ग़रीब का न स्वाभिमान होता है। न अपमान यदि समझें तो दोनों होता है, क्यों कि सबसे बड़ी भूख बच्चों की परेशानी, बीमारी या आवश्यकता महत्त्वपूर्ण होती है। इसी कारण ग़रीब पर किया गया गुस्सा महसूस नहीं होता है। उसी तरह नौकरी–पेशा में या अपने से बड़े अधिकारी के सामने कर्मचारी का अपमान नहीं होता। यदि वह कार्य के दौरान किया जाये, जिसमें किसी प्रकार का व्यक्ति ग़लत भाव न हो, यही मानव जीवन में सावधानी बरतनी है। परिवार चलाना हो तो इस परिवार में स्वाभिमान या अपमान पर ध्यान नहीं दिया जाता, क्योंकि परिवार चलाने एवं रिश्ता निभाने की बात है। अन्यथा यह दोनों टूट कर बिखर जायेंगे फिर स्वाभिमानी या अपमानी ही काम बिगाड़ने का श्रेय ले लेगा यही सावधानी बरतनी होगी।

जीवन में कई काल

जीवन में तीन काल होते हैं, जिसको अतीत काल, वर्तमान काल एवं भविष्य काल कहते हैं। अतीत काल बीत चुका है, वर्तमान काल चल रहा है, भविष्य काल आने वाला है, सबसे बढ़िया काल वर्तमान होता है, क्योंकि अतीत काल बीत चुका है। अच्छा या बुरा था, आने वाला नहीं है। वर्तमान काल चल रहा है। जैसा चल रहा है, वैसा चल रहा है। भविष्य काल आने वाला है। जो देखा नहीं है। इसलिए हर मानव को सोचना चाहिए कि अतीत काल कभी वर्तमान काल था। वर्तमान काल तो अपना काल है ही, परन्तु भविष्य काल कभी वर्तमान होगा ध्यान रहे मानव जीवन में मज़बूती है। मानव बल, धन, बल बद्धि एवं मनोबल चारों बलों के साथ अपना वर्तमान काल अच्छा रखें। इससे आपका भविष्य काल भी अच्छा बन सके।

मानव तन की तीव्र गति-अवस्था

जीवन में तीन गति या अवस्थाएँ इससे होती हैं। बालपन में बहुत दोस्त मिलते हैं, मगर खेलने वाले युवा अवस्था में दोस्त मिलते हैं गप मारने एवं घूमने वाले दोस्त गृहस्थ जीवन में मिलते हैं। रुचि वाले, स्वार्थ वाले एवं उपयोगी तथा सहयोगी मगर बुढ़ापे में कोई दोस्त नहीं मिलता,

क्योंकि यह काल अपना समय काटता है। यदि आपके पुत्र या पुत्री रहते होंगे तो शिशुओं का साथ हो सकता है। जिसमें आपका समय कर जाता है, परन्तु उस समय आपके पास देने के लिए कुछ न कुछ होना चाहिए। जिसके कारण बालक आपसे जुड़ सके।

आपका दोस्त, आपका स्वास्थ, आपका धन, आपकी धार्मिक साथी होता है। जब बुढ़ापे में ये सब चीज़े तब मिलेंगी, जब आप वर्तमान ठीक से बनाये रखेंगे तो भविष्य ही वर्तमान रहेगा। दोस्त बरकरार रहे। इसके लिए दोस्ती या व्यवहार निभाने की ज़रूरत है। आपका अपना कोई बना रहे, इसके लिए आपको अपने ज़बान से, व्यवहार से, अपने कार्य से, रोक सकते हैं अन्यथा छुटे पैसे की तरह यह कब बिखर जायेंगे आपको पता नहीं चलेगा और जब बिखर जायेंगे तो आप केवल अफ़सोस करते या सोचते रह जायेंगे।

आपका भविष्य जब वर्तमान बनेगा तब, जब आप बुजुर्ग बनेंगे। तब तक जो लड़का आपकी गोद में खेलता था आपके बराबर हो जायेगा जो पत्नी आपका इन्तजार करती थी, वह अब मौत का इन्तजार करने लगेगी। जो धन आपको बेधड़क आता था, उसके आने का स्रोत इतना धीमा हो जायेगा, जैसे वह घुटनों के बल पर चल रहा है। मगर आपका व्यक्तिगत ख़र्च ही तेज दौड़ने लगेगा। जैसे दवा में वृद्धि धन हीं आपके गृहस्थ जीवन या आपके भविष्य या बुढ़ापे का सहारा बन सकता है।

ऐसा नहीं कि वर्तमान बनाने के चक्कर में भविष्य ख़राब हो जाये और भविष्य के चक्कर में वर्तमान को दुखी न करें। आपको 60 साल के बाद इक्सपायरी डेट की दवा समझ कर या अनुपयोगी सामान समझ कर अलग–थलग कर दिया जाता है। हालाँकि सबके साथ नहीं होता है। मगर बहुतों के साथ होता है। तो आप इसके बात कम–से–कम 85 साल तक तो अपने को जीने की उम्मीद करेंगे। यह अलग बात है कि किसकी कब मृत्यु हो जाती है, किसी को पता नहीं चलता मगर 60 साल के हो गये, इसी तरह आप 85 साल के हो जायेंगे। तब हर साल आपको पॉकेट ख़र्च, दवा ख़र्च आदि लगेगा। जीवन तो सबका बीत ही जाता है। अच्छा या बुरा आप पूरी ज़िन्दगी सामान्य जीवन जीते रहे, क्या आप अपने अन्तिम काल में निम्न स्तर कर जीवन जीयेंगे? यह जीवन जीने का तरीक़ा आपको स्वयं को अख़्तियार करना है। समय के साथ महँगाई तो बढ़ेंगी जो आज पर्याप्त धन लग रहा था आने वाले काल 10 साल बाद उसी धन में कमी महसूस

होने लगेंगी यह आपको सोचना है। आपको करना है, क्योंकि जब आप बूढ़े हो रहे हैं, तो महँगाई तो बूढ़ी नहीं होगी। वह तो दिन प्रतिदिन जवान होगी धन की क़ीमत घटती जायेगी। यही कहना है 'सावधान' रहना किसी प्रकार की परेशानी न तो वर्तमान में, होगी न ही भविष्य में।

किसी के सामने निजी ख़र्च के लिए हाथ न फैलाना पड़े। चाहे वह पुत्र ही क्यों न हो। ध्यान रखें समय रहते आप अपने पास इतना तो धन इकट्ठा कर लें, यदि जीवित रहे तो किसी के सामने अपनी आवश्यकता के लिए धन न माँगना पड़े और वह भी अपने पुत्रों से क्योंकि कभी आप भी पुत्र रहे होंगे। अब पुत्र न होकर किसी का पति, किसी का दमाद या किसी का बहनोई आदि रिश्ते में हो गये। आपका सहयोगी या हमदर्द हो जाते है। सहयोग करें या न करें हमदर्दी करें या न करें। वे अपने विचार से नहीं अपनी पत्नी के विचार से चलेंगे और आपकी माँग को ठुकरा सकते हैं। यदि ऐसा हुआ तो आपको अपने किये पर, अपनी असावधानी पर पछतावा होगा यही सावधानी बरतनी है।

रिश्तों की अहमियत

रिश्तों की अहमियत तो है। हर मानव को यह समझना पड़ेगा। ख़ून का रिश्ता है। धर्म का रिश्ता है, कर्तव्य का रिश्ता है। ज़िम्मेदारी का रिश्ता है। व्यावहारिकता का रिश्ता है। सभी रिश्ते किसी न किसी कारण से जुड़े हैं। और किसी कारण से टूटना चाहें या अलग होना चाहें तो नहीं हो पायेंगे अगर अलग होते हैं, तो एक रिश्ते का दूसरे रिश्ते के साथ अन्याय होगा।

भावनात्मक रिश्ते

कुछ रिश्ते भावों पर निर्भर करता हैं। उस भाव में चाहे जितनी क्षति उठानी पड़े, नुकसान उठाना पड़े, कमी नहीं महसूस होता है, मगर जैसे ही भाव विरोधी काम होता है, वैसे ही यह रिश्ता टूट जाता है, क्योंकि यह रिश्ता शीशा की तरह होता है। इस रिश्ते को बचाने के लिए एक दूसरे को ध्यान रखना पड़ता है कि कभी किसी के प्रति व्यवहार या कार्य या ज़ुबान भाव विरोधी न हो जाये। जैसे शीशे को एक स्थान से दूसरे स्थान तक ले जाने के लिए बहुत सँभाल कर चलना पड़ता है। ज़रा सी लापरवाही हो जाये तो वह टूट जब शीशे टूट जाता है, तो किसी काम का नहीं होता।

सिवाय किसी को जख़्म देने या चुभाने के भावनात्मक रिश्ता बड़े संयोग से मिलते है। बनते हैं फिर टूटने में समय भी नहीं लगता। इस बात की सावधानी सदा एक दूसरे को रखनी पड़ेगी, ताकि यह रिश्ता बना रहे एक दूसरे के प्रति भाव बना रहे। यह केवल भाव पर ही बना है। कब किसके प्रति अभाव हो जाये, यह वक़्त की बात है। यही सावधानी बरतनी होगी।

जीवन में तीन रिश्ते आवश्यक हैं

जीवन में तीन रिश्तों को रहना आवश्यक है। पहला भावनात्मक या मनोबल वाले कम–से–कम दो रिश्ते हो। दूसरा धन या व्यवहारी या सहयोगी का रिश्ता तीसरा शारीरिक असहाय, परिस्थिति में सहारा दे सके। जैसे खाना बना सकें, दवा दिला सकें या आना जाना हो सके। सभी तीनों रिश्ते एक साथ नहीं मिल सकते हैं। जीवन अच्छा एवं बेहतरीन हो जाता है। जीवन अच्छा चले, कभी परेशानी न हो या परेशानी में तीनों रूपों में तन, मन, धन का सहयोग मिल सके। वैसे ही रिश्ते बनाये रखना एवं निभाना आवश्यक है। जीवन तो वैसे ही कट जायेगा। चाहे रिश्ता हो या न हो। गृहस्थ जीवन में आवश्यक बातें ध्यान रहें। कभी वक़्त रुकता नहीं। रुकते आप हैं। ठहरते आप है। स्थगित किसी काम को करते आप है। जैसे जनवरी के शुरू 2020 में पूरे विश्व में कोरोना का प्रकोप हुआ और लोग संक्रमित होने लगे एवं मरने लगे कुल 203 देशों के लोगों का जीवन ठहर सा गया क्योंकि हर देश के लोग अपने आपको सबसे शक्ति शाली एवं क्षमतावान समझने लगे थे। यही नहीं उस श्रेणी में चीन, अमेरिका, रूस, ब्रिटेन, इटली आदि देश सबको अपनी चिकित्सा पर, अपनी आय के स्रोत पर, अपने शस्त्रों एवं धन पर था, मगर सभी देश अपने लोगों को इस कोरोना वायरस से बचा नहीं सके। और लोग को तड़पते देखा। हाँ, यदि केवल भारत में यह बीमारी होती तो सत्ता पक्ष वालों पर विपक्षी यह आरोप लगाते कि जानबूझ कर सरकार भ्रम फैला रही है। ग़रीब देश, मज़दूरों का देश, प्रतिदिन कमाने खाने वाले देश के करीब करोडों लोग जो अपने घर, अपना गाँव, अपना प्रदेश छोड़ कर दूसरे राज्य में गये थे, अब उनके सामने जीवन चलने के लिए इस कारण संकट पैदा हो गया सैकड़ों किमी पैदल चल कर अपने घरों को पहुँचे यही नहीं कुछ ट्रेन से कटे, कुछ सड़क हादसे में मरे, कुछ राह में चलते–चलते मरे, अप्रैल एवं मई भारत में केवल मज़दूर दिखाई दे रहे थें। काम–धन्धे बन्द होने के बाद वे केवल किसी तरह घर पहुँचना चाहते थे।

पूरे देश में कुल 70 दिन का लॉक डाउन जो लगा था। अन्तिम दस दिन में जीवन चलाने के लिए गतिविधियाँ शुरू करनी पड़ी अब जीवन है। तो फिर चलने लगा यही है ठहराव, जीवन रुका नहीं, अब देश में कोरोना वायारस का सक्रमण के रूप में एक इतिहास बन गया यह कोरोना वायरस का संक्रमण पूरे वर्ष रहा। इससे बच बचा कर लोगों ने अपने जीवन को चलाना शुरू कर दिया है अब लोगों के मन से डर समाप्त हो चला है। अब केवल मास्क, सोशल डिस्टेसिंग एवं सेनेटजर का प्रयोग करते जीवन चल रहा था। कोरोना वायरस कई लोगों को जहाँ डरा दिया, वही कई लोगों को एक सबक देकर गया कि विपत्ति काल के लिए हमेशा तैयार रहना चाहिए।

उदाहरण के रूप में एक बैल ने जब मुँह पर लगाये मास्क के साथ किसान को देखा तो यही कहाँ कि क्यों भाई पहले मुझे खलिहान में अनाज खाने से रोकने के लिए जाना लगाया, अब खुद जाबा जाबा लगा रखा हैं। पहले आप अन्न बचाने के लिए मेरे मुँह को बन्द करते थे अब अपनी जान बचाने के लिए अपना मुँह नाक बन्द कर देते हो बस पहले और आज में यही अन्तर है। जान बचाने के लिए हम भी खलिहान या फसल से अन्न खाते थे अब बीमारी से बचने से बचने के लिए मास्क लगा रहे हैं।

पेंशन का शाब्दिक अर्थ

सेवानिवृत्ति होने के बाद जीवन चलाने के लिए सरकार से हर महीने जो राशि मिलती है, उसे पैशन कहते हैं। यह हर व्यक्ति को अलग–अलग राशि मिलती है। प्राइवेट नौकरी करने वालों को नाममात्र की, जबकि सरकारी नौकरी करने वाली ज्यादा राशि हर माह मिलती है। समय–समय पर उसमें वृद्धि भी होती रहती हैं।

मगर ध्यान रखें यह राशि 2004 से पहले नौकरी पाये लोगों की है। इसके बाद के लोगों को शायद पेंशन नहीं मिलेगी, मगर जितना जमा होगा, उसी पर ब्याज स्वरूप राशि मिलेगी।

दूसरे शब्दों में यह भी कहाँ जा सकता है कि यदि कोई पुत्र पिता की देख रेख न करे तो उसे अपना खर्च चलाने के लिए पेंशन मिलती हैं। यहाँ नालायक बच्चों की बात हो रही है। जो अपने माता–पिता को कष्ट देते है। यह नहीं कहाँ जा सकता है कि सबके साथ ऐसा होता है। मगर कुछ लोगों के साथ तो ऐसा होता ही है। इस कथन से इनकार भी नहीं

किया जा सकता है, यदि पिता नौकरी नहीं करते है। तो उनकी बात ही अलग है। अपवाद हर जगह होता है। यहाँ भी है।

आपको यह सुनकर बुरा लगा होगा कि यह तो सामाजिक नियम है। लोग नौकरी करेंगे आयु पूरा होने पर पेंशन पायेंगे मगर यह भी सच है कि हर आदमी मौत के मुँह में जाता है। हर आदमी जानता है कि उसके परिवार वाले श्मशान तक जाते हैं, मगर जैसे ही श्मशान से वापस आते है। उन्हें याद ही नहीं रहता कि उनकी भी यही गति होने वाली है। उसी प्रकार जब बालक जवान होगा, बूढ़ा भी होगा मगर क्यों नौजवानों द्वारा मज़ाक उड़ाया जाता है। हर पुत्र यह जानते हुए भी कि एक दिन वह भी माता–पिता बनेगा और काल के साथ बूढ़ा होगा। फिर क्यों वृद्ध ा आश्रम अपने माता–पिता को छोड़ जाता है। पुत्र द्वारा पिता को देने वाली पीड़ा किसी बीमारी से कम नहीं है और तनाव के कारण शरीर में तरह–तरह की बीमारी हो जाती है। जैसे नींद न आना, भूख न लगनी, शुगर का बढ़ना हार्ट अटैक का होना, चिढ़–चिढ़ा होना बीमारियाँ पैदा हो जाती हैं। यदि जल्द ही मौत हो गयी तो लोग यही कहते है कि अपने पुत्र के तनाव में जल्दी चला गया। ख़ैर, लोगों का काम है। वे कहना कह कर ही रहेंगे।

यह सावधान रहने का अर्थ है। घटना से पूर्व अपने आपको सतर्क कर लें आप साठ साल के होने वाले हैं, इसलिए आपकों 'सावधान' किया जा रहा है कि अब आपका समय आ गया आप औरों की तरह परेशान न हों जब समस्या जानेंगे तो उसका हल भी निकाल लेंगे। समय रहते हल निकालना है, आप उस पर विचार करें।

मानसिक भाव का होना

सरकारी कर्मचारी सेवानिवृत्ति के बाद भी अपने आपको बन्धन में पाता हैं। बन्धन में काम करना उसकी आदत में शुमार हो गया है। वह मुक्ति तो पा लिया तन से मगर मन से वह गुलाम ही है। इसीलिए उसे कष्ट तो उठाना ही पड़ेगा। यह कष्ट उसकी सोच के कारण है। उसकी हीन भावना के कारण है। यह कहना कि जब पद पर रहा तो अमुक अधिकारी था अब पद मुक्त हो गया अब न अधिकार रहा, न वह ताक़त रही बल्कि आप निष्प्रयोज्य सामान की तरह उपयोग किये जायेंगे। यदि उपयोगी लायक नही अपने को स्थापित करते हैं, तो जब सेवा काल एक साल रहे अपने आप में ऐसे तैयार

करना चाहिए ताकि जब आप पेंशन आये तो आप अपने पैसे का उपयोग कर सके एवं समय का उपयोग कर सके और अपने आपका उपयोग कर सकें। मगर सोच यही बनती है। जब पेंशन जायेंगी तो देखा जायेगा एक कहावत हो गयी कि जब आपके सामने शेर आ जायेगा तो आप क्या करेंगे अव तो जो करना होगा वह शेर अब आप करने लायक कहाँ रहे। यही देखते हैं कि अपने आप हीन भावना बना लेते हैं। कहते हैं कि अब किसी काम के नहीं रहे इसलिए घर में इज़्ज़त नहीं होती। क्या आप किसी काम के न रहने पर विभाग में सम्मान मिलता था? आपने ऐसा काम किया उसका परिणाम अब पा रहे हैं। आपने भी नौकरी में रहते हुए बिना लाभ के किसी को सम्मान नहीं दिया।

जब कोई सामान किसी काम का नहीं होता तो उसे कबाड़ में फेंक दिया जाता है। यह जग जाहिर है। आप कबाड़ लायक रहे बिना काम के रहे ऐसा भी नहीं है। आप सरकारी वेतन के बजाय पेंशन पाते है। कुछ परिवार के लिए उपयोगी है। आपको कबाड़ में तो नहीं डालेंगे, मगर आपको आपकी क़ीमत के अनुसार ताकि महीने में कुछ मिलता रहेगा। आपकी साँसों तक आपके परिवार वाले देखभाल करें या न करें मगर निगरानी ज़रूर करेंगे तो यदि वे आपके पैसे की चाहत में हैं।

यदि आपके अलावा उनके पास बिकल्प होगा तो आपको कबाड़ की जैसी हालत बना देंगे, जिसके ज़िम्मेदार आप खुद होंगे, जब कि जीवन का काम 95 प्रतिशत धन से होता है और आप जितना मासिक धन पाते है। उससे आपका खर्च आराम से चल सकता हैं। इसलिए समय रहते हम सँभल जायें।

परिवार या समाज के भाव पर प्रतिभाव

आप जब नौकरी करते थे। पूरा वेतन मिलता था तो आपके ख़र्चे जाहिर हैं। आय के अनुसार अब आप साठ साल पूरा कर चुके हैं। सेवानिवृत्ति के बाद निश्चित है आपकी आय आधी हो जायेगी। यदि आप को चालीस प्रतिशत बेच देते हैं। तो भी आपको 34 प्रतिशत पेशन मिलेगी। महँगाई आपके आधी पेंशन पर मिलेगी ख़र्च वही रहा, रिश्ता वही रहा, कार्य करने के तरीक़े वही रहे, मगर आप परिवार के लिए एवं समाज के लिए महत्त्वपूर्ण नहीं रहे। कहीं–न–कहीं आपसे त्रुटि हुई है। आपने अपने आप मूल्य कम कर दिया आपकी सेवा ज्यों ही पूरी हुई। आपका मूल्य सौ प्रतिशत से शून्य प्रतिशत रह गयी।

यहाँ एक सुधार करना है। जब आप नौकरी में थे, घर आते थे, तो आप मिठाई लाते थे। जब से आप पेंशन पर आये है, मिठाई बन्द कर दी आप मिठाई लाना बन्द न करें। चाहे कम ही लाये, मगर लाये। जिस रिश्तेदारी में आप जाते थे। उस रिश्तेदारी में जाना बन्द न करें आपका रिश्ता बना है। तो बना रहे। हाँ, आप जो मदद करते थे करें, मगर अपनी आय के अनुसार, पहले पाँच सौ देते थे, तो अब दो सौ दे, मगर रुपया देना बिल्कुल बन्द न करें, ताकि उनके अन्दर भाव बना रहे। कभी कुछ कोई माँगता है, तो आप इनकार न करें। कहना शुरू न करें कि अब हम मदद नहीं कर सकते। आपका जीवन चले तो चलता रहे। पहले जहाँ जाते थे। लोग रोकते थे आप समयाभाव के कारण रुकते नहीं थे, मगर अब जहाँ जायेंगे आप रुकना चाहेंगे तो लोग नहीं रोकेंगे यह पहले और आज में अन्तर है। यही सावधानी बरतनी है। अन्यथा आपको समाज एवं परिवार बिल्कुल हाशिये पर ला देगा और आप चाह कर फिर मुख्य धारा में नहीं आ सकते।

अपना भाव स्वयं बनायें

जब आप नौकरी में थे, तो किसी के द्वारा कहे जाने पर आप यह कहते थे घबराएँ नहीं मैं साथ में हूँ। अब क्यों कहते हैं कि अब मैं बेसहारा हूँ मैं किसी काम का नहीं आ रहा। जब आप जॉब में थे तब पद की ताक़त थी। तन भी मज़बूत था। समय नहीं मिलता था और काम बहुत था, मगर आपका पास सेवा काल ख़त्म होते ही वेतन चौंतीस प्रतिशत रह गया समय ही समय है। कोई काम नहीं है। तन भी ठीक है और आपका सम्मान करने वाला नहीं है। न सीनियर रहा, न जूनियर रहा तो क्या आप चाहते है कि जब तक साँसे चलती रहें तब तक नौकरी करें नहीं हो सकता है। आपकी सोच है। मगर आपका अपना तन साथ न दे तो आप अपने को अलग–थलग करें तो बात बनती है। अपनी पीड़ा न अब तक किसी से बतायी, न किसी ने बाँटा तो अब क्यों बता रहे हैं कौन समझेगा और कौन बाँटेगा, तो अपने आपको कमज़ोर साबित न करें।

अब आप पेंशन पाते हैं। सत्य है कि आपका काम सरकारी ख़त्म हो गया सरकार या सम्बन्धित संस्था आपको पद के योग्य नहीं समझती है। आप स्वतन्त्र हो गये मुक्त हो गये आपके विषय में कोई नहीं सोचता है। तो आप क्यों अपने आप यह भाव सोचने लगे आपको सरकार इतना तो धन

दे ही देती है कि आप यदि पाये धन का सदुयोग करें तो ब्याज के रूप में आपकी जीविन चल जायेगा आपका परिवार चल जायेगा आपकी दवा भी चल जायेगी। यदि आप किसी की मदद करना चाहें तो मगर अब आप अपने मन को बहुत कमज़ोर बना यही कहते हैं, अरे भाई हम तो पेंशन ले लिये हैं। आप हमसे अपना अस्तित्व स्वयं ख़त्म कर देते हैं ऐसा भाव न बनाये बल्कि सोचे कहाँ कैस किस प्रकार अपने जीवन को उपयोगी बना सकता है।

उदाहरण

एक आदमी नौकरी के दौरान घर आता जाता था। एक दिन उसने पड़ोसी महिला से उसका और उसके देवर का हाल चाल पूछा। महिला ने अपने देवर के विषय में बताया कि वह मर गया। दुख जताते हुए उस व्यक्ति ने पूछा यह हादसा कब हुआ। महिला ने कहा, जब वह हमें एक पैसा देता नहीं। हमारा हाल चाल नहीं लेता तो वह मेरे लिए मर ही गया है। इसलिए अपने कमज़ोर रिश्तेदारों की मदद ज़रूर करें। यही सावधानी की ज़रूरत है।

एक शेर है

ना आने का बहाना बनाते थे आप।
आ गये जाने का बहाना बनाते आप।।
यहाँ आने जाने में समय कट गया।
जीवन में रिश्ता निभाना कहाँ जानते आप।।

यही सत्य है। यही जीवन है। आप निश्चित अपना भाव किसी प्रकार कम न करें।

आर्थिक स्थिति कमज़ोर न रखें

आप जब अपनी सेवा समाप्त करते हैं। तो निश्चित है कि आपके पास करीब सभी काम जो आवश्यक हैं या तो निपट गये होंगे या निपटाने की योजना में होंगे और सेवा की समाप्त के बाद आप अपने प्राप्त धन को योजना के अनुसार समायोजित करें। जैसे यदि लड़की की शादी नहीं है तो उसके लिए धन समायोजित कर लें। मकान यदि नहीं बनाये हैं तो उसकी भी व्यवस्था कर लें और यदि आपके बच्चों की शिक्षा अधूरी रह गयी हो तो अपने धन

को समायोजित कर लें। इसके बाद प्राप्त धन में से इतना बच जायेगा कि आप सोचेंगे कि क्या करें तो आप अपने बचे धन का कुछ अंश तात्कालिक भविष्य के लिए एक नियत मासिक क़िस्त के रूप में धन को जमा करें, ताकि उसका ब्याज मिले। आप अपने जीवन में आवश्यकता के अलावा भी इतना धन मासिक पायेंगे कि किसी प्रकार परेशानी नहीं होगी निजी काम रुकने की सम्भावना नहीं रहेगी आप अपने आपको आर्थिक कमज़ोरी का भाव नहीं बनाये नहीं तो आपको परिवार के सदस्य कमज़ोर कर देंगे। हाँ, इतना मान लेता हूँ कि यदि बीमारी ऐसी हो जो ठीक नहीं होने वाली है। और पैसे ज्यादा लग गये हैं, तब दूसरी बात है।

अब आप 'सावधान' होकर काम करें या अपने चाहने वाले लोगों 'सावधान' हो जाये, ताकि जीवन मूल्यवान हो जाये। यही सामाजिक विज्ञान कहता है। यही लेखक 'सावधान' करता है। आपने अपना जीवन शौक़ एवं सुविधा में बिताया है। तो अभाव में, परेशानी में न बिताना पड़े।

पेंशन के विषय में अलग सोच

पेंशन के विषय में परिवार की समाज की सोच ऐसी ही बन जाती है, जैसे सब कुछ रहते हुए कुछ नहीं हैं। पेंशनर जितनी पेंशन पाता है। उससे कम नये कर्मचारी वेतन वाले पाते हैं, पेंशनर पैसे बिना काम के पाते हुए भी अपने आपको समाज से अलग–थलग महसूस करते हैं। समाज या परिवार को बाध्य करते हैं। कि पेंशनर को अयोग्य या निःप्रयोज्य समझें इसके लिए भी पेंशनर स्वयं ज़िम्मेदार होता है।

बड़े शौक़ से परिवार कहता है कि अब कहाँ जाना है। कौन जल्दी है। थोड़ा लेट से खाना खा लेंगे थोड़ा ठण्डा खाना खालेंगे? अब कौन इन्हें काम करना है? कौन सा यह काम करने लायक हैं।

आपने अपना जब तक जीवन अच्छा चला, चलाया फिर अपने जीवन की रूपरेखा ही बदल दी मूल्यवान कर दें। जैसे समोसा बनाने वाला समोसा न बिकने पर या मिठाई बनाने वाला मिठाई न बिकने पर मिक्स करके नयी मिठाई बना देता है, उसी तरह पेंशनर को अपने आप रूप बदल देना चाहिए। किसी संस्था का सदस्य बनकर किसी योजना का कर्मचारी बनकर, किसी राजनीतिक पार्टी का कार्यकर्ता बनकर, अपने आपको बदला रूप में सबके सामने प्रस्तुत करें समाज की परिवार की, मानसिकता अपने आप बदल जायेगी।

एक व्यक्ति सेवानिवृत्ति होकर साधु के रूप में लोगों के सामने आया लोगों ने पूछा कि आप वेश क्यों बदला है। तो उसका जबाब था कि पहले कोई पूछता नहीं था, अब पूछने वालों की संख्या कम नहीं है। यही पहले और आज के कपड़े में अन्तर है। मगर आप हीन भावना से ग्रसित होते हैं। और बाध्य कर देते हैं कि आपका समाज आपका परिवार आपको अनुपयोगी सामान समझ कर महत्त्वहीन कर दिया है।

जैसे आज भी समाज में एक भावना है कि अमुक जाति का है। तो बुद्धिमान होगा। अमुक जाति का है, तो बलवान होगा। अमुक जाति का है। तो धनवान होगा। अमुक जाति का है, तो निरीह या कमज़ोर या आर्थिक रूप से कमज़ोर होगा। चाहे वह कितना बलशाली क्यों न हो, चाहे कितना धनवान क्यों न हो, चाहे कितना बुद्धिमान क्यों न हो। उसी तरह पेंशनरों के प्रति लोगों का भाव है चाहे जिस पद पर से सेवानिवृत्त हो चाहे जितने पैसे मासिक रूप से पाता हो मगर भाव वही बना है। कुछ उसने खुद बनाया कुछ लोगों ने बना दिया।

तीसरी समस्या पेंशनर की यह हीन भावना है। आपको, समय को समायोजित न करना। अपने समय का उपयोग न कर पाना ही सबसे बड़ी समस्या है। जब आप एक सप्ताह की यात्रा पर निकलते हैं, उसके लिए आप अपनी पूरी तैयारी पहले ही करते हैं, ताकि यात्रा में किसी प्रकार का अभाव न रहें। चाहे धन का, चाहे सामान का जो उपयोगी है। उसी प्रकार आप साठ साल सेवा करके एक ऐसी यात्रा पर निकलने वाले हैं, जहाँ पर आपका करीब बीस साल यात्रा करनी है। यदि उससे अधिक की यात्रा करते हैं, यह संयोग की बात है, तो आपने इस बीस साल के लिए कोई योजना नहीं बनायी, यह अलग बात है।

हर मानव की अपनी परिस्थिति अलग–अलग है। अपनी आय के साधन अलग–अलग है। अपनी ज़िन्दगी अलग–अलग है। जब आप सेवा में थे। तो आपने अपने परिवार को अपने कार्य को, अपने रिश्तों को देखा और उसे निभाया, मगर आप बाद प्राइवेट कार्य करने के फ़िराक में हैं। यह आपकी व्यक्तिगत समस्या है। आप पुनः गुलाम बनने की या मज़दूर बनने की सोचने लगे यह स्थिति आपने स्वयं पैदा की क्योंकि, समय रहते ध्यान देते तो शायद सेवा निवृत्ति के बाद पुनः सेवा करने की ज़रूरत नहीं पड़ती। आप इसे मजबूरी कहें या न शक्ति है। न शासन का हाथ है। अगर हाथ है।

तो आपके मालिक बने संस्था के मुखिया का है। जिसके पास न तो शक्तियाँ है। न क्षेत्र, बस नौकरी देने की उसके पास आर्थिक शक्ति है। आप अपने मुखिया सकते हैं। आप चाहें उसकी डाँट सुने, चाहे आदेश, जो चाहे जिस हालत में जैसा वह चाहता है, आपको रख सकता है।

आपके राजकीय कार्य के दौरान आपसे मिलने के लिए समय माँगा आप मिलने वाले को समय न देकर डाँट और देते थे कि जानते नहीं यह मिलने का समय है। यह बात करने का समय है। जब आप सेवा के बाद नौकरी करेंगे तो आज उसकी डाँट सुनेंगे। उससे मिलने के लिए समय निकाल रहे हैं। उसको सलाम कर रहे हैं। यह आपकी व्यक्तिगत परेशानी या समस्या है। आप नौकरी करें मगर यह ठीक नहीं है। आप अपने जीवन को अपनी ज़मीर को बन्धक रख रहे हैं। इसलिए 'सावधान' किया गया कि समय रहते चेतें और अपने जीवन को सार्थक बनने का प्रयास करें मानव एक क्षमता है, मगर जहाँ काम करते हैं। वहाँ पर क्षमता से क्या मतलब वहाँ तो आपकी उपयोगिता से मतलब है। जितना धन आपको मालिक देगा, उतना तो काम लेगा ही आपकी अपनी उपयोगिता है। आप उसका प्रयोग करें, अन्यथा समय के साथ यह स्वतः समाप्त हो जायेगी।

जीवन को महत्त्वहीन न बनाये

अपने जीवन को महत्त्वहीन न बनायें समय से पहले सोचे और उपयोगी बनाए अन्यथा अपने जीवन को कूड़ा बना देगा तो कूड़े का प्रयोग कहाँ कैसे होता है। आपसे बेहतर कौन जानता है? जैसे ही अपने जीवन को कूड़ा बनायेंगे, आपको किसी ऐसी जगह डाल दिया जायेगा जहाँ पर सभी कूड़े होते है। आप भी कूड़े के ढेर में धकेल दिये जायेंगे जहाँ पर कुत्ता, बिल्ली केवल ग़न्दगी करेंगे। आप अपने जीवन का उपयोग नहीं किया तो आपका काम होगा घर के अन्दर भले ही झाड़ू नहीं लगायेंगे मगर घर के बाहर झाड़ू लगायेगे घर में पड़ा कूड़ा कचरा फेंकने जायेंगे। सुबह उठकर अपने घर के सामने नाली साफ़ करेंगे।

घर में छोटे बच्चों को आप हर वक़्त खिलायेंगे। घर में पत्नी एवं बच्चों एवं बहू की दो–चार बातें प्रतिदिन सुनेंगे पत्नी, बच्चे यही करेंगे कि घर में पड़े ही रहते हैं, यह नहीं कि कहीं घूम कर आ जाये, दो–चार दिन घर से बाहर भी नहीं जाते कि घर में लोग कुछ दिन आराम से जी ले तरह–तरह

की बाते सुननी पड़ेगी सब परिवार एक जैसे नहीं है। मगर यह कार्य नहीं होता, इससे शायद इनकार भी नहीं किया जा सकता है।

एक उदाहरण : एक सरकारी नौकर था। उसका एकलौता बेटा था। पिता पुत्र का सम्बन्ध अच्छा था। जब सम्बन्ध अच्छा होगा, तो पुत्र पिता का सम्मान करेगा पिता का उत्तरदायित्व होता है कि बेटे को पढ़ाये, मगर बेटा नहीं पढ़ सका यह बेटे की कमी थी। पैसे मिले, उनमें से दो लाख रुपये अपने पास रखकर बाकी रुपये से जमीन–जायदाद बेटे के नाम से खरीद दीं। पत्नी मर चुकी थी पिता की पेंशन से घर का काम चलने लगा। जमा धनराशि पिता की ताक़त थी बेटा अपने पिता की परवरिश करता था, क्योंकि उसे पेंशन में एकमुश्त धन मिलता था समाज, परिवार जानने लगा कि पिता ने चाहे भले अपनी सम्पत्ति बेटा के नाम कर दी मगर बेटा है कि पिता को बहुत सम्मान देता है। जब समाज जानने लगा तो लोगों को बेटे पर गर्व होने लगा एक बार बेटा तीन दिन के लिए घर से बाहर चला गया। बहू ने कहाँ कि पिता जी आपको खाना नहीं खिला सकती। इस बात पर पिता ने कहाँ ठीक है। जो पेंशन मिलती हैं। उसी से खाना खाता रहूँगा तीन दिन बाद जब बेटा घर लौटा तो पिता के विरुद्ध पत्नी के व्यवहार की जानकारी मिली अपनी पत्नी का रूप देखा आख़िर बेटे ने जान कि पिता के साथ पत्नी का व्यवहार ठीक नहीं रहा और गुस्सा कर अपनी पत्नी को चार डण्डे लगाये, पत्नी नाराज़ हुई। पिता बहुत खुश हुआ समाज को भी बहू के व्यवहार से जहाँ कष्ट हुआ वही पुत्र के दिये गये दण्ड से सान्त्वना मिली बेटे की पत्नी बड़ा दुखी थी। कहती थी जो आदमी मुझे गाली नहीं दी उसने मुझे डण्डे से क्यों मारा। इसका अर्थ यह होता है कि पति अपने पिता को मुझसे ज़्यादा सम्मान देता है। आख़िर पूछा तो पति ने कहाँ कि तुम्हें इसलिए नहीं मारा कि तुमने पिता को खाना देने से मना कर दिया, इसलिए मारा कि पिता के पास अभी भी दो लाख रुपये हैं। यदि तुम्हें मारता नहीं तो तुम्हारे व्यवहार से वे रुपये लेकर पिता जी कहीं चले जाते और किसी और जगह ख़र्च कर देते। इस तरह वे पैसे हाथ से निकल जाते पत्नी को पति की बात से सन्तुष्ट हुई, मगर चुपके से सुन रहे पिता को काफ़ी दुख हुआ। काश! पुत्र मेरे पैसे की जगह मेरी इज़्ज़त करता ख़ैर, अवसर हाथ से निकल चुका है, जो होगा देखा जायेगा।

उदाहरण नहीं सत्य घटना है। आप इससे कहानी समझ झुठला दे या उदाहरण समझ 'सावधान' हो जाये, अपने रिश्तों से यही सावधानी बरतनी है।

अपने जीवन को मूल्यवान बनाना है, क़ीमती रखना है, तो आप अपने पास कुछ न कुछ रखेंगे ताकि समयानुसार आपकी पूछ बनी रहेगी। यदि हनुमान जी के पास पूँछ नहीं होती, तो रावण की सोने की लंका कैसी जलती। पूँछ या पूछ जो भी समझ लें, यह आपकी समझ की बात है। कहने का तात्पर्य यही है कि हर व्यक्ति पूछ बनी रहे तभी महत्त्व है। जीवन का मूल्य के लिए यहाँ आप तर्क करेंगे, जब सोना जलता नहीं, केवल तपता है, तो सोने की लंका कैसे जली? तो उदाहरण दे रहा हूँ। तर्क वितर्क नहीं कर रहा हूँ। उदाहरण के रूप में प्रस्तुत किया ताकि आप अपने आपको समझ लें या समझा लें।

आप अच्छी तरह जानते हैं। किसी इनसान का सामान का, समय का या स्थान का महत्त्व समय पर होता है। नहीं तो बाद में वह महत्त्वहीन हो जाता हैं।

जब आपके पास कोई सम्पति नहीं है, तो कोई आपसे आशा नहीं, शरीर में काम करने की ताक़त नहीं, तो आपके सभी रिश्ते साथ छोड़ देंगे आपको 'सावधान' करने का यही उद्देश्य है कि समय से चेतें, समय रहते ध्यान रखें, ताकि आपकी उपयोगिता बनी रहे। समय गुज़र जाने के बाद या अवसर न रहने आप सिर्फ़ पछतावा कर सकते हैं। सुधार नहीं कर सकते हैं छाते की ज़रूरत तब पड़ती है, जब बरसात होती है। बाद में उसे स्टोर में रख दिया जाता है। इसलिए जीवन को उपयोगी बनाये रखो।

सैकड़ों वर्ष पुरानी बात है। भगवान बुद्ध से सम्बन्धित बतायी जाती है। एक भिखारी पानी–पानी एवं रोटी–रोटी माँग रहा था। उसका शरीर जर्जर हो चुका था। मुँह खुला था और मक्खियाँ मुँह के अन्दर बाहर बैठी थीं। तब भगवान बुद्ध ने अपने मन्त्री से कहाँ इसके पास कोई नहीं है। तब मन्त्री ने जबाब में यही कहाँ जब किसी को कुछ पाने की उम्मीद न हो पास कोई नहीं रहता यह उदाहरण पहले भी दिया जा चुका है। बार–बार किसी उदाहरण को देने का अर्थ आप अच्छी तरह समझ में आ जाये।

समाज में, परिवार में, रिश्ते में यही तो कहाँ जाता है कि क्या किये कि उनकी बात मानू क्या दिया कि उनका अहसान मानू आपको अपनी बात मनवानी हो तो आपको अपनो के लिए कुछ करना या अपनो को कुछ देना पड़ेगा जब आपके पास देने का या करने का समय था तो आपने कुछ नहीं किया।

कहावत है कि जब खाने का वक़्त था, तब मिला नहीं, अब खाने के लिए पर्याप्त है, तो खा नहीं सकता ज़िन्दगी का यही दस्तूर है। यही रीति है, यही परम्परा है।

समाज में ज़िन्दा रहना है, अपने वजूद को बनाये रखना है, तो किसी न किसी की मदद में हाथ बढ़ाना ही पड़ेगा चाहे मदद छोटी हो या बड़ी सरकार भी अपनी पेंशन को ज़िन्दा होने का एक साल में प्रमाण पत्र लेती है। अन्यथा आपको मृत घोषित कर दिया जायेगा।

अब आपकी उम्र साठ साल हो गयी। पैंसठ साल हो गयी सत्तर साल तक का सफ़र हो गया आपके साथ साठ साल किसने क्या किया आपने किसके साथ क्या किया। उस रिश्ते में, ख़ून से सम्बन्धित पुत्र भाई एवं पत्नी हैं। यदि हाँ तो कभी न कभी सोचें कि क्या किया आपके पुत्र, आपकी पत्नी के मन में यह भाव होता है कि उनकी व्यक्तिगत ज़िम्मेदारी होती है। तो आप उनसे ही यही बात कर सकते हैं कि अब आप सोच सकते हैं कि आपने क्या खोया या क्या पाया खोया।

कभी–कभी एक पत्नी रहते, दूसरी पत्नी का शौक़ न पाले जवानी में सबसे बड़ी भूल सुख की भूल शौक़ में ग़लत शोहरत की भूल कर लेते हैं। एक पत्नी के रहते दूसरी पत्नी रख लेते हैं या दूसरे जाति की औरत से हो जाता है तथा सफ़र चल निकलता है। पहली यानी गाँव वाली पत्नी उसका लड़का पति की उपेक्षा देखकर अपने आप में सिमट जाते हैं। आर्थिक रूप से कमज़ोर स्थिति जीवन यापन करते हैं। तो अब आपसे पत्नी भाव नहीं रखती आपका पुत्र आपके प्रति हमदर्दी नहीं रखता ताकि आप ख़ुश रहे, मगर जब आप साठ साल से ऊपर होते हैं, न शरीर में ताक़त रही, न पैसा रहा, अब आपकी दूसरी बीवी को न आपकी सेहत प्रिय रही, न आपके पास आने वाला पैसा रहा, न अधिकार रहा, तो दूरियाँ बनाने लगती है। तब आपको परेशानी होने लगती। गाँव वाली का भाव रहा नहीं। लगती दूसरी वाली के पुत्र ने आपको बेभाव कर दिया। अब आपको अपने किये पर पछतावा होता है। अपनी ग़लती का अहसास होता है, मगर अब क्या फ़ायदा। वक़्त हाथ से निकल गया यही सावधानी समय रहते बरती होती तो शायद आपको जीवन में इतनी तकलीफ़े मिलती है। आप सोच सोचकर परेशान हो जाते हैं। आप पश्चात्ताप करेंगे, न तो सुधार की गुंजाइश रहेगी, न अवसर ही सुधरने का यही जीवन का कड़आ सच है।

उदाहरण : एक सरकारी नौकरी वाला व्यक्ति अपनी पत्नी के रहते दूसरी पत्नी से शादी कर ली रिटायर होने के बाद गाँव मं रहने लगे। पहली पत्नी और उसके बच्चे ग़रीबी में गुज़र कर रहे थे। पहली पत्नी लड़का ने कहा कि माँ आप अपने पती की सम्पति सें हिस्सा माँग सकती है मैं भी माँग सकता हूँ। पिता अब बुजुर्ग हो गये। नयी पत्नी व बच्चों ने उनका जीवन जीना दूभर कर दिया। तब पहली पत्नी का यहीं उत्तर था। बेटा जब तुम्हारे पिता ने मुझे पत्नी माना नहीं, तुम्हें पुत्र माना नहीं तो काहे को उनकी सम्पत्ति में हिस्सा चाहिए। उनके दुख–सुख से मेरा क्या सरोकार है।

देखें कहीं अपने न खो जायें

ध्यान रखना आप कहीं खो न जाना या आपके अपने कहीं आपको खो न दें जैसे सरकार ने साठ साल बाद पद आपसे ले लिया है। उसी प्रकार जब अनुपयोगी हो जाने पर अपनों द्वारा भी व्यक्ति खो दिया जाता है।

एक व्यक्ति को देखा कि उसके दोनों पैर जख़्मी हो गये और काट दिये जाने के बाद वैशाखी से चल रहा था। पैर खोने का कारण पूछा तो बताया कि जब मेरा पैर था, तब मोटरसाइकिल सौ किमी की स्पीड से चलाया था मेरे पिता मेरी मोटरसाइकिल पर बैठे थे मेरी स्पीड़ देख कर मुझे समझाया कि इतनी तेजी से मोटरसाइकिल चलाना ठीक नहीं है, मगर आदमी हूँ, कहाँ अपने बड़े बुजुर्गों की बात मानी। आख़िर मोटरसाइकिल से टकराने की नौबत आयी कंट्रोल करना चाहा, मगर कंटोल नहीं हुई और खाई में गाड़ी चली गयी। मैं हेलमेट लगाया था। मरने से तो बच गया, मगर पैर दोनों जाता रहे और पिता तो दुनिया से चले गये सोचता हूँ काश! पिता की बात मान लेता या अपनी स्पीड़ पचास किमी कर लेता तो गाड़ी कंट्रोल में रहती एक्सीडेंट होता तो क्षति कम होती और शायद पिता को कम चोट लगती शायद मेरे दोनों पैर भी नहीं जाते। शुक्र है। ऊपर वाले की कि हेलमेट लगाया था, तो बच गया, परन्तु जो घाव मिला है, वह तो मरते दम तक साथ रहेगा। मगर इसी तरह जीवन जीते करीब बीस साल हो गये सावधानी समय रहते करते तो शायद बचत होती। समय बीत जाने पर सतर्क होने के लिए बचे रहेंगे या नहीं यह वक़्त की बाते हैं, मगर औरों को सँभालने की सलाह दी जा रही है। कोई माने या न माने यह उसकी मर्ज़ी है।

आपके सामने पेश किया जाता है, जबकि सबग लेना आपका काम है। एक व्यक्ति साठ–साल व्यतीत हुआ अपनी ज़िम्मेदारी में लड़की की शादी नहीं कर पाया वह सेवानिवृत्ति के बाद गाँव में रहता है। पहले सोचा गाँव में लोग रहेंगे अपने लोग रहेंगे। जितनी ज़मीन शहर में ख़रीदने में पैसा लगायेंगे। उतने पैसे में तो गाँव में मकान बना लेंगे ओर गाँव में मकान बना लिए बाजार जाना हो तो खुद का साधन होगा। दवा लेनी हो तो खुद का साधन होगा। सब्जी लेना हो तो खुद का साधन होगा और लेना हो तो खुद का साधन होगा। गाँव रोड़ से करीब दो किमी दूरी पर है। जहाँ सार्वजनिक साधन मिलते हैं। वह भी शाम पाँच बजे के बाद कोई साधन नहीं मिलेगा। साथ ही जो हमारी उम्र के थे बूढ़े हो गये। अब अपने से छोटे उम्र पहचानते नहीं। यही नहीं पेंशन पाता है। तो निश्चित है। अच्छा खायेगा पहनेगा मगर कहा जायेगा। किसके पास बैठेगा पहले जब घर आया था तब तो बड़े सम्मान से लोग बात करते थे। जब देने की उम्र नहीं रही, जीने की उम्र में बुजुर्गी होती गयी। शरीर में कमज़ोरी हो गयी तो बेटा–बहू शहर में बस गये। अब मकान न तो किराये पर उठता है। न बन्धक रहता है, न बेचा जा सकता है पहले शौक़ कि बड़ा था घर बना लिया जाये अब उस सोच को लोग नासमझी बता रहे है। अब समय नहीं बचा सुधार करने का और बस जीवन ऐसे ही चल रहा है। ऐसा नहीं है, शहर में मकान छोटा बनाये या बड़ा उसकी क़ीमत होगी। आपके लिए नहीं आपके बच्चों के लिए, मगर गाँव में बड़े को कौन कहे, छोटा मकान भी समय पर बिक नहीं सकता और जितनी क़ीमत होनी चाहिए, उतनी क़ीमत भी नहीं मिलेगी न किराये पर उठेगा। जब 60 साल नौकरी में जीवन अच्छा बीता अब परेशानी में बिताना पड़ेगा।

अहम भाव की ग़लती

एक उदाहरण आपके सामने रखता हूँ। एक दारोगा जी थे। नौकरी पूरी करने के बाद दारोगा के दारोगा, रह गये किसी ने प्रश्न पूछा कि आप पेंशन लेकर आये हैं और आप जिस पद पर भर्ती हुए उसी पद पर ही रह गये ऐसा क्यों? उन्होंने बताया कि कहीं–न–कहीं ग़लती उसी का ख़मियाज़ा भुगत रहा हूँ।

कहीं मजबूरी थी, अलग बात थी। कभी अहंम भाव था। मुझसे बड़ा कौन और उसी सोच ने बौना बना दिया। मुझ से बड़ा कौन होता है?

अपने अहम् भाव के कारण अपने अधिकार के कारण, क़ानून से बाहर काम किया और एक आदमी उसी के किये काम को लेकर न्यायालय चला गया। दारोगा जी के ख़िलाफ़ मुकदमा दर्ज हो गया प्रोन्नति आयी तो प्रमोशन नहीं हुआ मुक़दमा खत्म होने तक वेतन वृद्धि नहीं मिली। इस तरह उन्हें करीब 30 लाख रुपये का नुकसान हुआ। कई बार बड़े अधिकारियों के साथ इस तरह की घटना घट जाती है।

अध्याय-दस

साठ से पैंसठ साल के बीच सावधानी

सेवानिवृत्ति के बाद का समय

जो व्यक्ति नौकरी पेशे में है। साठ साल के बाद अपनी सरकारी सेवा पूरी कर ली। समय गुज़रता रहा है। वह धीरे–धीरे पैसठ साल का हो गया। हो सकता है कि किसी विभाग में सेवानिवृत्ति उम्र कुछ कम या ज़्यादा होगी मगर पैंसठ साल से ज़्यादा नहीं है। जैसे शिक्षा विभाग या न्यायिक विभाग या अन्य विभाग जो भी हो मगर अधिकतर तो साठ साल के बाद कर्मचारी को सेवा के अयोग्य घोषित कर देते हैं। आप पैंसठ साल के हो गये जब इससे ऊपर उम्र होगी तो शरीर में कमज़ोरी आ जायेगी आपके अन्दर हीन भावना का जन्म हो गया। आप अपने को असहाय एवं कमज़ोर के साथ–साथ आपका पारिवारिक जीवन या सामाजिक जीवन भी ऐसे लगने लगा कि आप अधीर होकर, असहाय होकर, जीवन जीने लगे हैं। वैसे भी समय के साथ तन का अस्तित्व ख़त्म हो जाता है, मगर जब तक है, तब तक तो उपयोगी बनाये रखें।

आप यह भ्रम खुद पालते हैं तथा समाज या परिवार तो पालता ही है। आपके पास तन वही है। अनुभव वही है। आपके पास धन भी पर्याप्त है। प्रतिमाह मिलने वाला धन आपको बिना काम के मिलता है, जिसको पेंशन कहत हैं।

जब आप नौकरी करते थे, तो आपके घर में सब्जी आती थी, दूध आता था। घर में झाडू लगता था, मगर उसको करने वाले परिवार के सदस्य थे और सेवा समाप्त होने के बाद आप तीनों काम स्वयं करने लगे।

ऐसा क्यों जब आपकाम करते थे तो यह काम आपका नौकर करता था। अब आप करने लगे। आप पैसे देकर अपने घर में आख़िर नौकर हुए या नहीं। आख़िर यह काम एक दिन में तो नहीं हुआ। धीरे–धीरे यह काम आपने स्वयं किया। आपने अब अपने आपको बना दिया। आख़िर यह स्थिति बनी कैसे? यह अलग बात है कि आप क्या सोचते हैं। मगर आपको बेटा, बहू या मिलने वाले नौकर से ज़्यादा नहीं समझते हैं। यदि आप घर में पहले में करते रहे हैं या अब कोई करने वाला नहीं है। तो आपको यह काम तो स्वयं करना ही पड़ेगा परन्तु यदि सब लोग है। तब यह उचित नहीं होता। आगे आपकी मर्ज़ी। जैसे आप का जीवन चले कौन मना करता है।

अचानक सब कुछ नहीं होता

यहाँ एक उदाहरण प्रस्तुत है। जब आप ट्रेन पकड़ने के लिए स्टेशन पर पहुँचते है और ट्रेन का इन्तजार करते हैं। अचानक स्टेशन मास्टर ने प्लेटफार्म बदल दिया आपको ट्रेन पकड़नी है। समान भी आपके पास है। अकेले हैं। समय कम है। तो आप क्या करते हैं। घबराते हैं। जल्दीवाजी करते हैं। सामान ले जाते हैं। यह स्थिति आपने सोची नहीं थी। उसी तरह से जब आप पहले कुछ नहीं सोचे और साठ या पैंसठ साल के हो गये हैं। तो स्टेशन पर स्टेशन मास्टर द्वारा प्लेट फार्म बदलने वाली स्थिति बन जाती है। आपने सोचा नहीं था कि ऐसी भी स्थिति आती है। नौकरी में काम ही काम होता था, आज उसके पास काम नहीं है। उसके आगे पीछे बहुत लोग होते थे आज उसको कोई पूछने वाला नहीं है। जहाँ परिवार समाज ख़ूब सम्मान करता था, आज उसको सम्मान देने वाला नहीं है। जहाँ बहुत पैसे मिलते थे आज पेंशन की राशि तीसरी रह गयी है। जहाँ आपका फ़ोन या वाट्सएप देखने को समय नहीं मिलता था, पेपर पढ़ने को समय निकालना पड़ता था। आज केवल फ़ोन तो है, मगर उसमें काल नहीं आती वाट्सएप तो है, मगर उसमें कोई मैसेज नहीं आता। सूचना देने वाला नहीं है। फेसबुक तो चलाते हैं, मगर कोई मित्र नहीं है। आप निष्प्रयोज्य वस्तु बन गये हैं। जब निष्प्रयोज्य सा एक कोने में पड़े रहने वाली बन गये हैं। यह सब एक दिन में नहीं होता आप अपने को उपयोगी बनने की सोचते तो शायद ऐसा नहीं होता।

आप जब सेवा मुक्त होते हैं, तो संस्था या सरकारे आपको ग्रेजुएटी जीपीएफ के साथ में एकमुश्त देती तो वह धन करीब तीन माह के अन्दर गिल जाता है और जब आपको जो धन मिलता है, इतना धन होता है। जो कभी देखें, नहीं सोचे नहीं होते होंगे। उसकी योजना बना कर उपयोग नहीं करते उसका उपयोग कहाँ, किस काम में करना हो यह आप सोचे नहीं होते हैं। आपको अपने धन को ऐसी योजना में लगाना चाहिए जो आपको काम दे सके। आपको धन दे सके। आपका अस्तित्व बनाये रखने में सहयोग कर सके। आप अपने कुछ धन को अपने पुत्रों, पत्नी एवं सगे सम्बन्धी को अपना शौक़ पूरी कर सके वैसे धन चाहे किसी को जितना चाहें दें न तो शौक़ पूरा होता है। न उसकी इच्छा तब भी आपका जीवन भर सम्मान करते रहेंगे सम्मान कौन करता है, यह वक़्त की बाते हैं। यह कहावत है कि आपने क्या दिये हैं या आपने क्या किया है। तो करने का समय तो आपका समाप्त हो गया। जो किया सो किया मगर देने का अन्तिम अवसर आ गया। इस कहावत को पहले भी कहा जा चुका है। दोहराया जा रहा है। कुछ मात्रा में धन दें वह भी देख कर कि 10 प्रतिशत से 20 प्रतिशत के बीच ही रहे, ताकि आप आर्थिक रूप से कमज़ोर न हो जायें। अपने धन का करीब 20 प्रतिशत अपने शेष कार्यों में जो किसी कारण से छूट गया या रह गया हो लगा दे शेष धनराधि में से 20 प्रतिशत आप अपने जीवन के सुचारु रूपसे चलने में या उपयोग में लगाये, मगर 40 प्रतिशत धन आप अपने जीवन को चलाने के लिए रखें ताकि आप अपनी मौजूदगी का अहसास समाज को परिवार को बता सकें।

आप बिना प्रयोजन के, बिना योजना के समय को गँवा रहे हैं, क्योंकि जहाँ आठ से दस घण्टे घर के सदस्यों से दूर रहते थे, अब आप एक दिन या एक घण्टा भी दूर नहीं रह पाते तो आपको झाड़ू लगाना ही पड़ेगा आपको सब्जी लानी ही पड़ेगी आपको दूध लाना ही पड़ेगा आपको बच्चा खिलाना ही पड़ेगा। यदि आपकी परिस्थिति विपरीत नहीं है, तो इसी में आपका समय व्यतीत होगा। यदि किसी कारण से आप कोई काम नहीं करते हैं तो पिता को बेटा या बहू यह कहने में संकोच नहीं करेंगे कि पिता हैं खाली बैठे हैं तो कम–से–कम एक काम बताया तो कर देते। आप जो काम बेटे को बताते थे, वही काम अब बेटा या बहू आपको बताने लगे और मान–सम्मान दूर की बात हो गयी। साथ–साथ समय पर खाना या चाय

भी मिलनी, बन्द हो गयी। यही नहीं पत्नी यही कहेगी कि ज़रा आप कही घूम कर आये घर में बैठे ही रहते हैं।

जो मिल नहीं सकता उसके विषय में सोचेंगे जो अब आप देख रहे हैं। उसमें कहीं–न–कहीं ग़लती की गयी है या कर रहे हैं तो आपको सान्त्वना कौन देगा। आप पैसा देकर नौकरी करने की क्यों सोच रहे हैं। सावधानी बरतनी है। आप कहेंगे कि जब उम्र पैंसठ साल हो गयी तो काम करने की उम्र नहीं रही। शरीर में क्षमता नहीं रही, मगर ग़लत सोच है। हर आदमी जब तक जीवित है। तब तक काम कर सकता है। बस काम करने के तरीका होना चाहिए। कोई शारीरिक काम करता है। कोई मानसिक काम करता है। आपकी क्षमता शरीर से कम मन से ज़्यादा करता है। काम कर न ही सकते मगर काम करा सकते है। जैसे वरिष्ठ अधिकारी कोई काम अपने निर्देशन में कराते हैं। बदते उम्र में आपको सम्मान की ज़रूरत है, मगर आपकी सोच के कारण आप अपमान पा रहे हैं। आपके अन्दर यह भावना बनती है कि अब क्या करें। वेतन अपने आप कम हो गया परिस्थिति बदल गयी। पारिवारिक कारण सामाजिक कारण अपने आप बदल गया। समय से सोचने की ज़रूरत है। बस आजकी देख ली, कल देखा जायेगा। यह सच है कि आज की बात आज है। कल किसने देखा है। यही सोचते यही देखते आपकी उम्र पैंसठ साल से ऊपर हो गयी। इसलिए सोचें यदि बचे रहेंगे तो क्या करेंगे? नहीं बचे तो कोई बात ही नहीं है। आपको सरकारी सेवा में मुक्ति मिल गयी है। न कि कार्य से मुक्ति मिली है। यदि आप सेवा से मुक्ति के एक साल पहले सोच लेते तो शायद एक साल में कोई न कोई रास्ता निकल आता।

मगर आपकी सोच कि आज ज़िन्दा है, कल ज़िन्दा रहें, न रहे यह सच है। आदमी योजना सौ साल का बनाता है, मगर ठिकाना एक दिन का नहीं है। मगर यदि योजना सौ साल का बनाया है और सौ साल ज़िन्दा रहा तो अवश्य ही उसका जीवन सकुशल व्यतीत होता है। योजनाएँ आर्थिक कार्य के लिए हो सकती है। सामाजिक कार्य के लिए हो सकती हैं। धार्मिक कार्य के लिए हो सकती हैं। परमार्थ के लिए हो सकती हैं। उस टिटिहरी की तरह न सोचें कि वह पैर ऊपर करके इसलिए सोती है कि जब आसमान गिरगें तो उसे अपने पैरों से रोक लेगी और उससे बच्चे बच जायेंगे मगर भ्रम वाली बात है। कभी आसमान गिरता नहीं और गिरेगा तो उसके बस की

बात नहीं है कि उसे रोक सके। भ्रम में नहीं जीना चाहिए। हाँ, अब आपकी उम्र जो बची है, जो चाहें जितना चाहें काम कर सकते हैं। यदि आप अपने आपको उपयोग नहीं करेंगे तो घर वालों का, परिवार वालों का, क्या समाज के लिए आप बोझ सा प्रतीत होने लगेंगे। सिवाय आर्थिक सहयोग के आपने पूरी जीवन भर काम किया जो हो सके किया, मगर काम कम किया, ऐसा माना जायेगा कि आपने जो किया सो किया। अब घर में एक आदमी की कमी थी। झाडू लगाना सब्जी लाना, बच्चा खिलाना, देखभाल करना तो आप करेंगे ही, किसी के अन्दर यह भावना नहीं बनेगी। बहुत ऐसे होते हैं। नयी पीढ़ी अब बड़े, बुजुर्गों की बात मानती ही नहीं है, सम्मान क्या करेंगे।

बूढ़ों की उम्र, बच्चों की उम्र, शारीरिक क्षमता एक जैसी

मानव जीवन है या मानव समाज है। उसी समाज में रह कर जीवन जीता है। समाज से नहीं जी सकते। जब पैदा होगा तब शिशु होगा बूढ़ा होगा और बुजुर्ग होगा। जब उम्र का प्रारम्भिक मानव तन एवं उम्र का अन्तिक तन। एक जैसी हालत होती है। जब बच्चा पैदा होता है तथा जब तक उसकी उम्र अपनी सुरक्षा लायक या नित्य क्रिया लायक नहीं होती तब तक उसको सुरक्षा एवं सहारे की ज़रूरत है और इस उम्र में रिश्तों की भरमार होती है। रिश्ते बढ़ते ही जाते हैं। सहारा ढूँढ़ने की ज़रूरत नहीं होती उसी तरह पैंसाठ साल या सत्तर साल या अस्सी साल साल के बाद आपकी शारीरिक स्थिति बालक जैसी हो जाती है। जहाँ किसी न किसी सहारे की ज़रूरत पड़ेगी। पुराने रिश्ते रहे नहीं, अब नये रिश्ते बन नहीं सकते तो सहारा ढूँढ़ना मुश्किल हो जाता है। ख़ैर अभी पैंसठ साल से सत्तर साल के बीच का समय की गणना की जा रही है।

अब जब बालक के पैदा होने पर रिश्ते बनते जाते हैं। इसे सामाजिक रिश्ता कहते हैं। बालक के प्रति लोगों का झुकाव बढ़ता है एवं बालक की हर मुस्कान, हर चाल, हर कार्य, लोगों को आनन्द देता है।

पैंसठ साल के बाद बूढ़ों से बनती जाती है। रिश्ते धीरे–धीरे या तो समाप्त होने लगते हैं या रिश्ते असहाय या बेबस होने लगते हैं। जैसे आप बालक थे तो समाज में तरह–तरह के रिश्ते आप थे, के इर्द गिद रहते हैं। माता–पिता, भाई–बहन, दादा–दादी, नाना–नानी, मौसी आदि हैं, मगर जब आप बूढ़ा होंगे आपके माता–पिता ज़िन्दा रहें या न रहें आपके दादा–दादी,

नाना–नानी, तो इस दुनिया से चले गये होंगे। जब बचपन था तो हर बातें अच्छी लगती थीं, अब बूढ़े होने पर किसी को अपनी बातें अच्छी नहीं लगती पहले वाला रिश्ता रहा नहीं। अब नया रिश्ता आया तो उसको आपकी बातें बुरी लगने लगी हैं।

कभी–कभी पैंसठ साल के बाद आप आर्थिक अस्तित्व स्वयं खो देते हैं, जब कि आपको ऐसा नहीं करना चाहिए यह सच है कि पूरे जीवन आप अपने समय को, अपने कार्य को, अपने धन को त्याग दिया। अपने बच्चों को शिक्षा दी। अपने लिए घर बनाया, जो रिश्तों में, समाज में आवश्यक था। आप किसी के पिता हैं, तो किसी के दादा हैं, नौकरी में जो हो सका, वह किया। अब आपके बच्चे जवान हो गये आपकी बहू आपसे दूरियाँ बनाने के लिए अपने पति से कहती है कि वृद्धा आश्रम छोड़ जाओ, ताकि व्यक्तिगत जीवन में किसी प्रकार का अवरोध न हो। बेटे को पिता के हिस्से की सम्पत्ति तो अच्छी लगती है, मगर पिता अच्छा नहीं लगते। पिता का अनुभव अच्छा नहीं लगता। पिता की बातें अच्छी नहीं लगती। आपको यही सावधानी बरतनी होगी। यही समाज कहता है। रिश्ता कहता है। जब पिता की बातें पुत्र को अच्छी नहीं लगतीं तो बातें नहीं बतानी चाहिए। पिता अच्छे नहीं लगते तो दूरियाँ बनानी चाहिए और जब तक ज़िन्दा रहे तब तक सम्पत्ति पास रहे। अपने नाम, रखनी चाहिए मगर इतना भी नहीं कि सब कुछ रखनी चाहिए। मात्र कुछ अंश रखना चाहिए जिससे आपका जीवन चल सकें और आपके पास कोई आये तो आप उसे लालच या उम्मीद या आशा दे सके। शेष सम्पत्ति आप वसीयत के तौर पर अपने आने वाली पीढ़ी के नाम कर दें ताकि जब तक ज़िन्दा रहें, तब तक उसका मालिक बने रहें। इस तरह पूरी ज़िन्दगी आपकी सेवा होती रहेगी।

अध्याय-ग्यारह

65 से 70 साल के बीच की सावधानी

कभी सम्पत्ति देने में भेदभाव न करें

सामाजिक नियम कहता है, समाजशास्त्र कहता है, रिश्ते कहते हैं

अक्सर बड़े बुजुर्ग ऐसी ग़लती कर जाते हैं, जिसके कारण परिवार में कलह या भेद भाव पैदा हो जाता है। जैसे किसी बेटे को अपनी सम्पत्ति से बेदखल करना किसी बहू के नाम सम्पत्ति बैनामा करना किसी लड़के के नाम कोई सम्पत्ति कर देना। किसी लड़के को मृत्यु बता देना, जब कि लड़का जीवित रहता है। यदि एक लड़का हो तो चल जायेगा। यदि एक बहू हो तो चल जायेगा मगर जब एक से अधिक लड़का है, तो कदापि ऐसी ग़लती न करना वर्ना समाज गाली देगा। साथ रहने वाले गाली देंगे। उससे ज़्यादा सामाजिक रिश्तों में बेटा, बहू, नाती आदि आपको गाली देगे। जीवन भर तो आपको गाली मिलेगी ही मिलेगी। मरने के बाद भी आपको गाली मिलेगी। किसी एक को मानने या दूसरे को न मानने का आरोप पिता को नहीं लेना चाहिए। अन्यथा पूरी ज़िन्दगी किसी न किसी की उपेक्षा या अपमान या आक्रोश का शिकार रहेंगे। यही नहीं आपके मरने के बाद भी आप उस परिवार के सदस्यों के कोप भाजन बने रहेंगे।

अब परिवार में हो या समाज में नाम कितना बुरा है। विभीषण राम का भक्त था, लेकिन वह कुलद्रोही बना। उसी के कारण रावण का वध हुआ। उसको कोई सम्मान आज नहीं मिलता हैं। उसे घर का भेदी भी कहा जाता हैं।

यही सावधानी बरतनी है। माना जब बेटा पैदा हुआ, तो अट्ठारह साल तक भेद भाव नहीं था। आपको माने या न माने इसमें कहीं–न–कहीं अपनी ग़लती मानना चाहिए।

आपने अपने जीवन को, अपने घर में दुश्मन या नौकर बना दिया। यह आपकी कहीं–न–कहीं ग़लती की होगी। आपको ढूँढ़ना या समझना पड़ेगा अपने ही घर में अपने को कुत्ता बना लिया।

अपने बनाये घर को बच्चों एवं परिवार को देकर कब्ज़ा कराके एक कमरा रहने को ले लिया। आपको यह शायद अच्छा न लगे, मगर सबसे ज़्यादा दोषी आप ही अपने हालत के हैं। इसलिए जब तक जीयें, आप मालिक बन कर जीयें न कि नौकर बनकर या अपने को कुत्ता बना कर जीयें जैसे कुत्ता रोटी का इन्तजार करता है, मालिक की मेहरबानी का इन्तजार करता है। मालिक के अहसान का इन्तजार करता है, मालिक के आगे पीछे दुम हिलाता है। वैसा आप न करें आप मालिक बनें या न बनें मगर कुत्ता न बनें अपने बल पर जीवन जीना सीखें। किसी के आसरे न रहें यही कहना है।

बढ़ती उम्र में बीमारी ने अपना घर बनाना शुरू किया। जब उम्र बढ़ेगी तो आपके तन कमज़ोर हो जायेगा यदि नशा करते हैं। तो आपने अपने जीवन को और कमज़ोर कर लिया हैं। हो सकता है, शायद यह सोचेंगे कि यदि नशा नहीं करेंगे, तो समाज क्या कहेगा। समाज का काम है। कहना चाहे नशे के कारण या बिना नशे के कारण परेशान तो आपको होना है। समाज को थोड़े परेशान होना है। हो सकता है। लोग तो कहेंगे मगर सेहत पर आपको ध्यान रखना है। बढ़ती उम्र में ब्लड प्रेशर, शुगर, तन की कमज़ोरी आदि बीमारियाँ घर बनाने लगती हैं, तो आप सोच लें कम–से–कम प्रतिदिन दवा में पैसे ख़र्च होंगे। परहेज करना पड़ेगा पीड़ा तो आपको सहनी पड़ेगी। सहने या मदद करने नहीं आयेगा इसलिए जब उम्र कम थी तो आप स्वस्थ्य थें। नशा किया कोई बात नहीं है। अब तो नशा करना बन्द कर सकते है। यदि आप किसी हादसा का शिकार न हो तो आपकी उम्र करीब अस्सी से ऊपर तो जायेगी ही जायेगी। आप अपने शरीर को बीमारी का घर न बनायें बल्कि आने वाली बीमारियों से बचने का प्रयास जो आपको अच्छा लगे वही करें मगर सावधानी बरतना आपका काम है,

जिससे आपका जीवन ठीक चलेगा। आगे आपको सोचना है, आपसे बेहतर भला कौन जानता है जैसा करेंगे, वैसा भरेंगे चाहे परेशानी में, चाहे सुधारे हालत में।

हमें क्या मिला, यह मुक़द्दर की बात है।
सोचा नहीं कि यह तो मुद्दत की बात है।।

यही जीवन है। इसे आपको बचना है। रोगों से दूरी बनाना है। बीमारियों से बच के रहना है। यही सावधानी है।

अध्याय-बारह

70 साल से ऊपर जीवन में सावधानी

जब उम्र 70 वर्ष के करीब हो जाये तब की सावधानी

जब आप पैंसठ साल से ऊपर सत्तर साल के करीब पहुँचने वाले हैं, किसान हैं, मज़दूर हैं इस उम्र में आपकी आय के साधन नहीं हैं, बल्कि ख़र्च है। आपकी शरीर अब साथ नहीं दे रहा है। तो आपकी पीड़ा, आपका दर्द असह्य होता है, जो सावधानी बरतनी है, उसकी बात नहीं की जाती है, जो आने वाले कल में आपके कार्य एवं आपकी परेशानी को समझ कर अपने आपको सावधानी बरतने लगेंगे। आप आने वाली पीढ़ी को तरीक़ा बताये जीने के साधन बतायें आप आने वाले लोगों को जो पचास साल के ऊपर सफ़र कर रहे हैं, उन्हें यह समझायें कि 'सावधान' हो जाये आपका भी बुढापा बुजुर्गी आने वाली है। जो समय सीखा परिस्थिति से सीखा, घर में कौन क्या बात करता है या तो आप अनसुनी कर दें या आप सुने ही नहीं या ऐसा लगे कि कोई बात आप सुन ही नहीं पाते हैं। यदि नज़र तेज हो तो उसे उस ओर से मोड़ लें। जिधर आपके बेटे बहू हों, ताकि न देखें, न तनाव हो न परेशानी महसूस करें, रिश्तों से सीखा उसको आप आने वाले कल के विषय में 'सावधान' करें, ताकि जब आपका बुढ़ापा आ जाये तो दिक्कत न उठानी पड़े।

माना कि आप बस वर्ष के हैं, तो अपने जीवन को लेकर 'सावधान' हो जाये, जब आप पचीस साल के हो गये तो अपने भविष्य को लेकर 'सावधान' हो जायें जब आप गृहस्थ हो जायें तो अपने परिवार एवं बच्चों को लेकर 'सावधान' हो जायें। जब आप पचास से पचपन के होने वाले हों तो आप

आने वाले बुजुर्गों को लेकर 'सावधान' हो जायें। जब आप सत्तर साल के हो गये तो आप अपने अन्तिम काल परम पिता से मिलने के लिए तैयार हो जायें, ताकि प्रभु अच्छी मृत्यु दे। यही सावधान करना है।

अब आप सत्तर साल के ऊपर के हैं। चाहे आप किसान हों, चाहे मज़दूर हों, चाहे डॉक्टर हों, चाहे वकील हों, चाहे पेंशनर हों सब की शारीरिक क्षमता कम होने लगती है। मैं काम आप आठ घण्टे पहले करते थे। वहीं आप तीन चार घण्टे काम करने में थक जाते हैं और आय वाला तो वह भी नहीं केवल व्यावसायिक पेशे को छोड़कर सबकी यही हाल है, मगर प्रतिदिन, प्रतिमाह आपका ख़र्च बढ़ेगा। कम नहीं होगा, जहाँ आप दवा प्रतिमाह हज़ार रुपया ख़र्च करते थे, वहीं अब दवा का ख़र्च आपका बढ़ सकता है। परन्तु आवश्यकता अनुसार धन चाहिए।

यह धन आपकी आय का होना चाहिए, तो आप अपनी आय के लिए यदि समय से व्यवस्था कर लिये। तो ठीक नहीं तो आपने आने वाली पीढ़ी को तो सतर्क करने का ही प्रयास करेंगे। मानना या न मानना उनका काम है, मगर आप अपना काम न छोड़ें अन्यथा यह आरोप लगेगा कि आपने समय से 'सावधान' नहीं किया। आप अपने को यह मान कर चलें कि आप कम–से–कम नब्बे साल तक जीवन का सफ़र करेंगे। वैसे तो जीवन मृत्यु ऊपर वाले के हाथ में है, मगर यह भी तो नहीं कहाँ जा सकता कि सावधानी न बरते, एहतियात न बरते, समय से न चले, सेवा काल साठ साल है, तो तीस साल का हिसाब लगाना पड़ेगा, सावधानी बरतनी पड़ेगी।

आपको अपने किये कार्य, अपनी बचत के पैसे अपनी सेहतयुक्त ज़िन्दगी एवं अपने निभायें रिश्ते काम आयेंगे या न आयेंगे, मगर एक आत्मीय शान्ति रहेगी कि आपने जीवन में ऐसा अवसर नहीं खोया कि पछताना पड़े।

आप अपने आप चूक जायें कि सावधानी जिस स्तर से करनी चाहिए नहीं की, मगर आगे आने वालों को सतर्क कर दिया करें यह भी सच है कि समय रहते शायद यह बात अच्छी न लगे मगर आपका काम बताना है। अच्छी लगे या न लगे जब अच्छा लगने लगेगा तब तक समय, अवसर और उम्र सभी बीत हाथ से निकल जायेंगे। फिर केवल अफ़सोस ही रह जायेगा यही सावधानी बरतनी है।

अपनापन, विश्वास, लालच, स्वार्थ एवं रुचि मानव जीवन का हिस्सा है, जो मानव में अपने आप किसी के प्रति बन ही जाता है और उम्मीदों पर

न उतरना अपेक्षाओं पर खरा न उतरना यह कष्ट का प्रतीक होता है। अब आपको अपने रिश्तों को अपने मित्र को, अपने सहयोगी को, अपने चाहने वालों को, पहचान करने में चूक नहीं होनी चाहिए, ताकि यदि वह आपकी उम्मीदों पर, आपकी अपेक्षाओं पर, आपके विश्वास पर खरा न उतरता है। इसकी पहचान करने की क्षमता होनी चाहिए। हो सकता है कि आप अपने जीवन में कभी किसी को पहचानने में असमर्थ हो जाये, मगर सबको पहचाने में असमर्थ न हों वे अन्यथा आपकी प्रगति के रास्ते में अवरोध उत्पन्न हो जायेगा जिस दिन आपको ज़रूरत पड़ेगी। उस दिन पहचान करेंगे तो कष्ट भी होगा और आपको अपने कार्य में अवरोध होगा। हाँ, इतना सत्य है कि जब किसी का काम नहीं रुकता, तो आपका भी काम नहीं रुकेगा। बस परेशानी हो सकती है, श्रेय किसी को मिलना चाहिए, मिलता किसी को है।

उम्र सत्तर से अस्सी साल या बुजुर्ग काल

इनसान की कहें या व्यक्ति की कहे या मानव की कहे यदि अप्रत्याशित घटना, दुर्घटना से बचे रहे तो मानव को बुजुर्ग होना है। हर हाल में उम्र सत्तर पार करनी पड़ेगी। अब यह उम्र सत्तर या अस्सी या उससे अधिक तक सफ़र करना पड़ सकता है।

इनसान 'सावधान' हो या न हों, मगर यह काल तो आना ही आना है। इस अवधि में जो आपके सगे सम्बन्धी बने थे। शायद रहें या न रहें यदि रहे तो मदद कर सकते हैं या मदद नहीं कर सकते हैं। माता–पिता का तो जीने का सवाल ही नहीं उठता आपके पीछे की उम्र के लोगों को बचे होने की सम्भावना है। यदि किसी हादसा या दुर्घटना या घटना का शिकार नहीं हुए तो आप दादा–दादी, नाना–नानी एवं अधिक बुजुर्ग में गिने जायेंगे। इस अवधि में निम्न लिखित स्थिति उत्पन्न होती है।

शरीर का जर्जर होना

सत्तर साल से ऊपर वाले कुछ लोगों का शरीर शिथिल हो जाता है। शरीर कमज़ोर होता है। दाँत गिरने लगते है। बाल सफेद हो जाते है। खिजॉब न लगाये तो आपकी स्थिति स्पष्ट हो जाती है। चेहरे पर झुरियाँ पड़ जाती हैं तथा चलने फिरने में या सीढ़ी चढ़ने में परेशानी होने लगती है, मगर आपका ख़र्च कम नहीं होता। इससे खाने–पीने की चीजों के साथ ही दवा का खर्च भी शामिल हैं।

रोगग्रस्त हो जाना

बढ़ती उम्र के कारण तरह–तरह की परेशानी पैदा होती है। जैसे शुगर का होना, ब्लड प्रेशर का होना चिढ़चिढ़ा होना। ख़ासी, दमा, घुटने में दर्द आदि मगर इस बात से इन्कार नहीं किया जा सकता कि कोई इससे अछूता रह जाता है। यदि शाकाहारी तो शायद इससे बचे रहेंगे मगर यदि मांसाहारी हैं या नशा करते हैं। तो बीमार होने का प्रतिशत ज़्यादा है। अधिक से अधिक समय एवं पैसे अस्ताल, डॉक्टर एवं दवा के रूप में ख़र्च होते हैं। आदमी जीवित रहना चाहता है, मगर अस्वस्थता के कारण परेशान रहता है। अगर आय के साधन हैं। तो बड़े शौक़ से कहते हैं दवा में इतने रुपये ख़र्च करते हैं।

वृद्धों को अयोग्य समझना

जब उम्र सत्तर से अधिक होने लगी। आपका पुत्र, पुत्री एवं बहू अधेड़ उम्र के करीब हो चुके होंगे। पचास साल के ऊपर हो गये होंगे तथा नाती–पोतों का आगमन हो चुका होगा। जैसा कि आप भी इस उम्र में गुज़रे होंगे। आप बालक, युवा, जवान, अधेड़ की उम्र में से गुज़र कर गये होंगे। तो आपको यह अनुभव होगा कि आप किस परिस्थिति से गुज़रे होंगे। बीस साल, चालीस साल, पचपन साल, साठ साल, सत्तर साल बाद आप इस उम्र में पहुँचेंगे हर उम्र, हर परिस्थति का अनुभव हुआ तथा आपके जीवन में रिश्तों का, व्यवहारों का, अपनों का उतार चढ़ाव आया होगा, मगर जब आप इस उम्र में पहुँचे तो कुछ रिश्ते अपने समय के साथ ख़त्म हो गये, मगर कुछ रिश्ते रहे जो आपको मात्र कबाड़ एवं अनुपयोगी जीव मान लिया बस यही कहते होंगे कि ठीक है। जब तक पिता जी जीवित है, तब तक नहीं बोलूँगा मगर जब पिता जी नहीं रहेंगे, तब अपने रिश्ते को निभाऊँगा। समय बीत जाने के बाद न ही अवसर रहता है, न ही उम्र समय, अब तो रिश्तों को मात्र कबाड़ नहीं डाल देंते हैं। जब साँस बन्द हो गयी, समय समाप्त हो गया।

अब आपको ध्यान रखना है कि आप अपने को कबाड़ न बनने दें अपना वजूद साँसे रहने तक बनाये रखें। जीवन का उपयोग होता है, तो अपने आपको पैसे का सहारा बनाये रखना है, जिससे आपका उपयोग होगा आप कबाड़ नहीं समझे जायेंगे, बल्कि किसी का सहारा बने रहेंगे।

आप यह न सोचें कि आपका पुत्र आपकी देख भाल नहीं करता है। आपकी खुशियों को नज़रअन्दाज करता है। आपका सम्मान नहीं करता है। आपको अपने जीवन के आगे महत्त्व नहीं देता है, तो आप परेशान न हो। मानव जीवन है। अपनों से उम्मीदें, अपेक्षाएँ, स्वार्थ का भाव बन जाता है। उस भाव को नज़रअन्दाज करें। आप अपना काम करें। पुत्र संस्कारहीन है। व्यवहारहीन है, तो कोई बात नहीं है, मगर इतना अवश्य है कि समय पर उसे अपने को याद करेगा, मगर तब न तो पछताने का समय बचा रहेगा, न सुधरने का वक़्त। बस आप अपना मूल्य बनाये रखें। आने वाली पीढ़ी को 'सावधान' करेंगे।

बुढ़ापे में कैसे करें अपने तन की देखभाल

आप स्वस्थ रहना चाहते हैं, तो गरिष्ठ भोजन या रात्रि का भोजन करना कम कर दें। प्रतिदिन सुबह टहलने अवश्य जाप तेल मशालो की चीज़ें या चीनी का सेवन बन्द कर दें। चीनी की जगह गुड़ लेना शुरू करें। चीनी तो बिल्कुल न लें। गुड़ भी मात्रा में कम हो। आवश्यक काम की चिन्ता करना छोड़ दे, जो आप कर नहीं सकते। लड़की की शादी हो चुकी होगी। यदि नहीं हुई हैं तो यह कदाचित संयोग की बात है। लड़का अपना रोज़गार करने लगा या नहीं, उसके ऊपर छोड़। सबके जीवन की अलग–अलग स्थिति है। उस परमात्मा का प्रतिदिन सुबह कम–से–कम पाँच मिनट याद करें जिसने इतनी बड़ी पृथ्वी जलवायु, सूर्य, नक्षत्र, ग्रह, अग्नि आपको उपहार में प्रदान किये हैं। अपनी सेहत का ध्यान रखें अपनी सम्पत्ति अपने हिस्से की रख कर बाँट सकते हैं। मगर किसी का नाम दर्ज नहीं करायेंगे हाँ, हो सकता है कि आप वसीयत कर दें, जो आपके जीवित रहते कोई हक़ नहीं जता सके। यह काम 70 वर्ष के बाद करना चाहिए। साथ ही किसी के साथ भेदभाव नहीं करना चाहिए। मगर ध्यान रखें किसी भी पुत्र में किसी प्रकार का भेद भाव न करें।

आप इस उम्र में आ गये तो हैं पारिवारिक आत्मीयता समाप्त हो गयी है। साथ ही आपकी नसीहतें जहाँ बुरी लगती हैं, वहीं आपके द्वारा किसी काम में हस्तक्षेप भी बुरा लगता है एवं किसी कारण से आप अपने परिवार में अपनापन आत्मीयता प्रेम या सम्मान ढूँढ़ते हैं। वह आपको बुरा नहीं ललेगा। हाँ, अगर आपको बुरा लगा। किसी कारण से आपको भोजन चाहिए और

इसलिए आप नाराज़ हो गये कि आपका सम्मान हो नहीं पाया या आप उपेक्षित हो गये तो यह सच हो सकता है। आपको भोजन अच्छा न लगे या खाना खाने का मन न करें मगर आपको मनाने वाला या आपसे हमदर्दी रखने वाला शायद न मिले। यह नहीं कहाँ जा सकता कि सबके साथ यह होता है, मगर यह भी नहीं कहा जा सकता कि किसी के साथ ऐसा नहीं होता है। जैसी पारिवारिक व्यवस्था है, जैसा पारिवारिक अस्तित्व है। वैसा हो सकता है। आप अपमान कह लें या बेशर्मी कह लें, अब आपका जीवन लोगों की निगाह में नगण्य लगता है, तो फिर आपको सम्मान क्यों दें। सावधानी यही है। अब आप अपने अहं को, अपने सम्मान को, अपने व्यक्तित्व को ताक पर रख कर शेर की तरह जीना चाहे तो जियें जब बोलना है। तो इतनी धीमी आवाज़ में बोले कि कोई सुन न ले। अन्यथा आपको कोई सुना देगा जब कोई सुनाता हैं, तो सुने मगर यह दिखायें कि सुन नहीं रहा हूँ, ताकि लोग आपको बहरा समझे, कुछ दिन बोलेगे, फिर बोलना बन्द कर देगे, समाज का नियम है, लोगों का नियम है, जो सुनता है, उसे ही सुनाते हैं। चाहे कटु बातें हों या काम हो या परेशानी हो अगर आपके पास धन है, सम्पत्ति है, स्वास्थ है तो शायद कुछ महत्त्व हो सकता है। यह वक़्त की बातें है, चाहे रिश्ते में कोई हो।

अपनी सम्पत्ति का बैनामा नहीं, वसीयत करें

व्यक्ति को अपने भविष्य को लेकर सतर्क रहना चाहिए ताकि जीवन आसानी से चल सके। आपके पास तन रहा नहीं, धन आपने अपने पुत्रों, आश्रय दाता को दे दिया, तो फिर आपके पास क्या बचा जो किसी लालच में कोई आपका सम्मान करेगा या किस भाव में आपकी देख–रेख करेगा, जहाँ एक पुत्र के अलावा कई पुत्र होते है, वहाँ उनकी पत्नी के लिए, आप मात्र सम्पत्ति का आधार है। न कि आप सम्मान एवं श्रद्धा के प्रतीक है। आपके प्रति क्या कोई सोचता है। यह वह जाने, मगर आप किसी रिश्ते के प्रति, किसी सम्बन्धो के प्रति, किसी पुत्र के प्रति, कभी सोच विपरीत नहीं अपने जीवन कभी कबाड़ जैसी नहीं बनाना। अपना बजूद, अपना मूल्य सदा अपने पास रखना आप मूल्यवान बने रहना। यह न कि आपका मूल्य या आपकी क़ीमत कोई और लगाये चाहे सम्मान देकर, चाहे कुछ पाकर, चाहे कुछ होने के नाते। आप मूल्यवान बनें रहिए। इसलिए आप कभी अपनी सम्मत्ति किसी को बैनामा र करें बल्कि हो सके। तो अपनी सम्मत्ति को वसीयत कर दें।

कभी समय नहीं मिलता, कभी समय नहीं कटता तो क्या करें?

जीवन में जब आप होश सँभालते हैं। तब अलग सोच बनती है। जब युवा होते हैं, तब अलग सोच बनती है। अपने गृहस्थ जीवन में अलग सोच बनती है। आप किसी व्यावसायिक कार्य, नौकरी या अन्य काम करते हैं, तब अलग सोच बनती हैं। उपरोक्त काल में सिवाय आवश्यकता की चीज़ों के कोई अन्य काम के लिए समय नहीं मिलता, मगर जब आप 60 साल या इससे ऊपर होते हैं, तब आपके पास समय बिताने के लिए का काम नहीं रहता है, न मन बहलाने वाले लोग रहते है, न अपनी परेशानी। वाले लोग रहते है। तब आप सोचते हैं कि क्या करें? कैसे दिन कटेगा? आप अपने आप यह सोचने लगते हैं कि पुराना पेपर पढ़ ले। जब आप किसी अस्पताल में रहते हैं, तो समय नहीं कटता आख़िर आप क्या सोचते हैं। यही न कि क्या करें अब तो समय नहीं कटता है। समय पास नहीं होता किसी कारण से आपका काम रुक गया, मगर न सरकारी काम रुकता है, न किसी कम्पनी में काम कर रहे हैं। तो उसका काम रुकता है।

जैसे लॉकडाउन में रहे खाली रहे, समय नहीं पास होता था, तो आप समय पास करने के लिए पुरानी किताबों को, पेपरों को पढ़ते रहे, टीवी देखते रहे मोबाइल देखते रहे। किसी तरह समय पास करते रहे। कितना अजीब इनसान की हालत है। जब समय नहीं मिलता तब किसी अन्य पर ध्यान नहीं देता। किसी अन्य पर विचार नहीं करता, जब समय नहीं कटता, तो बस विचार ही विचार है। समय से सोचे, यह कहने की क्या ज़रूरत है कि इंटरनेट का ज़माना है, मोबाइल का ज़माना है, कौन पुस्तक पढ़ता है। जब चाहे इंटरनेट से देख ले, मगर यह भ्रम है। भारत की करीब पैंसठ प्रतिशत जनता गाँव में रहती है। जहाँ स्माट फ़ोन नहीं, बिजली कभी नहीं, कभी नेट नहीं तो फिर कैसे नेट से मोबाइल से कम्प्यूटर से पढ़ लेंगे कितने घण्टे पढ़ेंगे? यदि किसी और को पढ़ना है। तो स्माट फ़ोन की ज़रूरत होगी।

पुस्तकें पढ़ने की आदत डालें

आइए, इसी पर विचार करें कि कहानी, उपन्यास, जीवनी या ज्ञान की बातें किसी किताब कितने रुपये में मिलती है। उसमें आप सौ रुपये दो सौ रुपया या तीन सौ रुपय या चार सो रुपया, ख़र्च करते हैं।

अब उसी पुस्तक को पढ़ने के लिए इंटरनेट से देखेंगे। उसके लिए स्मार्ट मोबाइल का होना, नेट वर्क व बैटरी का होना आवश्यक है। तत्काल जैसी आपकी परिस्थिति होगी? वैसा मोबाइल फ़ोन ख़रीदेंगे फिर कम्प्यूटर पर देखने के लिए कम्प्यूटर ख़रीदेंगे। आपको स्वयं देखने के लिए नेट का होना आवश्यक है या अब माना कि आपके परिवार में कुल पाँच आदमी हैं, तो कम–से–कम एक रुपयो नेट पर ख़र्च होगा तो पाँच रुपये ख़र्च होंगे आप मोबाइल में देखेंगे समय चलता रहा। आपके मित्र या रिश्तेदार ग़रीब हैं। अगर उस पुस्तक जो इमेल पर पढ़ना चाहें तो क्या करेंगे या तो आप अपना मोबाइल दे या वह मोबाइल ख़रीदें। इसी तरह एक दिन, एक सप्ताह, एक माह या एक साल में अगर पूरे ख़र्च जोड़ेंगे, तो पुस्तक से ज़्यादा ख़र्च हो जायेगा। एक पुस्तक कई साल या कई दशक चलती है, ग़रीब अमीर सबके पास पहुँचती है। तो आप समय पास करने के लिए पुस्तक की जगह मोबाइल का प्रयोग करेंगे या पुस्तक ख़रीदेंगे। मैंने माना कि तत्काल आपको फ़ायदा नज़र नहीं आता, मगर समय का कब आपके पक्ष में चलता रहे, कब आपके विरुद्ध चलने लगे कभी गाड़ी नाव पर, कभी नाव गाड़ी पर यह तो कहावत सुनी होगी मगर इस बात का ध्यान रखें कि जीवन है। तो पुस्तक का महत्त्व भी है वह मोबाइल और कम्प्यूटर नहीं जे सकते हैं। सदियों से लेखक किताबें लिखते आये हैं। चाहे धर्म ग्रन्थ, चाहे साहित्यिक ग्रन्थ, चाहे सन्दर्भ की पुस्तक हो लोग सदियों से उन्हें पढ़ते आये हैं, चाहे आवश्यकता के अनुसार, चाहे ज्ञान के अनुसार, चाहे मजबूरी में, चाहे समय काटने के लिए, चाहे अपनी योग्यता या महत्त्व बनाये रखने के लिए तो यह निश्चत है। जब आपके पास समय नहीं है, तब आप पुस्तक न पढ़े तो चल जायेगा मगर जब आपके पास समय ही समय है। तो पुस्तकों की आवश्यकता पड़ेगी। इस बात से इनकार नहीं किया जा सकता। यही सावधानी बरतनी है कि किस समय, क्या आवश्यकता पड़ सकेगी उसका ध्यान रखें अन्यथा पृथ्वी पर जो आया है। सो जायेगा, अच्छी तरह से जीवन बिता कर जायेगा समय काट कर जायेगा हज़ारों लोग हैं, मगर इतिहास में तो वही रहता है, जो कुछ कर जाये या कुछ करने का प्रयास किया हो। अन्यथा समय तो सबका कटा, अब आपका कैसे कटेगा। आप पर निर्भर है, समय बिताने के लिए क्या करते हैं।

खण्ड-पाँच

परम्पराएँ एवं रीति रिवाज़

अध्याय-तेरह

दैवीय आपदा कोरोना वायरस पर चर्चा

मनुष्य में उलझन की स्थिति

वर्ष 2020 प्रारम्भ होते ही कोरोना वायरस संक्रमण फैलने लगा और 2021 के अन्त तक लोगों को परेशान करता रहा। इससे मानव उलझनों में रहा अब इससे बचाव की वैक्सीन बन गयी है। पुस्तक लिखने तक इसकी दवा तो नहीं आयी, मगर आश्वासन एवं सन्तोष तो प्राप्त हो गया, मगर कोरोना वायरस से संक्रमितों की संख्या अब धीरे–धीरे कम हो रही है। कोरोना से सबसे ज़्यादा प्रभावित अमेरिका रहा। वहाँ संक्रमितों की संख्या करोड़ों में पहुँच गयी थी और लाखों लोग मरे भी। भारत में भी संक्रमितों की संख्या लाखों में पहुँची और हज़ारों की संख्या में लोग मरे।

सबसे हृदय विदारक घटना

जब कोरोना वायरस से संक्रमित होने का भय लोगों को हो गया तो सबसे अहम प्रश्न उठा कि इसके बचाव कैसे हो। आप इससे बचने के लिए एक से दूसरे व्यक्ति के बीच की दूरी करीब मीटर हो जो मज़दूर उत्तर प्रदेश, बिहार, पश्चिम बंगाल, छत्तीसगढ़, उत्तराखण्ड, मध्य प्रदेश से कमाने के लिए दूसरे राज्यों में गये थे और मज़दूर होने के नाते किराये के कमरे में 10–10 रहते थे। पहले तो जिस काम के लिए गये हैं। वह काम बन्द हो गया। दूसरे उनके खाने रहने की समस्या। तीसरा कोरोना वायरस संक्रमित होने का डर चौथे उनके पास न पैसा न साधन। भारत में 25 मार्च से लॉक डॉउन लगा जो 30 मई को समाप्त हो गया सभी प्रकार के आवागमन बन्द

बाजार बन्द ट्रेने बन्द बस बन्द कहीं जाना हो तो पैदल चले जहाँ लोग एक किलोमीटर चलने के लिए वाहन का इन्तजार कर रहे थे। आज हज़ारों किमी मीटर पैदल चले थे। खाने के और लाले पड़े थे। जान बचाने के लाले पड़ गये सरकार की उन लोगों को कोई मदद नहीं मिली। जब हाय तौबा मचा, तब सरकारों ने चेता और जो हो सका सरकार पर लोगों का विश्वास नहीं बन पाया। केन्द सरकार या राज्य सरकारें गहरी नींद से जागीं। ऐसा आरोप जनता ने लगाया सरकार जनता से चुनी जाती है। जनता के लिए होती है। अपना पाठ अदा करने के लिए चैनलों के माध्यम से समाचारपत्र के माध्यम से, हमदर्दी जताने लगी।

1947 में भारत पाकिस्तान का बँटवारा फेल हो गया, वहाँ तो दो समुदाय थे यहाँ भी दो वर्ग हैं। यहाँ ग़रीब, धनी वर्ग हैं। सरकारें जो रहीं। चाहे केन्द्र की हो चाहे उत्तर प्रदेश, विपक्ष ने सरकार पर लोगों की मदद न करने का आरोप लगाया। ग़रीबों को सड़क हादसे में मजबूरी में मरना ही था शायद अफ़सोस यही हो रहा था कि कोरोना वायरस से तो शायद बच ही जाते, लेकिन दुर्घटना में या राह में मरने से नहीं बचे यह कोराना वायरस का दुख था, तो शासन का रवैया का जो दूख था उसकी पीड़ा वही महसूस कर सकता है। जो समझता है। नहीं तो किसको क्या पड़ी है।

आपको सुनकर शायद आश्चर्य होगा कि इस जताने में जहाँ लोग दो चार किलो मीटर नहीं चलते वहाँ मजदूरों को सैकड़ों किलोमीटर चलना पड़ा। सडक पर मजदूर ही मजदूर दिखाई दे रहे थे। कोराना वायरस के कारण आर्थिक गतिविधियाँ ठप पड़ गयीं अब जीवन कैसे चलेगा जीवन जीने के लिए धन की आवश्यकता है। दवा बनी नहीं तो मौत के भय के साथ सफ़र करना है। धीरे–धीरे आदत पड़ जायेगी। लोगों के साथ रहने या सोने की बुरा वक़्त है। आता है, तो जायेगा मगर जब तक रहेगा, तब तक अपना प्रभाव दिखायेगा।

दैवीय आपदा के समय शराबियों की जमात

दिसम्बर, 1919 से 2020 के अन्त तक पूरे विश्व में कोराना वायरस सक्रमण के कारण कई लाख लोगों की मृत्यु हो गयी तथा कई करोड़ लोग संक्रमित हो गये। हर देश में लॉकडाउन के कारण लोग अपने घरों में क़ैद इस दौरान शराबियों पर नजर डालें तो पायेंगे कि 4 अप्रैल, 2020 को लॉकडाउन का

तीसरा चरण प्रारम्भ हुआ जिसके तहत थोड़ ढील देकर देश के लोगों की माँग पर कहें या सरकार की योजना कहें कि शराब की दुकानें खोल दी गयीं। शराब की दुकानों खुलते ही लोग, शराब के लिए टूट पड़े टेलीविजन पर दिखाया गया कि शराब के लिए कई किलोमीटर तक लाइनों में खड़े थे। शराबियों की जमात कहाँ जाये या अपने परिवार को नर्क में धकेलने की तरकीब।

कोरोना वायरस के आने के बाद अब इसके जाने का तो सवाल ही नहीं है। कम–से–कम एक वर्ष तक सामान्य स्थिति होने में समय लगेगा तब तक यह पुस्तक आपके हाथों में होगी। कोरोना वायरस के आने के बाद की सामाजिक, आर्थिक, पारिवारिक रिश्तों या व्यवहारों के में काफ़ी बदलाव हो जायेगा। इस संक्रमण के कारण हर आदमी एक दूसरे को रिश्तों को शक की नज़र से देखने लगेगा। दूसरा हर व्यक्ति के मुँह पर मास्क या रुमाल होगा तथा तीसरा रिश्तो को अपनों तक सीमित रखेगा यह अलग बात है कि रफ़्तार चलते–चलते कम हो जायेगा, मगर कई साल तो चलेगा जीवन पर्यन्त यह दृश्य याद रहेगा।

यदि अनुसूचित जाति वाले हो तो उनकी बातें

अनुसूचित जाति या आर्थिक दृष्टि से में कमज़ोर जाति वाले शराब पीते हैं। तो यह डॉ. भीमराव आम्बेडकर के विचारों पर कुठारा घात होगा सावधानी क्या फ़ायदा समय रहते सावधानी बरतें। समय से सुधार करें, ताकि जीवन खोने से बचा रहें।

अध्याय-चौदह

मानव जीवन की परम्पराएँ, जो तार्किक रूप से सही लगे तो निभायें

परम्पराएँ निभाना भी जानें

परम्पराएँ होती हैं। मानी जाती हैं। मानना भी चाहिए मगर यह अवश्य जानना चाहिए कि परम्पराएँ रुढ़िगत ढोंगगत या किसी की हानि पहुँचाने वाली तो नहीं हैं। मानव जीवन है। आपने लम्बा सफ़र पूरा कर लिया है। और झूठी परम्पराओं के पीछे क्यों भागे? क्यों माने? क्यों मनायें? क्या आदमी ने अपने स्वार्थ के लिए शुरू किया? क्या परम्परा रखने से, अपने समाज की बातों को मानने के लिए, दूसरे समाज ने अपनों से दूरी बना लिया उदाहरण के लिए संविधान तो देश चलाने के लिए मगर बदलते समाज में आपने कोई ट्रस्ट स्थापित कर और नियम बना दिया कि केवल अमुक जाति के लोग सदस्य क्या यह परम्परा सही है या ग़लत जाति के आधार पर किसी संस्था का सदस्य बन सकता है? हो सकता है। जिस समय सस्था स्थापित हुई उस समय समाज की स्थिति कुछ और थी, जो नियम शर्तें बनायी है, उस काल में, उस परिस्थिति में रही है। समाज का निर्माण हुआ और काफ़ी बदलाव हो गया, मगर कोई दूसरी जाति का व्यक्ति चाहे, जितना योग्य हो, चाहे जितना धनवान हो, उस जाति का सदस्य नहीं है, जिस जाति का ट्रस्ट बनाया है। जिस धर्म में केवल एक ही जाति विशेष का पुजारी होगा, तो दूसरा योग्य होते हुए जातीय योग्यता न होने के कारण उस संस्था का सदस्य नहीं हो सकता यह सोच अच्छी हो सकती है। क्योंकि सबल समझने वालों के लिए शायद रोक की व्यवस्था नहीं बनायी गयी होगी?

अब नियम बना है, तो बना है, उस पर कोई टिप्पणी करने की आवश्यकता नहीं है। फिर भी कमज़ोर जाति के लिए संस्था पर प्रतिबन्ध तो ज़रूरी है।

दूसरी परम्परा यह है कि दीपावली के एक दिन बाद हिन्दू धर्म के लोग दरिदर भगाते हौं। शहर में बसे लोग भी इस परम्परा का निभा रहे हैं। ग़लत परम्परा हो तो उसे दूर करना चाहिए। इसी परम्परा को तोड़ने के लिए। डॉ. भीमराव आम्बेडकर ने भारतीय संविधान में अनुसूचित जाति के लोगों को ऊँचा उठने के लिए जगह दी मानव, को मानव की तरह रहने के लिए एक क़ानूनी अधिकार दिया और कुछ ढोगी, रूढ़िवादी लोगों की ग़लत परम्परा के कारण अपने आपको पुनः उसी दल–दल में फँसाना चाहते हैं। यहाँ तो हर आदमी अपना स्वार्थ लाकर अपनी रूढ़िवादिता थोपने का प्रयास कर रहा है। परम्पराएँ मानें, मगर देख लें तार्किक हो, फ़ायदेमन्द हो, लाभप्रद हो तो निभाये, अन्यथा न निभाये।

देहात में, एक कहावत है कि क्या दिया है कि आपकी बात मानें या क्या किया है कि आपसे दब कर रहे धर्म परम्परा के आधार पर आप कुछ दूर तक किसी का साथ पा सकते हैं मगर कितनी देर तक या यह कहें कि यह पूर्वजों की देन है। परिस्थति की देन है। हो सकता है कि उनके पास ज्ञान न रहा हो या सही ग़लत का निर्णय न कर सके। शिक्षित नहीं रहे हों तो क्या उनके ग़लत निर्णय को केवल इसलिए मानें कि परम्परा रही है, रुढ़िवाद रहा है।

जैसे होली पर काला रंग लगाना, किसी के ऊपर कीचड़ फेंकना यह परम्परा तब शुरू हुई? जब रंग नहीं था, आप रंग की जगह कीचड़ फेंकते थे। अबीर नहीं था, तो काला रंग के रूप में मोबिल, पेंट, ग्रीस लगाते थे। आप आधुनिक जीवन में इसे बन्द कर सद्भावना की होनी खेलनी चाहिए। रंग और गुलाल का उपयोग भी कम करना चाहिए। इससे पर्यावरण स्वच्छ होगा दीपावली पर जुआ खेलना भी बन्द किया जाना चाहिए। इंजीनियरिंग, डॉक्टर, वैज्ञानिक बनने की डिग्री लेकर भी लोग ग़लत काम कर रह हैं। हजारों साल पहले अशिक्षित अव्यावहारिक अज्ञानी ने लोग ऐसा करते थे। उसका ही पालन करते आ रहे हैं। यही सुधार करना हैं कि कीचड़ की जगह रंग फेंके पेंट की जगह अबीर लगायें। शराब की जगह और शर्बत पीयें, जुआ बिल्कुल न खेलें।

कोई शुरू करेगा तभी तो बदलाव आयेगा शुरू होने के बाद शायद यह आज नहीं, कल नहीं, आने वालों के लिए एक परम्परा बन जायेगी। एक रीति बन जायेगी जो परम्परा ग़लत हो उसको दूर करने की सोचें जब सोच बनेगी तो बदलाव आयेगा।

यह भी एक परम्परा है। आप धन तेरस के दिन समान ख़रीदते हैं। आप बचत भी करते हैं और त्योहार के नाम पर ख़र्च भी करते हैं। शायद यह जानकारी करें हर दुकान दार यही कहता है कि धनतेरस के नाम पर दस प्रतिशत अतिरिक्त परम्परा को यदि देखें तो यह अनावश्यक और ख़राब है। इससे अनावश्यक पैसे खर्च होते हैं।

रिश्तों, मित्रों, व्यवहारियों, सम्पर्कियों को समय-समय पर पहचानें

मानव जीवन है। तो रिश्ते होंगे ही ख़ून का रिश्ता पारिवारिक रिश्ता, भाव का रिश्ता, मित्र, व्यवहारी, सम्पर्की एवं बातचीत का सम्बन्ध होता है। मानव जीवन में पिता–माता, भाई–बहन, ससुराल बहनोई आदि के रिश्ते होते हैं। इन रिश्तों से कभी उम्मीद नहीं करना। वे ज़रूरत पड़ने पर अपने आप मदद कर दें तो दूसरी बात है। यदि माँगेंगे तो कोई मदद नहीं करेगा।

दूसरा–मित्र होता है। वह एक, दो, तीन या चार या इससे अधिक शायद मित्र होते हो। जहाँ आप खुल कर अपनी बात बता सकें। अपनों की बात का ज्ञान हो सके या ध्यान रखें मित्रता समय के अनुसार बदलती रहती है। बाल अवस्था में, कुछ युवा में, कुछ गृहस्थ जीवन में मित्र बनते हैं। वही आगे बढ़ते या चलते रहते हैं। हाँ, बुजुर्गी में मित्र नये नहीं बनते बालक के रूप में होते हैं। बस मित्र बनाने का तरीक़ा अलग–अलग है। जो पुराने रिश्ते हैं, चल सकता हैं। उन्हें निभानी चाहिए अब व्यावहारिता का रिश्ता होता है, तो उनको भी सूचीबद्ध करना चाहिए।

तीसरा–सम्पर्क का रिश्ता आप खाली बैठे हैं और बात करने का या समय पास करने का अवसर हो, तो उससे बातचीत कर ले जो आपसे बात करना चाहता है या आपकी बात सुनना चाहता है, मगर ध्यान रखें उससे व्यवहार की उम्मीद या लेन–देन की बात न सोचे अन्यथा आपका काम ठहर सा जायेगा। इसी में जीवन चलाना है।

लम्ब समय भटकाव में गुज़रा

प्रायः यह देखा जाता है कि इनसान अपने परिवार के अलावा अन्य लोगों की मीठी बातों को सुनकर, प्रिय समझकर उनकी झूठी सहानुभूति पाकर अपने उद्देश्य से भटक जाता है और अपनी ज़िम्मेदारी अपना उत्तरदायित्व, अपना परिवार भूल जाते हैं। उसे सचाई मालूम जब तक हो ती है, तब तक काफ़ी समय गुज़र जाता है अर्थात लम्बा समय भटकाव में चला जाता है।

किसके प्रति क्या करना चाहिए, किसके प्रति क्या करते हैं, ये सब वक़्त की बातें हैं। पत्नी बच्चों के प्रति ज़िम्मेदारी है, तो माता–पिता के प्रति उत्तर दायित्व है। भाइयों के प्रति सहयोग और मित्रों के प्रति हमदर्दी का भाव होना चाहिए, परन्तु जब तक जान पायें या जब होश आता है। या ज्ञान होता है, तब तक लम्बा समय व्यतीत हो जाता है। लम्बा समय कट जाता है।

पुत्र जब प्रश्न करता है कि पिता ने अपना कर्तव्य निभाया, माँ का अपने बेटे के प्रति अपना उत्तरदायी निभाया तो भाइयों को क्या फ़र्क़ पड़ा वह तो अपने बड़े भाई एवं अपने को अपना हमदर्द पाकर ख़ुश थे। समय काल बिता और अपने को सक्षम पाकर अलग हो गये। अपने सहयोग देने की ज़रूरत पड़े तो सहयोग दे या न दें उसकी मर्ज़ी। जिस बड़े भाई ने भटकने के कारण अपने पत्नी एवं बच्चे को असहाय छोड़ दिया। अब हिस्से में वही पत्नी एवं बच्चे मिले जो असमर्थ एवं असयोगी बनकर सामने प्रस्तुत हुए न स्वयं अपनी मदद कर सकें। न औरों की। मदद करने लायक बचे आख़िर जब होश आया तो सिवाय आँसू बहाने के अलावा कुछ बचा नहीं था। तब कहने लगे काश यह सब पहले समझ पाता। जब बताया जाता था तब लोगों की मीठी भाषा, सहानुभूति की भाषा समझ में आती थी। आख़िर यह उम्र हो गयी, परिस्थिति हो गयी, जब मानव को असहाय या कमज़ोर बना देता है। यही सावधानी बरतनी है। यही समझना है कि उम्र के साथ मानव की क्या ड्यूटी है? क्या ज़िम्मेदारी है? क्या हमददी है? कहाँ सहयोग करना है? कब अपने लिए जीवन जीना है। तथा कब तक अपने आपको मज़बूत बनाये रखना है। कभी किसी के सहारे कमज़ोर न रह जायें जैसे आर्थिक रूप से अपनी ज़िम्मेदारी है। पिता ने अपना कर्तव्य निभाया, अब आपको अपना कर्तव्य निभाना हैं।

समाज में भी स्वयं की ज़िम्मेदारी है। उम्र की रफ़्तार के हिसाब से काम करना उम्र को रोकना न तो किसी के बस का है, न ही कोई रोक सकता है। जब आपको वक़्त ने सिखाया, जब घटना ने सिखाया आप नज़रअन्दाज़ करते रहे जब उम्र ख़त्म हो गयी, सफ़र ख़त्म हुआ, तब बचे रहे पश्चात्ताप के आँसू।

आप उम्र के साथ बहरे बन जायें

सावधान रहें आप ध्यान दें कि जब आपकी उम्र बीस साल की हो गयी। आपको अपने माता–पिता की बातें कड़वी लगने लगीं। ग़ैरों की बातें अच्छी लगने लगीं इसी ऊहापोह में आपकी युवा अवस्था चली गयी, जो बनाने या बनने की उम्र थी काफ़ी समय भटकाव में गुज़र गया। जब आप साठ साल के ऊपर हो गये, तो आपके पुत्र बड़े हो गये। हो सकता है कि आपकी बहू या नाती–पोता का सामना करना पड़ सकता है। आप पिता के साथ दादा या दादी बन चुके होंगे। साथ में आपका स्वास्थ एवं उम्र के साथ राजकीय पद मिला या नहीं मिला यदि मिला। तो वह भी नहीं रहा। साथ में आपका मासिक धन भी सिमट गया होगा, मगर आपके पास मुँह बचा जो बोलने पर लोगों को बुरा लगता है। जबान निकलने पर लोगों को कडुवी लगती है। आपको आपकी पत्नी कहेगी, बोलना नहीं आता। पुत्र कहेगा कि चुपचाप पड़े रहो खाने से मतलब है। बेकार की जबान चलाते हैं। बहू अपने पति से कहेगी की ससुर जी न जानें क्या क्या बोलते हैं। बूढ़े हो गये, मगर उनकी आदत नहीं गयी। न जाने क्या आरोप लगा दे। यह समय–समय की बातें हैं। मगर आपन वक़्त को, परिस्थति को, रिश्तों को, नज़दीक से देखा है, तो निश्चित है कि आपकी पीड़ा अनावश्यक पीड़ा होगी, मगर कौन आपकी पीड़ा को समझेगा और आपकी पीड़ा आपके मुँह से निकली। बातें लोगों को बकवास लगने लगती है। तो आप सावधानी बरतें यदि आप बूढ़े हो गये हैं तो कम बल चार बार कोई बुलाये तो एक बार बोलें। जैसे लगे कि आप बहरे हो गये हैं। सुनें सबकी अर्थ निकालें सबका, मगर उत्तर एक का दे। आपका समय बुरा नहीं कटेगा, तो ठीक से तो कट ही जायेगा। बस इतना ही करेंगे कि अब कम सुनते हैं, मगर कोई यह नहीं कहेगा, बहुत बोलते हैं। बिना मतलब का बोलते हैं। अनावश्यक काम में हस्तक्षेप करते हैं।

संयोग की बात है। जब ज़िम्मेदारी के रूप में बच गये सहयोग के रूप में बच गये, तो बोलना पड़ेगा, मगर क्या करें? आप तो जानते हैं कि पिता की केवल वसीयत अच्छी लगती है। नसीहतें नहीं आपका धन या पैसे पुत्र–बहू को अच्छे लगेंगे। आपकी सलाह या विचार अच्छा नहीं लगेगा। आप ज़िम्मेदारी समझे, यह आपकी सोच है, मगर जिसके प्रति समझते हैं, हमदर्दी समझते हैं, वह समझे तब न आपकी इज़्ज़त या सम्मान हो।

जब आपने बचपन में सावधानी नहीं बरती, जब आप युवा थे, तब में सावधानी नहीं बरती अब बूढ़ापा में क्या सावधानी बरतेंगे? मगर हर समय कंट्रोल कार्यों में अन्तर है। जब होश आये जहाँ होश आये, अपने आप सावधानी बरतनी शुरू कर दे। ध्यान रखें साँसें बन्द करने से पहले ज़ुबान को थोड़ा कंटोल कर लेंगे तो बूढ़ापा ठीक ढंग से कट जायेगा। थोड़ा कम भोजन मिले ठण्डा खाना मिले समय के बजाये कुसमय मिले। आपका सम्मान न हो कही कहने से थोड़े सुधार होगा। सुधार तो स्वयं करने से होगा। ध्यान रखें जीवन में बूढ़ापे में धन ख़र्च तो होगा ही। साथ ही आप अपने ख़र्च के बारे में ज़रूर सोचें। सुने सबकी, करें अपने मन की आप ऐसे प्रदर्शित करें या हो जाये कि लगता है, आप बहरे हो गये हैं या कम सुनाई देता है।

ऐसा भी न करें कि किसी के उपयोग के लायक न रहें। ध्यान रखें जो बोले वह पूरा करें किसी को ज़बान दी जाती है। तो उसे पूरा करें उसीपर व्यक्ति का जीवन एवं आचरण निर्भर करता है। ज़बान देने के बाद ज़बान बदलनी नही चाहिए। एक बार भगवान बुद्ध को वैशाली राज्य निमन्त्रण मिला। उसको वैशाली की नगर वधू ने दिया था तथा उसी समय दूसरे राजा ने भी भोजन का निमन्त्रण दिया। तब भगवान बुद्ध ने कहाँ कि निमन्त्रण वैशाली सुन्दरी का पहले मिल चुका है। तब राजा ने कहाँ कि नगर वधू और राजा के निमन्त्रण में बड़ा अन्तर है। तब भगवान बुद्ध ने कहाँ मेरे लिए सभी बराबर हैं और में बदल नहीं सकता ज़बान दी है। साधु के लिए सभी समान हैं। राजा के लिए भले अलग है। आपकी बाते अपनी होनी चाहिए रिश्ता या व्यवहार या लालच देखकर बदलना नहीं चाहिए।

एक व्यक्ति के दो लड़के थे। पिता की मृत्यु के बाद एक लड़के ने अन्तिम संस्कार किया। माँ की मृत्यु में दूसरे लड़के ने अन्तिम संस्कार किया

माता–पिता एक रिश्ता माता अलग–अलग पुत्र ने अन्तिम संस्कार किया। यह कब, कैसे हुआ समय की बातें हैं। सब एक दिन में नहीं होता। यही सावधानी बरतनी है कि आने वाला समय ऐसा न हो कि आपका जीवन अपने ही लिए घृणा एवं नफ़रत के योग्य बन जाये. यह ध्यान रखना पुत्र पुत्र है। उसमें किसी प्रकार का भेदभाव नहीं होना चाहिए।

परम्पराएँ

अक्सर कहाँ जाता है कि क्या लेकर आये हो, क्या लेकर जाओगे। शायद यह कहावत सच हो सकती है। इसमें कोई टिप्पणी नहीं करूँगा। यही कहना चाहूँगा। जीवन का ठिकाना नहीं है। अगर जीवन चला गया तो क्या करेंगे? क्या किसी के सामने हाथ फैलायेंगे? क्या भूखे मरेंगे। क्या अभाव में जीयेंगे? क्या अपने आपको आलसी या असमर्थ या अयोग्य बनाना चाहेंगे? आप कुछ लेकर आये नहीं हैं, न कुछ लेकर जायेंगे? मगर जब तक जीयेंगे तब तक तो धन की, घर की, कपड़े की आवश्यकता पड़ेगी। इस कमी को कैसे पूर करेंगे, यह सोचना पड़ेगा।

उसी तरह दूसरा प्रश्न उठता है कि महल अटारी किस काम के एक दिन सबको मरना है। यह भी सत्य है कि जब जन्मा है। तो मृत्यु होनी स्वाभाविक है, मगर जब तक जीयेंगे, क्या बरसात में भीगेंगे गर्मी में तपेंगे जाड़े में ठिठुरेंगे अपने जीवन को जानवर की तरह स्कीन बना लिया है, जो हर मौसम की तरह अपने आपको बना लें तो आप जानवर की तरह जीयेंगे।

गर्मी में छाता लेकर चलेंगे तो लोग हँसेंगे नहीं मगर जाड़े में छाता लेकर चलेंगे तो लोग आपका मज़ाक बनायेंगे। समय अनुसार अपने आपको समायोजित करना चहिए।

यही सोचते–सोचते आदिवासियों अनुसूचित जाति पीढ़ियों गुज़र जाती हैं। न पहले वाले सोचते थे। न वर्तमान सोचते हैं। आने वाले लोगों की सोच कैसे होगी, यह वक़्त बतायेगा और पीढ़ी–दर–पीढ़ी पूरा जीवन अभाव में ग़रीबी में, कुपोषण में, अशिक्षा में बीत जाता है। बस यही कहना कि क्या लेकर आये हों, क्या लेकर जाओगे। इसी पर अपना मत रखा जा साबित होते है ऐसा माना जाता है। आप कितना सार्थक बनाते हैं। कितना उपयोगी यह आप पर निर्भर करता है। यह कहावत आपको आलसी, अयोग्य, ग़रीब और कामचोर बना देगी।

आप 'सावधान' हुए या नहीं। आपकी गुज़र गयी है। यदि आपकी युवा आपकी बात सुनती है, तो आप उसे 'सावधान' करें। शायद उनके जीवन में कुछ सुधार हो सके।

एक माँ अपने बेटे से कह रही है कि तुमने मेरे सामने मेरे भाई को गाली यह ठीक नहीं है। क्योंकि कोई भी औरत अपने सामने अपने पिता या भाई का अपमान नहीं सह सकती। वह भी अपने पुत्र के द्वारा तब तपाक से बोली तुम्हारा भाई इसी लायक था। तब माँ ने कहा, शायद बहू तुम ठीक कह रही हो, मगर यही सत्य है। आज तुम्हारे पति मेरे बेटे ने अपने मामा को गाली दिया। समय आने पर तुम्हारा लड़का तुम्हारे भाई को गाली देगा। शायद मैं रहूँ या न रहूँ वक़्त एवं लोग जो जानेंगे, देखेंगे या सुनेंगे तब तुम पर क्या गुज़रेगी यह वक़्त बतायेगा। इस बात पर बहू नाराज़ हो गयी इससे ज़्यादा क्या कर सकती है? सास को तो उसने अलग कर दिया। वक़्त ज़रूर आयेगा। गाली देने वाली बहू का लड़का कब अपने मामा को गाली देगा? यह वक़्त की बात हैं। कोई सुने या न सुने मगर बहू तो सुनेगी

एक अन्य उदाहरण एक गाँव में परम्परा थी कि कोई व्यक्ति अस्सी साल से ऊपर का हो जाये तो उसे गाँव से बाहर नदी के दूसरे किनारे घने जंगल में आते थे। उसी गाँव में एक आदमी अपने पिता को बहुत मानता था, मगर सामाजिक परम्परा को निभाना था और पिता को पत्नी की ज़िद के कारण जंगल में छोड़ आया। तब लालचवश आदमी ने अपने पिता को जंगल के पहले किनारे पर ही छोड़ने लगा। तब पिता ने कहाँ कि बेटे तुम मेरे साथ इतना बड़ा अन्याय क्यों कर रहे हो। मैंने अपने पिता को बीच जगल में छोड़ आया था। ख़ैर, आदमी घर आया अपने चेहरे को गिरा रखा था, तब उसकी पत्नी ने उदासी का कारण पूछा। तब आदमी ने बताया कि तुम्हारे माता–पिता जंगल में मिले थे। उनके बच्चों ने भी मेरी तरह अपने माता–पिता को जंगल में छोड़ दिया है। तुम्हारा हाल चाल पूछा था। दूसरा कारण पिता को मैंने जंगल के किनारे छोड़ा तो उन्होंने अन्याय बताया और कहाँ कि उन्होंने अपने पिता को बीच जंगल में छोड़ा था जब हम दोनों अस्सी साल के बुजुर्ग होंगे तो मेरे बच्चे भी जंगल में छोड़ जायेंगे। जब माता–पिता की सेवा करने का अवसर होगा, तो जंगल में छोड़ जायेंगे। पत्नी अपने माता–पिता को जंगल में छोड़ने पर बौखला गयी। कितना सही था या ग़लत पत्नी अपने माता–पिता को लेने चल दी।

पति ने पूछा कहाँ, जा रही हो। तब पत्नी ने कहाँ कि अपने माता–पिता को जगल से लेने जा रही हूँ। तब आदमी ने कहाँ कि यह परम्परा कैसे निभेगी? पत्नी ने कहाँ ऐसी परम्परा की ऐसी की तैसी, जो परम्पराएँ अपने को पीड़ा दे, उसे क्यों मानें परम्पराएँ आदमी बनाता है। परम्परा आदमी को नहीं बनाती तब आदमी ने कहा, ठीक है तुम अपने माता–पिता को साथ लाकर रखो हम अपने माता–पिता को साथ लाकर रखेंगे। ऐसा करने से उस गाँव की परम्परा बदल गयी।

जिस तरह सामान की गारंटी–वारंटी या मकान की अवधि होती है। उसी प्रकार इनसान की अस्सी साल के बाद गारंटी ख़त्म हो जाती है। रख–रखाव एवं परहेज पर जीवन चलता है। इस उम्र में कोई बैंक लोन नहीं देता है। कोई व्यक्ति उधार नहीं देता। आप न तो काम करने लायक होते हैं, न काम करा सकते हैं। माता–पिता या उससे ऊपर के रिश्तें या आसपास के रिश्ते सब समाप्त हो जाते हैं। आपके पास रिश्ता अगर बचा है तो केवल पति या पत्नी, पुत्र या वधू, या नाती–पोता का जो नया रिश्ता बना है। अतः आपको जीवन का रख–रखाव निम्न प्रकार से करना चाहिए। परम्पराएँ मानव के सुख के लिए है, जो मानव को पीड़ा देने लगे उस परम्परा को बदल ही देना चाहिए।

रीति-रिवाज

रीति–रिवाज मानव बनाता है और अपने लिए बनाता है, ताकि समय–समय पर उसका उपयोग कर ले और सुखी जीवन जी सके। रीति–रिवाज मानव पर नियन्त्रण करता है। उसी के अनुसार यह परम्परा या रीति–रिवाज आगे बढ़ते हैं, मगर जब परिस्थितियाँ बदलती हैं। रीति–रिवाज बदलना चाहिए, मगर किसी में यह भाव न तो पैदा होता है, न ही किसी के अन्दर इतनी हिम्मत होती है कि रीति–रिवाज है, जो ग़लत है, उसे बदल दें।

एक उदाहरण है। एक गाँव बुजुर्ग की मौत हो गयी। परम्परा थी कि पड़ोसी, रिश्तेदार ही निकालेंगे। किसी कारण से पड़ोसी या रिश्तेदार नाराज़ हो गये। यह कहने लगे कि देखते हैं। कौन मदद करता है? कौन बुजुर्ग की शव यात्रा निकालता है। मृतक के परिवार वालें ने कहाँ रीति–रिवाज मानव ने बनायी हैं, तो इसे मानव ही तोड़ेगा। उसने बुजुर्ग के शव को घर के सामने ही खोद कर गाड़ दिया। जिसके लिए न तो लोगों की ज़रूरत पड़ी

न शव यात्रा ही निकली गयी अब उस गाँव में एक रीति–रिवाज बन गया कि जो बुजुर्ग मरेगा। उसको घर के सामने गड्ढा खोद कर गाड़ना पड़ेगा।

जब धर्म, पुराणों एवं वेदों की ओर जाते हैं, हर धर्म के अलग–अलग ग्रन्थ है। हज़ारों साल की बातें लिखी गयी हैं जिसको मानने के लिए कहते हैं। जब कि हज़ारों साल पहले जिस विद्वान ने ग्रन्थ की रचना की और उस ग्रन्थ में अपना स्वार्थ अपना सुख–दुख अपना सम्मान देखा। उस काल में समाज की जो स्थिति रही, उसी प्रकार वर्णन किया गया। चाहे वह ग़लत था या सही। अब पुरानी बाते जो सही मानी जाती थीं। वक़्त के साथ वह बेमानी साबित हो गयीं। दूसरे समाज को बिल्कुल धर्म से, धन से, सम्पत्ति से, शिक्षा से, अलग करके एक तरफ़ा बातें लिख दीं जिसके कारण शोषित बंचित एवं अपनी गुलामी की जंजीर से जकड़ी सामाजिक व्यवस्था को धर्म का रूप दे दिया। अपने ही धर्म के लोगों के साथ न रखकर वंचित या शोषित समाज का नाम दे दिया आज जो होगी उसे वैसा ही लिखा जायेगा, जो पुराने रीति–रिवाज को मानते हैं, वे इस रीति–रिवाज को स्वीकार नहीं करते दूरियाँ बनने लगे हैं। केवल मानव से मानव की सोच बदली हैं। ध्यान रखें भोजन बनाना उतना ही ज़रूरी है, जितना भोजन करने वालों की ज़रूरत होगी अन्यथा सारी मेहनत भोजन बनाने वालों की बेकार जायेगी। उसी तरह कोई ख़ूबसूरत है। इसका निर्णय या तो आईना कर सकता है या देखने वाला करेगा खुद निर्णय कोई नहीं कर सकता। जब रीति–रिवाज में वेदो में, पुराणों में स्त्रियों को जगह नहीं दी गयी, तो फिर लिखने वाले, पढ़ने वाले को, यही कहाँ जायेगा कि अपनी माँ को, अपनी बहन को, तो अपमानित कर लिखा है। मानव से धर्म है। मानव के लिए धर्म है। धर्म से मानव नहीं है। मगर भ्रम वश बस अहंवश स्वयं रीति–रिवाज के ठेकेदार हो गये हैं।

लेखक हो या विचारक, हों या व्यास हो या चाणक्य हों या तुलसी हों या कबीर हों या अन्य वे अपना विचार तो लिखते हैं ही। साथ ही उस परिस्थिति का वर्णन करते जैसी परम्परा हो, अगर पुराने रीति–रिवाज नहीं छोड़ेंगे जो अब अनुचित लगने लगें मानव को क्षति पुनः लोग पुराने हज़ारों साल पहले के काल में चले जायेंगे। न सड़क होगी, न साधन होगा मात्र असहाय या दुर्व्यवस्था लागू हो जायेगी। फिर झाड़ी होगी, जीवन जीवन नहीं रहेगा। कैसी सोच है। कहने से पहले सोचते नहीं। बस कह देते हैं।

कैसे होगा? अब अपने देश का सविधान बन गया हैं। मतदाता को अधिकार प्राप्त हो गया है। फिर क्यों एक राजा का राज्य होगा। एक राजा का क़ानून चलेगा। कहने वाले क्या कह देते हैं।

हाँ, तो रीति–रिवाज की बातें हैं। अपने समाज के लिए, सुख–दुख के लिए किया जाता है। उसे रीति कहाँ जायेगा, जब पढ़ेंगे तो निश्चित ही समाज में फैली कुरीतियों को दूर करने का या तो कार्य करेंगे या उपाय बतायेंगे, फिर ऐसे रीति–रिवाज को कोई क्यों मानें जो मानव को न देख सके। हर आदमी अच्छा भोजन एवं अच्छा कपड़ा या आभूषण पहनना चाहता है। इतना कर सकता है, जिस धर्म में, जिस स्थान, जिन लोगों में, सम्मान या स्वाभिमान न रहे, उस समाज को छोड़कर अपने एक अलग समाज की स्थापना करें किसी की कही बातें कोई इतना माने, जितना उसके एवं उसके परिवार या समाज के लिए फायदेमन्द हो। जो आपके तर्क पर सही उतरे, जीवन सार्थक बने।

किसी रीति–रिवाज का विरोध नहीं किया जाता है, मगर किसी रीति–रिवाज से उस मानव में यदि कुव्यवस्था है, तो उससे उलग हो या विरोध करें। जब विरोध किया जाता है, तो क्यों, कैसे एवं किस लिए, विरोध किया जाता है, उसको बताना होगा।

यह सत्य है कि जब मानव जीवन लम्बा बीत गया, तो स्पष्ट है कि आपको रीति–रिवाज के साथ रहना पड़ा होगा। आप अपने जीवन में रीति–रिवाज देखकर जी लिया, अगर मानव जीवन के लिए कोई रीति–रिवाज नहीं ठीक तो आपके मन में विरोध की भावना उठी या आप रीति–रिवाज से दूरियाँ बनायीं? जैसी स्थिति बनी, वैसा काम किया।

जीवन चलने के लिए कुछ बातें आवश्यक हैं

मानव जीवन के लिए आवश्यक बातें हैं। जो पूरे जीवन को सकुशल निर्वाह कर देती है।

1. पहला स्वास्थ
2. आवश्यक आय के स्रोत या धन
3. मित्र चाहे पत्नी के रूप में या चाहे पुत्र के रूप में

यही जीवन का सार रहा है सावधानी आपको बरतनी है। कोई मार्गदर्शक मिल सकता है। मगर मार्ग पर तो पथिक होकर आपको ही चलना पड़ेगा। यही जीवन का सत्य है। कोई आपको पीड़ा मिल सकती है।

डॉक्टर दवा तो देगा, मगर दर्द दूर करने के लिए दवा आपको खानी पड़ेगी और एहतियात आपको ही बरतना पड़ेगा और दर्द तो आपको ही सहना पड़ेगा। जब तक दर्द रहेगा जो परेशानी या पीड़ा या उलझन मिलेगी। वह जिसको मिलेगी उसी को सहना पड़ेगा। हम चार तत्त्वों पर अलग–अलग चर्चा करते हैं।

स्वास्थ

स्वास्थ के विषय में यह पाया गया कि जब बच्चों जवानो अधेड़ बुजर्गों एवं अति बुजुर्गों स्वास्थ के विषय में अलग–अलग राय बताये गये हैं। बालक की टूटी हड्डी जल्द जुड़ जाती है। युवा अवस्था में हड्डी टूटी, इलाज़ हो गया या जोड़ दिया। और बुजुर्गी हाल में हड्डी टूटी तो न जुड़ती है। न इलाज़ हो पाता है। ध्यान रखें उनका केवल बचाव ही हो पाता है तथा गृहस्थों को कम–से–कम आधा घण्टा एक्सरसाइज करना चाहिए। जिससे शरीर स्वस्थ रहे। सभी लोगों को अपने स्वास्थ पर ध्यान देना चाहिए, मगर जीवन में भाग–दौड़ इतनी होती है कि एक्सरसाइज है, मगर जब आप 60 वर्ष के हों तो तीन किलोमीटर रोज़ अवश्य टहले ध्यान दे जब उम्र 65 वर्ष का हो तो आप दो किलोमीटर टहले जब आप 70 वर्ष के हो तो आप एक किलोमीटर टहले और जब उससे ऊपर के हो तो आप अपनी क्षमता के अनुसार अपने शरीर के कल पुर्जे को चलाते रहें, ताकि जीवन का संचालन व्यवस्था ठीक चले।

किसानों कलाकारों डॉक्टरों एवं साहित्यकारों को काम करने के लिए उम्र का कोई प्रतिबन्ध नहीं है।

इनके शरीर में जब तक दम है, जब तक वे काम कर सकते हैं। वे समाज सेवा कर लोगों की दुआएँ लें सकते हैं। समाजसेवा करने से उनके अन्दर मानसिक विकार नहीं होता। मज़दूर हाँ, किसान हो, नेता हो, लेखक कलाकार हो या नाटककार हो, इनके काम करने की कोई उम्र सीमा नहीं है। ये जब तब साँस है तब सृजन कर सकते हैं।

शेष तीनों मित्रों या साथियों की चर्चा तो ऊपर की ही जा चुकी है। यह सावधानी का आलम है। 'सावधान' रहेंगे तो किसी घटना को रोक तो नहीं सकते, मगर क्षति कम तो कर ही सकते हैं। यही सावधानी का मतलब है। 'सावधान' रहे और आगे बढ़ें।

जीवन अच्छा चले, आप उपयोगी बनें, रिश्तों के भाव को प्रदर्शित करें

यह मानव जीवन है, तो बचपन होगा, जवानी होगी, और बुढ़ापा आयेगा ही। सब कुछ ठीक चलता रहा तो निश्चित है कि तीनों अवस्थाओं से गुज़रना पड़ेगा बचपन खेलने एवं खुशी जीवन बिताने का है तमाम हैं। इसमें चलते–चलते गिर गये तो उठाने वाला भी मिलते हैं। सँभालने वाला भी मिलता है और आगे का सफ़र स्वयं तय कर ही जाते है। पढ़ने–लिखने के बाद आपने अपनी मेहनत से व्यवसाय भी करना शुरू कर दिया। आपको सहयोग करने वाले संघी संघाती भी मिल गय। अगर नौकरी करते कभी आपका कोई रहा अधीनस्थ रहा या कभी आप किसी के अधीनस्थ रहे, जीवन बीता अब बुजुर्गी आ गयी। आपके न संघी रहे, न संघाती रहे। न मित्र रहे, न अधीनस्थ कोई रहा न आप किसी के साहब रहे आपकी मदद करने वाला भी कोई नहीं रहा। कभी–कभी कहते हैं, फलाँ व्यक्ति मेरी बात नहीं मानता आप अपनी उपयोगिता भी नहीं बनापाये हैं, तो कोई किसलिए आपकी आवश्यकता का उपयोग करेगा? अगर आप अपने जीवन को सुखी बनाना चाहते हैं। तो अपनी उपयोगिता बनाये रखें। उम्र का सम्बन्ध उपयोगिता से है। यदि जवान भी हैं और उपयोगी नहीं हैं तो कोई आपका प्रयोग नहीं करेगा और यदि बुजुर्ग हैं। उपयोगी हैं तो आपकी घर समाज में हर जगह पूछ बनी रहेगी यही सावधानी बरतनी है।

मैं मानता हूँ कि आप दिखावटी बात पर विश्वास नहीं करते हैं तो जो दिखेगा ही नहीं, वह बिकेगा कैसे? माना कि आपका सम्मान लोग बहुत करते है। लेकिन जब आप उपयोगी नहीं रहेंगे तो आपके पहुँचने पर वे अभिवादन भी नहीं करेंगे।

आप किसी को अपने घर खाने पर बुलाते उसके लिए तरह–तरह के पकवान बनवाते हैं और खिलाते हैं, लेकिन एक शब्द बात नहीं करते हैं, लेकिन एक शब्द बात नहीं करते हैं, तो वह अपमानित समझेगा। इसमें आपका स्तर ही गिरा। दुबारा वह बुलाने पर नहीं आयेगा, इसलिए आप अपनी उपयोगिता बनाये रखें।

आज जिस समाज में पले, बढ़े। कभी सोचा कि उस समाज के प्रति आपका क्या उत्तरदायित्व है? क्या ज़िम्मेदारी है? किसके प्रति सहयोग है? किसके प्रति हमदर्दी होनी चाहिए है। इसका न तो आपका ज्ञान होता है,

न जानकारी करना चाहते हैं। बस भाग–दौड़ में पूरी ज़िन्दगी समाज के प्रति आप आपना दायित्व समझ ही नहीं पाते हैं।

कभी–कभी कहते हैं, फलाँ व्यक्ति मेरी बात नहीं मानता फिर उससे पूछा जाता है कि आप इनकी बात क्यों नहीं मानते। वह प्रश्न करता है, कौन हैं। ये मेरा किस रिश्ते में है। क्या किये हैं या क्या दिया है? उसकी बात को सुनकर लोग अवाक रह जाते हैं और फिर विचार करने लगते हैं, किस रूप में हम अपनी बात थोपते हैं। आख़िर क्या रिश्ता है? मेरा उससे क्या रिश्ता है? मैंने उसको अब तक क्या? दिया मैंने उसके लिए क्या किया? रिश्तों के अनुरूप ज़िम्मेदारी निभायी? मनुष्य का जन्म होता है।

पहले वह बच्चा बनता है। फिर बेटा बनता है। फिर भाई बनता है। फिर पति बनता है। फिर बाप बनता है। तमामा रिश्तों की जड़ें फैलती हैं। और रिश्तों की जान–पहचान बनते–बनते मकड़ी की जाल रूपी जीवन में उलझ जाते हैं।

जब रिश्ते बनते हैं। तो उस के आधार पर अधिकार शुरू होता है। अधिकार के साथ कर्तव्य प्रारम्भ होता है। उसके अनुसार काम करना पड़ता है तब रिश्ते चलते हैं।

मनुष्य इसी अधिकार कर्तव्य, ज़िम्मेदारी उत्तरदायितत्व की परिधि में घूमते–घूमते अपने जीवन का चक्र पूरा करता है। मनुष्य को हर उम्र में अलग–अलग दायित्व सौंपा जाता है। वह उसका निर्वहन करता है।

आज हम बड़े जोश में कहते हैं कि नया ज़माना आ गया है। पुराने ज़माने की बात को छोड़ो। प्रश्न यह है कि नये ज़माने एवं पुरानी ज़िन्दगी में क्या फ़र्क है? क्या वास्तव में नया जामाना आ गया है। पुराना जमाना बेकार हो गया है। पुराने ज़माने में खाने के नहाने के तरीक़े, कपड़े पहनने के तरीक़े, पत्नी, पति के सम्बन्ध के तरीक़े या बच्चा पैदा करने का तरीक़ा पैसे इकट्ठा करने का तरीक़ा कुछ और था। अब नये ज़माने में तरीक़े बदल गये, यह ग़लत है आप सोचेंगे पायेंगे कि नये और पुराने जमाने में कुछ नहीं बदला है।

यह सच है, जो गुज़र गया, वह बेकार हो जाता है। स्वाभाविक है। जो बेकार हो जाता है। वही इतिहास हो जाता है। बीता हुआ कल इतिहास हो गया। इतिहास बना नहीं यह बात अलग है। जो इतिहास बनता है वह

आगे, बढ़ने के लिए मार्गदर्शक या प्रेरणा स्रोत बनता है। यही नहीं ताक़त महसूस कराता है। साहस रूपी मानव होता है, मगर हम इतिहास को या अपने बुजुर्गों को, उनके अनुभव को, बेकार बता कर अनसुना कर देते हैं।

उदाहरण के में रूप कुछ परिवारों पर चर्चा करते हैं। एक नवजात पुत्र के रूप में पैदा हुआ। उसके जन्म पर कोई ख़ुशी नहीं मनायी जिससे लोगों को जानकारी नहीं मिली। किसी को किसी प्रकार की ख़ुशी हुई की नहीं हुई? जब ख़ुशी नहीं होती, तो उसकी कितनी उपेक्षाएँ हुईं होगी। यह उससे बेहतर कौन जान सकता है। जब उसने होश सँभाला तो उसके रिश्तेदारों से उसे अपनी स्थिति के बारे में पता चलता है, तो उसे बहुत दुख होता हैं।

अनावश्यक आदत न डालें

सावधानी में एक बात बतायी गयी है कि सभी रिश्तों का अलग–अलग स्थान है। जब से पृथ्वी बनी है, जब तक पृथ्वी चलेगी जब तक मानव जीवन रहेगा तब तक रिश्तों को न हटा सकते हैं और न ही बदल सकते है। पिता पुत्र के रिश्ते, माता–पिता के रिश्ते, सास–ससुर के रिश्ते, बने हुए हैं चाहे रिश्ते निभाने के हों या सम्बोधन हों सभी निभाने पड़ते हैं। अब हम आपको तीन उदाहरण हैं। पहला उदाहरण रहा कि एक परिवार में दो भाई थे। दोनों के एक–एक लड़का हुआ। बड़े वाले के लड़के ने अपने पिता के छोटे भाई को चाचा कहने लगा। छोटे भाई का लड़का अपने पिता–को चाचा या काका कहने लगा और उसके बड़े भाई का पिता बड़ा होकर वह सरकारी पदों पर पहुँचा और वह अपने पिता को काका ही कहता रहा। जब कभी फ़ोन पर बात करता तो पिता को काका ही कहता उसके साथी यही समझते कि उसकी परवरिश काका ने की है। सभी यही समझते कि उसके पिता नहीं हैं। यहां यही ग़लत है। छोटे पर किसी ने उसे सिखाया नहीं। वह अपने चचेरे भाई के मुँह से काका सुनकर पिता क़ो काका कहने लगा।

दूसरा उदाहरण यह रहा। एक पुत्री अपने पिता को भइया ही कहती रही और पूरी ज़िन्दगी भइया ही कहती रही।

तीसरा उदाहरण एक लड़की अपने पड़ोस के लोगों को चाचा कहती थी। संयोग से वह लड़की एक चाचा की बहू बन गयी। मगर अपने ससुर को जीवन भर चाचा ही कहती रही।

अब आपको यह स्पष्ट कर दें कि रिश्ते के सम्बोधन से ही रिश्ते का मापदण्ड होता है तथा सामाजिक रिश्ता माना जाता है। तो ग़लत आदत न डाले।

नहीं आपके आदत के कारण रिश्तो के मायने केवल आप तक सीमित रह जायेगा। आपके बग़ल वाला भी बिना बताये आयके असली रिश्ते को नहीं जान पायेगा।

गृहस्थ जीवन में के दौरान पुराने सामान की खरीद और बिक्री में सावधानी बरतें। नये टीबी फ्रिज मोबाइल, कपड़े आदि खरीदने पर बिल लें। जिससे सामान खराब होने पर मरम्मत करायी जा सके। यदि कोई चीज ज्यादा परेशान करती है यानी ठीक से नहीं चलती है और सम्बन्धित दुकानदार यदि नहीं सुनता, तो उपभोगक्ता फोरन में भी जायें।

समान की मरम्मत

मानव जीवन में उपयोग की जाने वालों समान की मरम्मत होती है। इसी के लिए सावधानी बतायी गयी है कि किस–किस समान की कितनी बार मरम्मत करायी जाये।

इलेक्ट्रॉनिक समान

इलेक्ट्रॉनिक समान इस्तेमाल करते समय खराब होने पर उसकी अच्छे कारीगर से तीन बार जरूर करायें। ज्यादा परेशान करन लगे तो उसे हटा दें। वैसे भी हर सामान की गारंटी–वारंटी होती है।

लोहे से बना समान

लोहे का सामान यदि घर में उपयोग हो रहा है, तो उसकी मरम्मत तब तक कराते रहें जब तक कि उपयोग लायक रहे। यदि यह इलेक्ट्रॉनिक उपकरण से चलती हैं तथा ख़राब होती है, तो न तो प्लास्टिक ख़राब होता है। न लोहा ख़राब होता है। बिगड़ने पर मरम्मत कराने के बाद भी चलता रहेगा। जब तक उसकी मरम्मत होती रहेगी, तब तक उस समान का दाम बढ़ता रहेगा। आप कह ही नहीं सकते कि 25 प्रतिशत से ज़्यादा ख़र्च हो रहा है। दाम बढ़ेगा, नया सामान या वस्तु लेने में उसकी क़ीमत बढ़ती ही जायेगी मॉडल बदल जाये, मगर क़ीमत कम नहीं होगी। इस लिए मोटरसाइकिल कार आदि मरम्मत से चलती रहेगी। लेकिन ज्यादा मरम्मत माँगने पर उसे भी बदल देन चाहिए।

वस्त्र की मरम्मत

आप ध्यान रखें कपड़ा मरम्मत से नहीं चलता। हाँ, अचानक नया कपड़ा फट जाये तो मरम्मत हो सकती है, मगर उपयोगी कपड़ा यदि फटना शुरू हो जाये तो आप उसे बदल दे, मरम्मत न कराये, विपरीत परिस्थिति की बात अलग है। वैसे चड्ढी या बनियान हमेशा साफ़ बिना फटी प्रयोग करें।

मकान की मरम्मत

मकान सीमेंट लोहा ईंट, बालू से निर्मित है। तो उसकी रख–रखाव पर ध्यान दे मरम्मत की ज़रूरत है। तो कराते उपकरण चाहे इलेक्ट्रॉनिक या प्लास्टिक के उपकरण की मरम्मत करायी जा सकती है। उन्हें बदला भी जा सकता है। मगर मकान न तो इतना आसानी से बदला जाता है, न ही ख़रीदा जाता है। मकान को बनाने में पीढ़िया गुज़र जाती हैं। तो समय–समय कराते रहे। मकान भले गिर जाये लेकिन ज़मीन की कीमत बढ़ती ही रहती है, मजबूत मकान पीढ़िया गुजार देता है।

जूते-चप्पल हर व्यक्ति के लिए ज़रूरी है

बिना जूते या चप्पल के मानव को न तो चलना चाहिए, न तो चलता है। जूते चप्पल की अहमियत मानव के क़द, पद से चलती है। कौन ग़रीब है। कौन मध्यम परिवार में रहता है? कौन उच्च परिवार जीता है। यहाँ पर न तो हम उच्च जीवन जीने वाले की बात करते हैं, न उच्चतम जीवन जीने वाले की। बात करता हूँ यहाँ मध्यम वर्गीय या ग़रीब आदमी की जो अपने बजट में अपने जीवन का सफ़र करते हैं। तो यह बता दूँ चप्पल जाड़े की, बरसात की, गर्मी की, अलग–अलग होती है। जाड़े में जूता पहनना चाहिए नहीं तो पैंर में ठण्ड लग जायेगी जूते–चप्पल की ज्यादा मरम्मत नहीं कराते हैं। हवाई चप्पल की तो बिल्कुल नहीं। वैसे लोग तरह–तरह के जूते चप्पल रखते हैं। घर के लिए अलग। टहलने के लिए अलग। आफ़िस के लिए अलग।

रहा कपड़े के जूते की तो आप ध्यान रखें पहली बार मरम्मत कराये दूसरी बार में बदल सकते हैं। यदि बार मरम्मत कराने की नहीं सोचनी चाहिए। परिस्थितियाँ आपको क्या कराती हैं। यह आप पर एवं वक़्त पर निर्भर करता है।

चमड़े के जूते हो तो तीन बार मरम्मत कराने के बाद बदल देना चाहिए मरम्मत में लागत के 25 प्रतिशत पैंसे खर्च हो जाते हैं। ज़्यादा मरम्मत करायेंगे तो वह फालतू–खर्च होगा।

आभूषण

आभूषण मानव जीवन के लिए उपयोगी हैं। सौन्दर्य का प्रतीक एवं सम्पत्ति होती है। विपत्ति काल में आभूषण आपकी मदद करते हैं। आपके तन पर रहकर तन की शोभा बढ़ाते हैं तथा सामाजिक स्तर बढ़ते हैं। इसकी न तो मरम्मत होती है, न ही क़ीमत समाप्त होती है, बल्कि जब चाहे इसका रूप बदल दें या क़ीमत वक़्त के हिसाब से वसूल कर लें। इसकी मरम्मत की निर्धारित संख्या नहीं होती क़ीमत कम या ज़्यादा हो सकती है। मगर वक़्त जैसे जैसे गुज़रेगा क़ीमत अपने आप बढ़ेगी। वज़न कम हो सकता है लेकिन क़ीमत कम नहीं होगी।

मानव जीवन में हर जगह सावधानी बरतने की बात बतायी गयी है। आप बुद्धिमान एवं योग्य है सब जानते हैं। यदि उसी जानकारी में इसे समाहित कर लेंगे तो शायद ज्ञान की वृद्धि हो जायेगी। अगर वृद्धि न होगी तो कमी का प्रश्न ही नहीं उठता। आगे बढ़े आपके साथ मेरी शुभकामनाएँ हैं।

किसकी कितनी उपयोगिता?

मानव जीवन में हर वस्तु की हर रिश्ते की, कहीं–न–कहीं उपयोगिता है। यदि समय पर उपयोग नहीं किया गया या समय पर उपयोग में नहीं आया तो उसकी आवश्यकता नहीं रहती और वह अनुपयुक्त हो जायेगा। भले ही किसी और के उपयोग में आ जाये। अब आपको क्रमशः उपयोग की बातें बताते हैं।

धन

मानव जीवन में सबसे ज़रूरी एवं आवश्यक धन होता है। मानव जीवन का हर भौतिक काम सामाजिक काम अर्थ पर निर्भर करता है। मानव जीवन का काम 95 प्रतिशत धन पर निर्भर होता है। इस के अभाव वाले को ग़रीब, असहाय, कमज़ोर, लाचार आदि शब्दों से सम्बोधित करते हैं।

धन नौकरी मकान, ज़मीन, पशु हो सकती हैं तथा इसकी उपलब्धता पा आदमी धनवान बनता है। पैसे न होने पर ग़रीब हो जाता है।

रिश्ता

जीवन में रिश्तों का अलग–अलग महत्त्व है। अधिकतर रिश्ते धन पर अधारित होते हैं तथा बनते बिगड़ते हैं। यही किसी पर विश्वास बनाता है और कहीं पर विश्वास समाप्त करते हैं। किसी को नज़दीक लाता है। किसी को दूर कर देता है। एक रिश्ता है। माता–पिता का। यह अर्थ पर आधारित नहीं है यह सम्मान और प्रेम पर है। आप ज्यादा पैसे वाले न भी हों तो और माता–पिता का ख़याल रखते हैं, तब भी वे आशीर्वाद देगा यदि पैसा रहते हुए भी उनकी उपेक्षा करेंगे, तो आपाको नालायक ही कहेगा।

मोबाइल फ़ोन

मोबाइल आज के जमाने में बहुत उपयोगी वस्तु बन गया हैं। इसकी सदुपयोग रकती हमने बहुत सी ज्ञान की बात है, लेकिन यह कभी–कभी धोखा भी दे यानी जब नेटवर्क नहीं तो बात भी नहीं हो पाती, तब बेकार लगने लगता है।

यह दिखाने या सजाने की वस्तु नहीं है। बल्कि उपयोग की चीज़ है। कभी–कभी लोग बात नहीं करना चाहते और घटी बजती है। उठाते नहीं हैं। बाद में मिलने पर कहते हैं, क्या करें मोबाइल पानी में गिर गया था नम्बर उड गया। स्पष्ट है कि आपसे बात नहीं करना चाहते। सम्पर्क नहीं करना चाहते।

ध्यान देने वाली बातें

जीवन में किन्तु, परन्तु, लेकिन का स्थान है, मगर वर्तमान जीवन में इसका प्रयोग नहीं होता है। भविष्य में यह आपको ले जाता है। जिसका जीवन में कोई महत्त्व नहीं होता है। अपेक्षाएँ, उम्मीदें, स्वार्थ, उपयोगिता आवश्यकता आपको भविष्य की और ले जाता है। वर्तमान ही आगे चलकर भविष्य बनाता है। मानव जीवन में ये शब्द बहुत मायने रखते हैं। चाहे जीवन जीने के लिए या जीवन चलने के लिए।

लेखक यहीं कहता है कि किन्तु, परन्तु, लेकिन वाला शब्द का उपयोग न कर अपेक्षाएँ, उम्मीदें, स्वार्थ, उपयोगिता और आवश्यकता पर ही ध्यान दे,

अन्यथा जीवन का मतलब ही समाप्त हो जाता है। सावधानी रखें, आगे बढ़े, यही कहना है। हाँ, जीवन में सोच बनाना या योजना बनाना अलग बात है। मगर उस सोच पर, उस योजना को क्रियान्वित करना अलग बात है, तो कृपया अपनी योजनाओं को, अपनी सोच को, एक मूर्ति रूप देने का प्रयास करें ताकि जीवन उपयोगी एवं महत्त्वपूर्ण बन सके।

मानव और अन्य जीव में एक अन्तर

मानव और पशु की आपस में तुलना करते हैं, तो यह स्पष्ट करना चाहूँगा कि मानव का जीवन ऐसा है कि अपने पूर्वजों का ख़याल करता है। उसकी बनायी सम्पत्ति पाता है और उसका उपयोग या उपभोग करता है। कभी–कभी सम्पत्ति के साथ नाम का फ़ायदा लेता है और अपने आनी वाली पीढ़ी की ज़िम्मेदारी लेता है। उसकी परवरिश, उसकी देखभाल, उसकी सुरक्षा करता है। जब तक कि बच्चा अपने आप अपनी देख भाल करने लायक नहीं हो जाता या अपना ख़याल करने लायक नहीं होता। यही नहीं मानव अपनी कमाई, अपना काम आने वाली पीढ़ी को या तो वसीयत कर देता है या अपने आप मिल जाता है। हाँ, यह भी सत्य है कि मानव अपने आने वाली पीढ़ी को वह भी दे देता है, जिसे लेना नहीं चाहती मगर हो जाता है। जैसे अपने अपराधी जीवन की छवि आदि। जब उन्हें सुख मिला, तो कष्ट भी मिलेगा।

लेकिन पशु अपना जीवन पूरी तरह से जी नहीं पाता है, तो वह अपने पीढ़ी का ख़्याल क्या करें वह किसी–न–किसी की भोजन बनाता उसको अपनी पीढ़ी से कुछ मिलता है, नहीं वह अपनी पीढ़ी को कुछ देता है। केवल अपनी माँ से जन्म पाता है। पिता का उसके पास कोई हिसाब नहीं होता।

मानव होते हुए जीवधारी बन जाना अच्छी बात नहीं है

बुरा काम करने पर मानव जानवर का नाम पा जाता है। जैसे माता–पिता ख़्याल न करना अपनी ज़िम्मेदारी न निभाना अवगुणों में फँसना या आने वाली पीढ़ी का ज़िम्मेदारी न निभाना और अपने पीढ़ी का ख़याल न करना व्यक्ति को जब गाली देते हैं, तो यही तो कहते हैं, छोड़ो वह तो कुत्ता पन करता है। छोड़ो वह तो बैल है। छोड़ो वह तो भेड़िया निकला। छोड़ो उसका परिवार कौन–सा अच्छा था कि वह अच्छा, निकलेगा।

तमाम तरह की बातें है। मानव के लिए ये बातें अच्छी नहीं है। सावधानी का यही अर्थ है। समय से अपने आपको बचाये। सुखी रहे, स्वस्थ रहे, लम्बा जीवन जीयें।

मान-सम्मान एवं समय बचाने के लिए किसी के पास जाने से बचें

यदि मान–सम्मान चाहते हैं और समय की बचत चाहते है। तो किसी से परहेज करें, बल्कि उसको अपने पास आपको भ्रम होगा आपको विश्वास नहीं होगा यह शब्द या यह लाइनें या यह सावधानी किस लिए है, तो आपको स्पष्ट कर दूँ कि यदि आप किसी को पैसे या सम्मान या बात बताना चाहते है। तो निश्चत है कि आप उसके पास जायेंगे। ऐसा कम होता है कि वह आपका इन्तज़ार कर रहा हैं। आप जायेंगे तो अपना काम, अपना समय नुकसान करेंगे अर्थात आप जायेंगे तो लोग कहेंगे आप बैठे अमुक व्यक्ति कहीं गया है। कही कुछ काम कर रहा है, तो आपको बुरा लगेगा आप कहेंगे बुलाया था, फिर कहाँ चला गया। क्यों नहीं मेरे पास उसे आना चाहिए। तमाम तरह की बाते होती हैं तो आपके यहाँ जब अमुक आयेगा, तो आप अपने काम में व्यस्त रहेंगे।

यदि आप अपने काम से किसी के पास जायेंगे, तो ज़रूरी या महत्त्वपूर्ण काम होगा यही इस लाइनों का मक़सद है। यदि आपको किसी के पास जाना है। तो अपने काम से जायें किसी को आपसे मिलना है, तो अपने काम से आये।

मानव जीवन है। कब किसको? कहाँ? आना जाना पड़ेगा यह वक़्त की बाते है, मगर सामान्य समय में किसी के लिए, किसी के पास जाने से बचें यही सावधान करने की बात है। वैसे आपका जीवन है, जैसे चाहे, चलें कौन किसको रोकता है।

परिवार में त्याग, समर्पण की आवश्यकता

परिवार से समाज का निर्माण होता है। गाँव से खण्ड–खण्ड, तहसील–तहसील, से ज़िला तथा ज़िला से मण्डल एवं प्रदेश तथा प्रदेश से देश बना है। यह कहना उचित है कि देश की बूँद परिवार है। परिवार में सदस्य होते है। सदस्यों में एक मुखिया या प्रधान होता है। चाहे वह मुखिया या प्रधान पुरुष हो या स्त्री उसी आधार पर परिवार चलता है। परिवार चलाने के लिए आवश्यक तत्त्व की आवश्यकता है। पहला अर्थ, दूसरा संस्कार, तीसरा

मुखिया का परिवार के सदस्यों से रिश्तों पर नज़र रखना, ताकि किसी प्रकार का कोई तथ्य बच न जाये परिवार के सदस्यों को मुखिया की बातों को घर चलाने के लिए मानना चाहिए। वह उसके हित की हो या अहित की मगर परिवार के हित की अवश्य हो।

जैसे किसी से कोई त्रुटि हो जाये, तो उसे स्वीकार करना उसका बचाव नहीं करना चाहिए। किसी सदस्य से त्रुटि हो जाये तो उसकी मदद या बचाव में किसी सदस्य का बोलना उचित समझा जाता है, अन्यथा परिवार कहाँ रहा एक संगठन हो गया। संगठन कब बिखर जाये कहा नहीं जा सकता, लेकिन परिवार नहीं बिखरता है, क्योंकि परिवार में अच्छी बात भले ही न मानें मगर परेशानी में अपेक्षा अवश्य रखते हैं तो परिवार को त्याग चाहिए, सर्मपण चाहिए, मगर बचाव नहीं चाहिए। हाँ, जब अपने व्यक्तिगत हित की है। आप अवश्य सोचें आपका हक बनता है। फिर काहे का मुखिया, फिर वह तो परिवार से अलग हो गया। हाँ, परिवार का आकार के हिसाब से छोटो बड़ा होता है। परिवार, का सदस्य रहना है या केवल सदस्य बनना है, उसी के अनुरूप काम करें। यही सावधानी बरतनी है।

दूसरे की सोच को बदलने का प्रयास न करें

मानव जीवन है। तो निश्चित है। आपके अपने रिश्ते होंगे। कोई पुत्र होगा, कोई पुत्री होगी, कोई पत्नी होगी, कोई भाई होगा, कोई बहन होगी, कोई अन्य रिश्ता होगा, जो सामाजिक रिश्ता होता है। आप अपने परिवार को चलाने के लिए परेशान परेशान होते हैं। परिवार चलाने के लिए किसी से पक्षपात न करें। साथ ही अपना भी ख़याल रखें।

आप अपनी सोच को बदल दें। अन्यथा पीड़ा कष्ट या अपमान महसूस करेंगे। यही सोच रखें कि हमने अपने को पिता समझ कर, पति समझ कर, भाई समझ कर, उनके प्रति कर्तव्य किया। अब वे आपको पिता समझे या न समझे आपको बड़े बुजुर्ग समझें या न समझे आपकी बात मानें या न मानें वे समझें तो यह सोचकर आप परेशान होंगे कि हम बुजुर्ग है, हम पिता है हम पति है। वह हमारी बात नहीं मान रहे हैं। तो कष्ट मिलेगा और यह कष्ट आपको ही मिलेगा तो सावधानी आपको ही बरतनी है। आपको जो सोचना था सोचा जो करना था किया आप जाने, मगर दूसरे से अपेक्षा न करें, अन्यथा आपका जीवन मानसिक पीड़ा में गुज़रेगा जीवन है तो अन्तिम दौर में पहुँचेगा।

चाहे हँस के, चाहे रो करके, ज़रूर बस अपने आप सावधानी बरतनी होगी क्योंकि आपने जो ग़लतिया की या नहीं कीं जो सोचा या न ही जो कार्य किया या नहीं किया उसको आपको सहना पड़ेगा। काम आपका था, दूसरा न सोचे दूसरा आपके प्रति न राजग रहे, तो यह उसका काम है।

हाँ, इतना ज़रूर करना, अपनी आर्थिक स्थिति को मज़बूत करना, ताकि आपके अपने जब सोच में परिवर्तन ला दें तो आपको अभावों का सामना न करना पड़े, अन्यथा एक तो सोच की परेशानी दूसरे अभाव की परेशानी आपके लिए विकार स्थिति ला देगी यही सावधानी बरतनी है।

आपको दूसरी बातें यह बतानी चाहूँगा कि आप अपने–अपने जीवन में क्या सोचे, क्या किया? यह आपकी बात है, मगर आप सोच रहे हैं या अपेक्षा कर रहे कि दूसरा भी आपकी तरह सोचेगा ऐसा सम्भव नहीं है। तो अपनी सोच आप बदल नहीं सकते दूसरे की सोच को अपने पक्ष में कर नहीं सकते तो फिर अपेक्षाएँ स्वार्थ, उम्मीद या उपयोगिता। इसे 58 वर्ष के बाद करें, क्योंकि आप किसी को पत्नी, किसी को पुत्र, किसी को अपने रिश्ते में समझ कर सोचते या करते रहे हैं। हो सकता है, वह आपके प्रति अच्छा न सोचे अच्छा भाव न रखें, मगर आपकी ज़िम्मेदारी, मजबूरी या आवश्यकता अनुसार काम करने की बात ही सोचता हो तो आप अपने प्रति उसके भाव को न जान पायेंगे। ध्यान रखें पहले अपना ख़याल करें, फिर दूसरे का ख़याल करें अपने ख़याल करने में सुख मिलता है। दूसरे के ख़याल करने में शान्ति मिलती है, मगर सुख ही नहीं रहेगा, तो शान्ति कहाँ रहेगी।

यह सावधानी की बात इसलिए जा रही है कि आपका जीवन अब इस प्रकार हो गया कि आपकाम कर नहीं सकते केवल काम करा सकते है, मगर करने वाला आपकी बात न सुने या न सोचे तो आप परेशान हो जायेंगे आपकी परेशानी से बचने के लिए कहा गया है। आगे आपकी मर्ज़ी है। आप सावधानी बरतें या न बरतें कोई बात पूर्णत सत्य नहीं हो सकती, मगर सत्यता के करीब ही तो रहती है।

आप अपने जीवन में यह काम न करें

जब आपके जीवन का अन्तिम समय चल रहा है। आप इस समय 58 वर्ष से ऊपर के हो गये हैं, तो बैंक से कभी लोन लेने का प्रयास न करें न ही बड़ी उधारी रखने का प्रयास करें उधारी न लेने से सकता है।

कुछ समय के लिए परेशानी आ जाये परेशानी सामान्य हो जायेगी, लेकिन बाद में यदि परेशानी सामान्य नही तो उसकी बात और है। ये बातें केवल मध्यम वर्गीय परिवार के लिए कही जा रही है, जिसकी के देश में करीब 30 प्रतिशत जनसंख्या है। 45 प्रतिशत आज भी ऐसी हैं। जो लोन या उधारी लेने से डरती हैं। जिसके कारण अपना जीवन स्तर ऊँचा उठा नहीं पाती है। 5 प्रतिशत ऐसे है। जिनका सामान्य जीवन से उच्च जीवन चल रहा है। उनकी बात नहीं की जा सकती, मगर 15 प्रतिशत ऐसे लोग भी समाज में है, जिनका आज सुबह हुई, आज भोजन मिला, तो कल का ठिकाना नहीं है। न तो वे उठाना चाहते है, न कोई उन्हें उठाना चाहता है। वे अपने ही जीवन में सुख समझकर आगे के लिए न शिक्षा, न सम्पन्नता, न ज्ञान की बात सोचते है। यह आँकड़ा ग़लत भी हो सकता है। और सही भी, मगर यह आँकड़े के आसपास। दुनिया घूमती है। हाँ, तो यह कह रहा था यह काम न करें, अपने जीवन काल के इस उम्र में आप लोन या उधारी न करें।

यह 'सावधान' पुस्तक मानव जीवन के लिए कितना उपयोगी है। वक़्त के हाथ में है। समाज में मानव का अस्तित्व है। मानव को समय पर सावधानी बरतने की बात की गयी। हमें विश्वास है कि यह मानव जीवन के लिए अवश्य उपयोगी होंगी। यह लेखक की क़लम की बाते हैं।

❑❑